古地図で行く秋田

五十嵐典彦

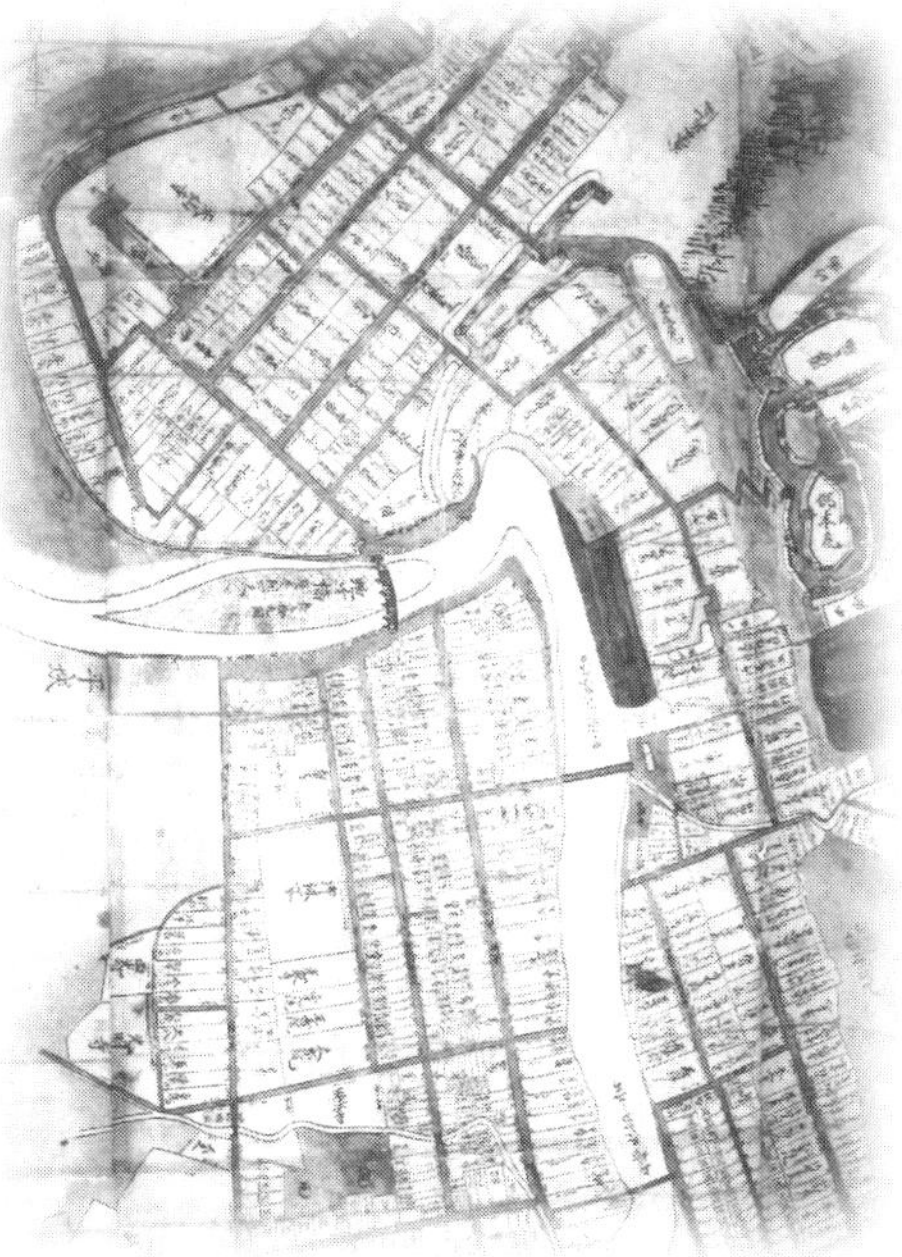

無明舎出版

◉カバー・本扉地図＝「寛文十年　横手城下絵図」（秋田県公文書館蔵）

古地図で行く秋田◉目次

城下町　9

在方町　76

港町

鉱山町

門前町　191

古地図で行く秋田

はじめに

本書のテーマは、近世から近代にかけて、ひいては現代に至るまでの、都市空間の成立と変容を理解しようとするものである。とりわけ注目するのは現代都市の原型になる近世の都市空間だが、それを城下町・在方町・港町・鉱山町・門前町に類別して記述している。

対象とした都市の祖型は中世後期にさかのぼる事例が少なくない。そうすると、戦国・織豊時代の城や館の周囲に形成されたであろう城下町や館下町の形態にも目を向けざるを得ない。なぜなら、江戸時代の城下町や在方町の多くは、戦国・織豊時代の小城下町的な町場を継承し、近世の城下町や在方町としての形態の基礎がつくられたと推定されるからである。しかし、中世後期の町場に関する史料・文献や遺構はきわめて少なく、その実態を解明することはほとんど不可能である。

中世は市を立てることによって、村が在方の町場の様相を呈することも少なくなかった。それが江戸時代になると、検地によって、行政単位としての「村」が生まれた。つまり江戸時代の「村」は公称であり、言葉を替えれば「藩政村」である。本書で在方町として取り上げた諸町の多くが、中世末期には通称、「町村」とか「町」であったが、近世には公称の「村」になったと考えられる。しかし在方町として存続するのは少なく、大半は村落化したと思われる。

調査対象となった町の絵図や地図について少し言及する。まず上げられるのは、幕府が全国諸藩に命じて作成した、通称「正保城絵図」（国立公文書館蔵）で、秋田県では久保田と本荘がある。次に、久保田・横手・

大館には、幕府あるいは藩の意向で作成した城下町絵図が数枚ずつ現存する。また、所預の在方給人町には、藩の調製指令によって享保一三年（一七二八）に一斉に作成された絵図がある。この絵図は、どの町も武家屋敷は屋敷割りが詳細に表されているが、町人屋敷は簡略な町割りだけで、屋敷割りはされていない。一体に町人屋敷は簡略に表されがちだが、久保田と角館は町人屋敷だけを一枚全体に詳述した絵図がある。

明治期以降の絵図では、まず注目されるのは、筆者が便宜的に大区小区絵図と仮称する地籍図である。明治五年（一八七二）から六年にかけて、秋田県域全体に大区小区制が設定された。現在、秋田県公文書館や各自治体の図書館などに、大区小区の名を冠した地籍図が保存されている。この絵図は在方の中核町の町割りと屋敷割りを表している。つまり、町によって精度に濃淡はあるが、屋敷の区画・地目・面積・地番・所有者などを詳細に示した大縮尺の絵図である。

明治六年の地租改正に伴って作成された絵図がある。一つは地引絵図とか字切図と言われる絵図で、明治一〇年（一八七七）頃に調整されてできた地籍図である。現在は法務局や各自治体などに保管されている場合が多い。彩色の区別は「耕地絵図」とまったく同じで、一筆ごとに地種・地目・地番と人家の屋根形が書かれる。

村限図も地租改正図の一つである。秋田県公文書館にこの村限図の数か所の村絵図が保存されている。表題は「羽後国〇〇郡〇〇村絵図」とあり、明治一六年（一八八三）～一八年の作成である。絵図は、村全体を表し、その中の各字地を線で区分し、道路を赤線、川や丘陵を色分けにして、街道沿いの家並みを点線で書き入れただけの簡略図である。

各自治体の都市計画区域であれば、都市計画図（二千五百分の一）が販売されている。近世以来の町並みを中核にした現代の町並み形態を読み取ることができ、この図面に少し時代をさかのぼった国土地理院地図（二万五千分の一）を合せて見れば、対象となる町並みの変容形態が少しは追跡できる。

なお、挿図の元図は二、三メートル前後の大きさのものが多い。その結果、極端な縮小になり、文字の判読がほとんどできない場合があることはあらかじめ断っておかなければならない。そのため、都市計画図などの各挿図には、部分的ながら藩政期から明治期頃の町名を加筆するように心がけた。また、必要に応じて寺社名を加筆した。

城下町

●はじめに

　全国諸都市の多くは近世城下町に由来する。中でも中核都市は藩主の居城である中心城下町であった場合が多い。なお、本書では藩主居城城下町を在方城下町と区別するために中心城下町と記述する。中心城下町は身分制に則った明確な用途地域制のもとに、大まかに分類すれば、上・中・下級の武士住宅地、商・職人の町人地、そして寺社地などに町割りされた。

　中核都市以外の地方都市は、在方の小城下町に起源をもつものが相当数を占める。そして、その都市空間は中心城下町のような明確な用途地域制による町割りを示すことはむしろ少なかった。あるいはそうした方向性や意図は認められても、町の規模が小さいために用途地域制が未分化な状態で、中心城下町とは趣きの異なった様相を示している。

　こうした在方城下町は中世の城館に由来する例が少なくない。歴史的都市空間の残り方には都市ごとに濃淡はあるが、戦国時代から近世にかけて構築された都市空間の骨格が現在の都市に引き継がれている。戦国時代の城館遺跡は秋田県内では約八五〇か所ほどあるといわれている。城館主は土豪であったり、国衆であったり、小大名であったり、多彩である。まさに群雄割拠の時代を想像するに余りある数の多さである。しかし、その当時の城郭のおおよその位置は確認できても、城館や城下の位置と形態はほとんど不明な場合が多い。

そうした実態の中世城郭と城下町の中で、天正一九年（一五九一）に豊臣秀吉から八九八三石の所領を安堵された小大名本堂氏の城郭と城下町の変遷は、近世城下町へと発展する過程を示している。本堂城は戦国時代後期の天文四年（一五三五）に、元本堂館の沢の山城から、現美郷町本堂城廻字館間に平城を構築し、本堂氏が慶長六年（一六〇一）に常陸へ移封になるまで続いた。

本堂城は戦国・織豊時代の城郭遺跡の保存状態がよく、さらに江戸時代初期の作成ながら、戦国・織豊時代まで遡る城下町の様子を伝える「慶長一九年　本堂城廻村絵図」（一六一四、美郷町坂本東嶽邸蔵）が現存する。絵図の名称である「本堂城廻村」という村名は江戸時代に名付けられた藩政村と考えられる。絵図は本堂氏が常陸に移ってから一二年後の作成であるが、本堂氏時代の城下町の状態があまり変わらずに残されていると思われる。

絵図には本堂氏の城と城下の位置関係や屋敷割り、周辺街道などが明瞭に示されている。小大名本堂氏の城下町の形態がよく分かる絵図である。絵図をそのまま見れば、城郭と城下集落に一体感がなく、両者は一・五キロほど離れていて、中世の根小屋集落のような印象も受ける。しかし、「館」と記された城郭は、主郭と二の郭からなり、それぞれ土塁と堀を巡らした輪郭式の城郭である。二の郭には本堂氏の上級家臣の屋敷が建ち並んでいたことが発掘調査で明らかになっている。

字地の本堂城廻には絵図に記された地名が小字名で今に伝わる。館の北方向には北館と西館がある。館の南東に田町があり、その間に館間（館も含まれる）がある。田町は武家屋敷が建ち並んでいたと推測される。田町から東に向く街道をたどると、短冊状に屋敷割りされた両側町の町人町が本堂町で、仲の町・後町も小字として残っている。両町も短冊状の屋敷割りである。慶長期には屋敷が給地として佐竹家臣に割り振られた。本堂町の各屋敷には地主である給人と小作百姓の名前が列記されている。

また、「明和四年　本堂城廻村絵図」（一七六七、美郷町坂本東嶽邸蔵）は、一五〇年前の慶長期の絵図と比較すると、表示された範囲や作図の技法が類

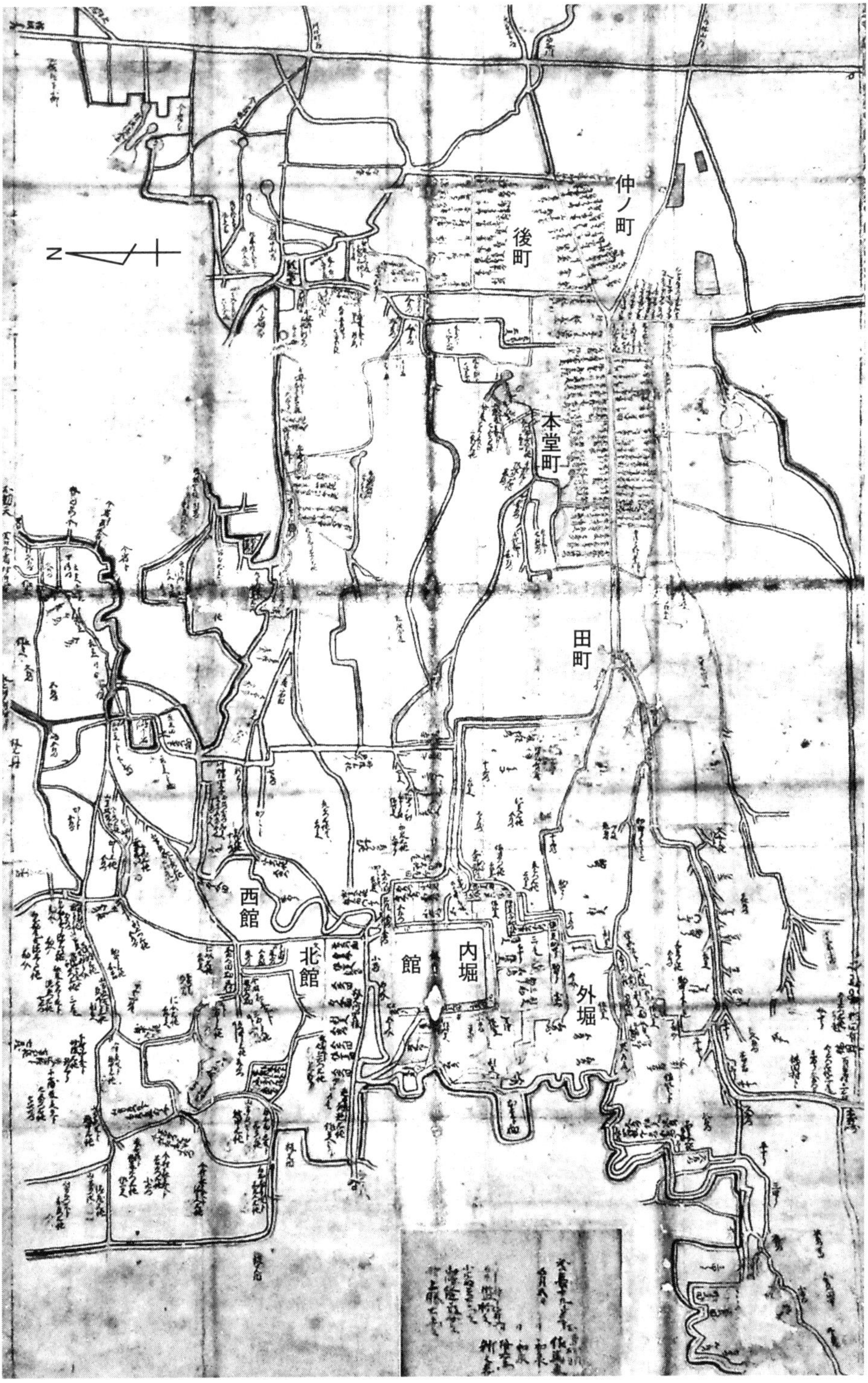

図１　慶長19年「本堂城廻村絵図」（美郷町坂本東嶽邸蔵）

似しているが、一番の違いは本堂町の各屋敷割りが短冊状に線で明確に区切られていることが上げられる。一方で、仲の町と後町はほとんど農地に替わっている。そして、明和期から二五〇年余を経た今は、田園に散村集落が点在するだけである。

城下町は一般的には久保田のような藩主居城の町が対象になる。しかし秋田藩などは藩主の一門や重臣などの主だった家臣が駐屯する在方給人町があった。こうした町が存在したのは、一つには藩内外に対する領域統治がある。つまり防衛上の理由によるもので、いわゆる軍事都市であり、城下町としての機能を有している。そうした町を形態と機能を重視する観点から、藩主が居城する中心城下町に対して、在方城下町と呼ぶことにして、近世城下町の類型の一つとして考察する。

つまり在方城下町は、言葉をかえれば、元和の城割り以前は佐竹義宣の下で地方知行主が城主あるいは城代を務める「城」であり、城割り以後は公称の城ではないが、「所預」、あるいは「所持」という呼び名で、実質的に地方知行主として小城下町を運営した。

近世秋田の城下町を身分ないし格から分類すると、藩主居城城下町には久保田・本荘がある。また、亀田の岩城氏と矢島の生駒氏は、どちらも幕藩体制下では無城の小大名であることから、在所は陣屋であった。つまり、亀田領は二万石であり、矢島領は八千石ながら万石に準ずる扱いであった。そこでこの両所を陣屋城下町と呼ぶことにする。また、岩崎は異質な経緯で、明治維新に岩崎藩二万石として誕生し、陣屋を構えているが、藩政期の存在形態から在方町として言及することにした。

また一方で、元和の一国一城令以降も幕府公認の支城がある。大館・横手・花輪・毛馬内は城代が藩主の付託を受けて、地域の治安維持に当たった。これを支城城下町と呼ぶことにする。秋田藩が幕府から一国一城令による支城の破却を命じられたのは元和六年（一六二〇）である。その対象は、境目の城や繋ぎの城として藩領支配の拠点であった横手・大館・湯沢・角館・院内・桧山・十二所の各城であった。

その中で、徳川幕府は横手城と大館城を例外的に支城として存置することを容認した。一方、湯沢・角館・檜山・十二所は破却の対象になったため、秋田藩は直ちに城を取り壊した。いずれも山城であった。院内は最上領と接する境目の支城であったが、元々小規模な館構えであったために対象にはならなかった。破却された支城の城代は元和六年以降は所預または所持と呼ばれた。山城を下りた所預は、支配城下に居館を建て、自らの家臣である家中屋敷と藩主直臣である給人（組下）屋敷、町人町の町割り・屋敷割りを行って、居館を中核にした城下町を再形成した。所預の主たる任務は地域の治安に当たることであった。

秋田藩の所預に関連していえば、南部盛岡藩は、文化元年（一八〇四）の史料であるが、居城盛岡、抱城花巻、要害屋敷花輪・毛馬内・遠野・七戸・野辺地として、一居城、一抱城、五要害屋敷を幕府に報告している。花輪と毛馬内は、呼称は要害だが、実質上の支城として認められた。それには幕府の特別な配慮が働いたと思われる。つまり二つの城は藩領境の境目の城として警備を担っていた。南部氏一門である北氏（大湯南部氏）の居城大湯城は公称の支城ではなかったが、これに準ずる扱いで、身分は城代である。

これらの各種城下町は、立地などのいろいろな条件によって町並みの形態はさまざまである。しかし現代における中核都市以外の地方都市は、在方の小城下町に起源をもつものが相当数を占める。在方城下町は、軍事都市であるとともに、地方事務所的な役割りも担った。さらには、近隣農山村の中心地として、定期市を開催する市場町でもあり、宿駅でもあった。いわば二重、三重の都市構造であったといえよう。

秋田藩では所預の城下町を含めて、侍町を内町と言い、町人町を外町と言うが、久保田は内町と外町は川や土塁などで明瞭に区切る。また、在方の小城下町の中にも火除地などの空地や土塁、川などで内町と外町を分ける事例がある。

この内町・外町に関して言えば、矢守一彦氏が近世城下町のプランを五類型に分けて、模式図を書いている。その類型の一つに「内町外町型」がある。しかし、矢守氏の言う内町は郭内の町人町で、外町は郭外の町人町であり、郭内が侍屋敷のみの秋田の「内町外町型」とは意味が異なる。秋田県内の「内町外町型」の城下町のうち、久保田は矢守氏の類型では「郭内専士型」に当たる。

宮本雅明氏は近世城下町プランを、城下町全体を外郭で囲繞する「総郭型」から、町人地が外郭の内と外に二分される「内町外町型」を挟んで、武家地のみを外郭で囲繞する「町郭外型」へと時系列に沿って移行する三類型、そして究極プランとして「惣郭型」から「町郭外型」への二類型に整理している。

これを久保田城下町に当てはめると、郭内には武家地のみが置かれ、町人地・寺社地・足軽屋敷は郭外に配置された「町郭外型」に当てはまる。この郭内・郭外は旭川を境にして内町・外町の呼称とともに明確に分断され、さらに子細に町割りを見ると、内町・外町の中でも、それぞれ身分的序列の配列が読み取れる。

由利諸城や鹿角の要害屋敷の城下は、武家と町家は家格や職種などに応じた町内単位の集住はあるが、内町と外町と言うくくりは、はっきりしていない。ただ、足軽屋敷が城下町の出入口に当たる端部に位置し、しかも街道沿いに集住して町並みを形成しているのは共通する。まさに城下町を守護する先兵の役割を担った配置である。

城下町の町割りは何を拠りどころとして成立したのであろうか。これには共通項はなく、先述したように城下町ごとの条件によって異なる。いずれにしても、城下町の基点は城であることは確かであろう。街道沿いの街村集落でも自然発生的に形成されたという印象があっても、何らかの基軸や基点がある。たとえば、山や川などのランドマークや陰陽道による方位など、いろいろ考えられる。

久保田（秋田市）

佐竹義宣が神明山に築城を決め、工事を始めたのは慶長八年（一六〇三）五月である。神明山は標高二〇～四〇《メートル》の起伏のある独立丘陵で、本丸は城下との比高三〇《メートル》ほどの台地に築かれた平山城である。

城下町草創期のありさまを知る絵図に「御城下之図」（慶長九年頃、秋田県公文書館蔵）と、その写しの「御国替当座御城下絵図」（江戸中～末、秋田県公文書館蔵）がある。

「御城下之図」を見ると、慶長九年（一六〇四）頃の久保田城下町は城郭・城下ともに、四〇年後の「出羽国秋田郡久保田城畫図」（国立公文書館蔵）に比較すると、その三分の一にも満たない程度の、まだまだ途上にあったことが分かる。「出羽国秋田郡久保田城畫図」は久保田城下町がほぼ完成した有様を示すもっとも初期の絵図で、久保田城下町絵図の中では、「御城下之図」に次いで古い城下町絵図である。正保元年（一六四四）に幕府が諸藩に命じて作成させた絵図である。この絵図は、外郭の下級武家屋敷など、まだ形成されていない町もあるが、概略はほぼ完成された久保田城下町絵図である。絵図の記載事項については幕府の指示があったことは想像に難くない。

「御城下之図」は、絵図の中央北寄りに、大小の矩形の土地を南北に二つ連ね、その前には楕円形の土地がある。ここが本丸台地と三の丸下中城辺りかと思われる。その周囲は広い空白地であるが、二の丸・三の丸などはまだ明確になっていない。城郭台地の西側下から三の郭にかけて、仁別川が大きく蛇行しながら流れ下っている。絵図では三の郭の町割りがされつつある。仁別川の西側を南北に通る土手長町はほぼ屋敷割されているが、古川町（後の上長町）と西根小屋町は、街路は通っているが、両町の間を仁別川が大きく蛇行しながら流れ下っているため、屋敷割りは未完成である。

東根小屋町は、藩主の参勤交代道として重要視された町であり、すでに整然と屋敷割りされている。

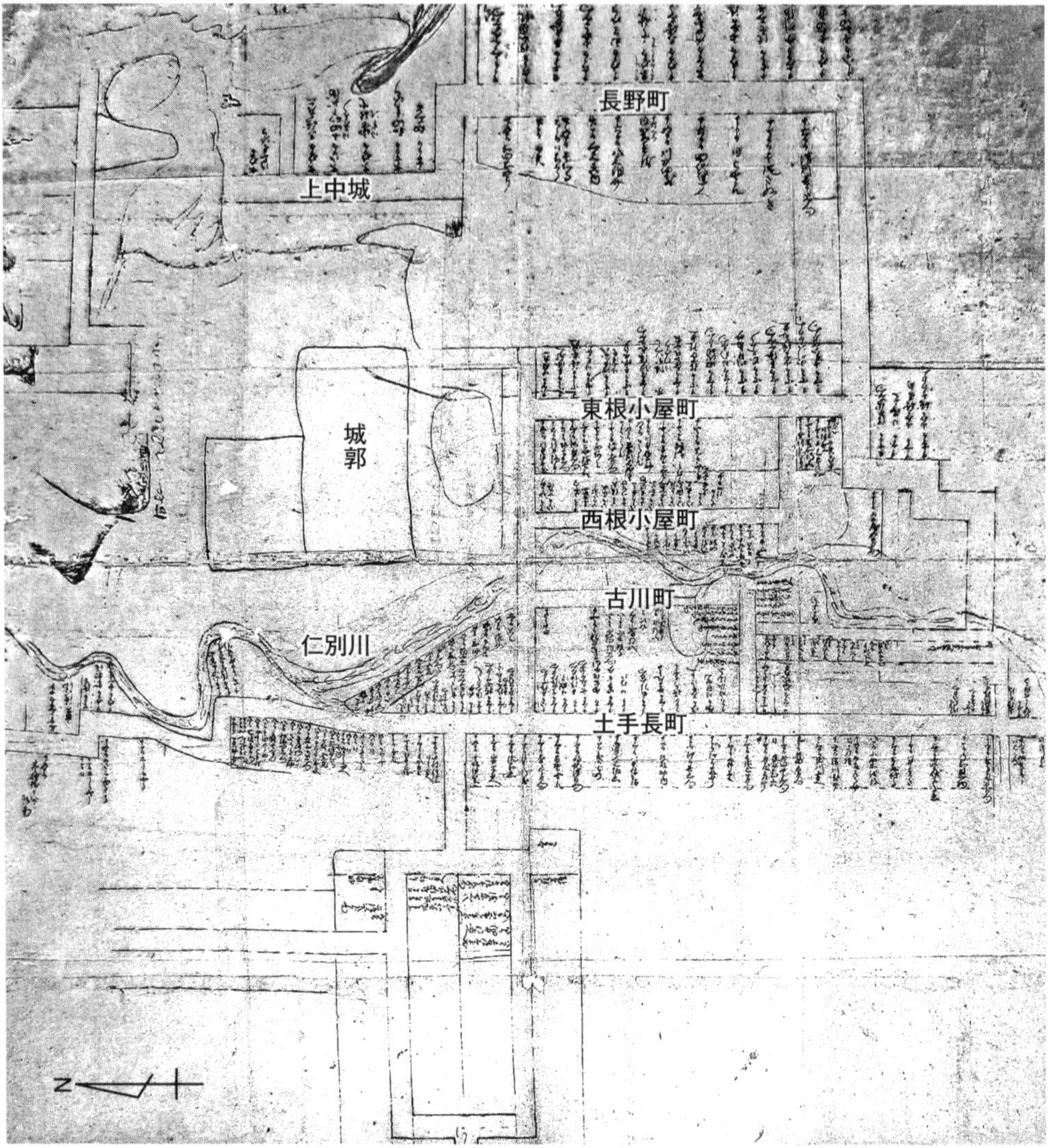

図２　慶長９年頃「御城下之図」（秋田県公文書館蔵）

城の正面から南下し、三の郭南端の枡形虎口を経て、のちの四の郭である亀の丁に至る。この当時はまだ亀の丁郭は形成されていない。東根小屋町北部西側に梅津半右衛門（憲忠）と梅津茂右衛門（政景）の兄弟が並んで屋敷を構えている。屋敷の間口はそれぞれ一五間と一二間である。三の郭の中谷地町と土手谷地町はいまだ広い空白地で、広大な湿地帯が広がっていたと思われる。いちばん東部の長野は整然と町割りがされ、その北端で枡形の屈曲を経て、上中城に続いている。

藩主義宣は町並みの端々にまで気を配り、景観を重要視した。内町では、慶長九年から一六年も経た元和六年（一六二〇）、義宣は本丸御出し書院から上級侍屋敷が配置された三の郭を見通して、東根小屋町の町筋のゆがみに気付き、自ら現地に赴いて、長野下から堀川土手際までの五町の割直しという大改造を命じている（『梅津政景日記』）。

こうしたことから推測すると、内町の、少なくとも三の郭の町割りの基軸は、東根小屋町の通りであり、その基点は御出し書院で、田町に至る桝形虎口が到達点であったと考えられる。もともとは義宣が城と城下の双方向からの見通し（視軸）を重視したことにあった。このように義宣は、城と町の双方向からの眺望や、街路の見通し、町並みの美観に強い意欲と関心を示していたことが『梅津政景日記』から読み取れる。

外町の町並みについても、寛永六年（一六二九）、メインストリートである大町三町と通町三町を整然とした家並みにして、板葺き屋根の二階建てに統一するように指示している。なお、付け加えれば、秋田藩の領内では、屋根を瓦葺にした建物は、少なくとも十八世紀末まではほとんど皆無で、久保田城下町でさえ、屋根は小羽葺か萱葺の二種類に限定されていた。しかも、そのどちらにするかは必ずしも町人の自由裁量ではなく、藩の命令に左右されていた。

寛文三年「外町屋敷間数絵図」（一六六三、秋田県公文書館蔵）は、町人町と寺町の、いわゆる外町だけの町割りと屋敷割り、所有者名および寺院名、町内の規模、各屋敷の間口と奥行などが克明に記載されている。町屋敷の奥行は町内ごとでは二十間と二五間（大町）に背割りされる。各町内の肝煎が記載されていることから、外町の沽券絵図と同等の絵図と見なせる。

「秋田市都市計画基本図」や各種「久保田城下絵図」を見ると、内町三の郭の通りと外町の通りは、やや東寄りに傾いた南北道であるが、両者は平行ではなく、外町の通りの方が東寄りの傾きが内町に比べると少し大きい。つまり、外町の基点と基軸は、内町と異なることは地図等からも明らかである。そこで、

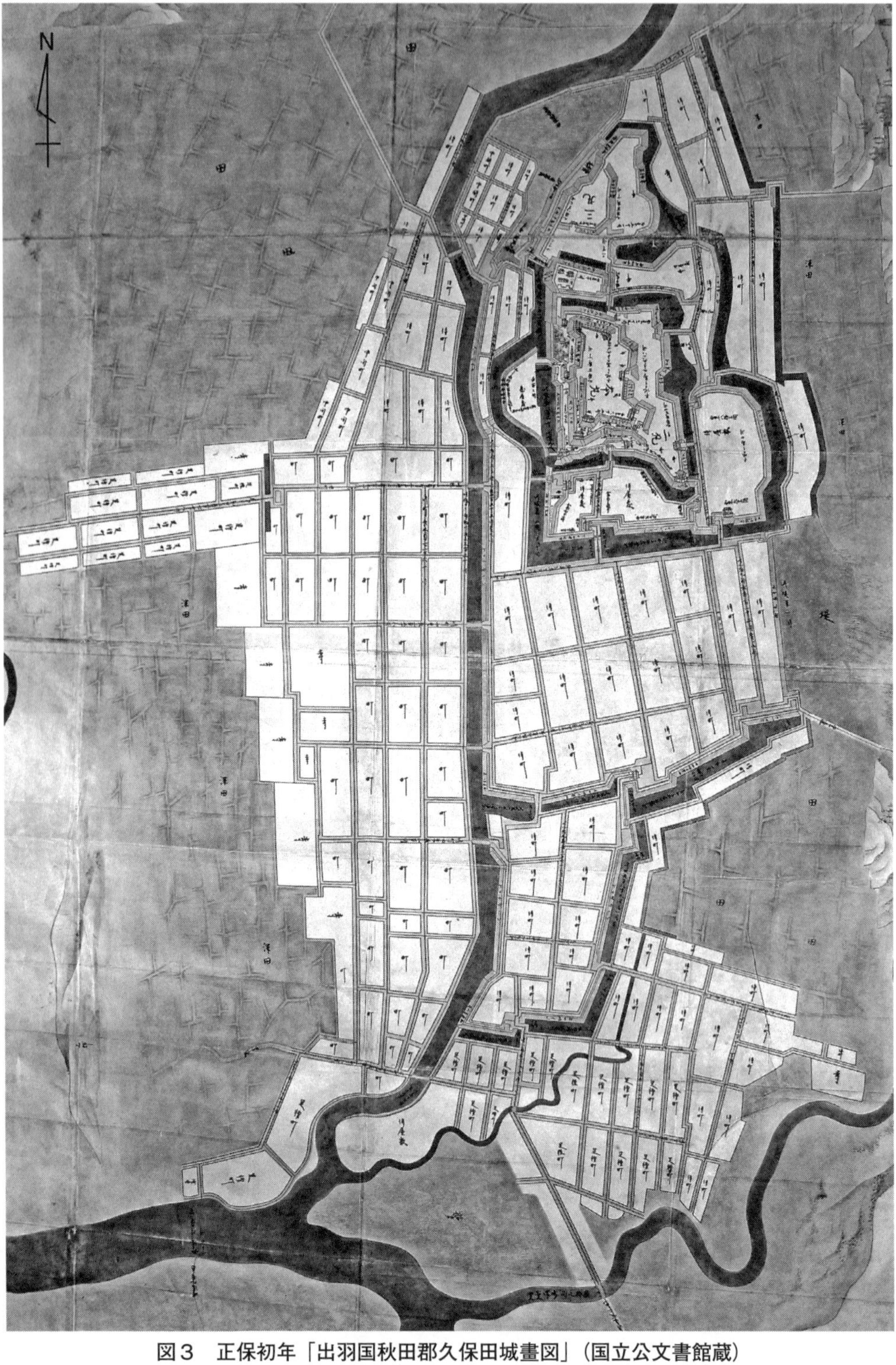

図３　正保初年「出羽国秋田郡久保田城畫図」（国立公文書館蔵）

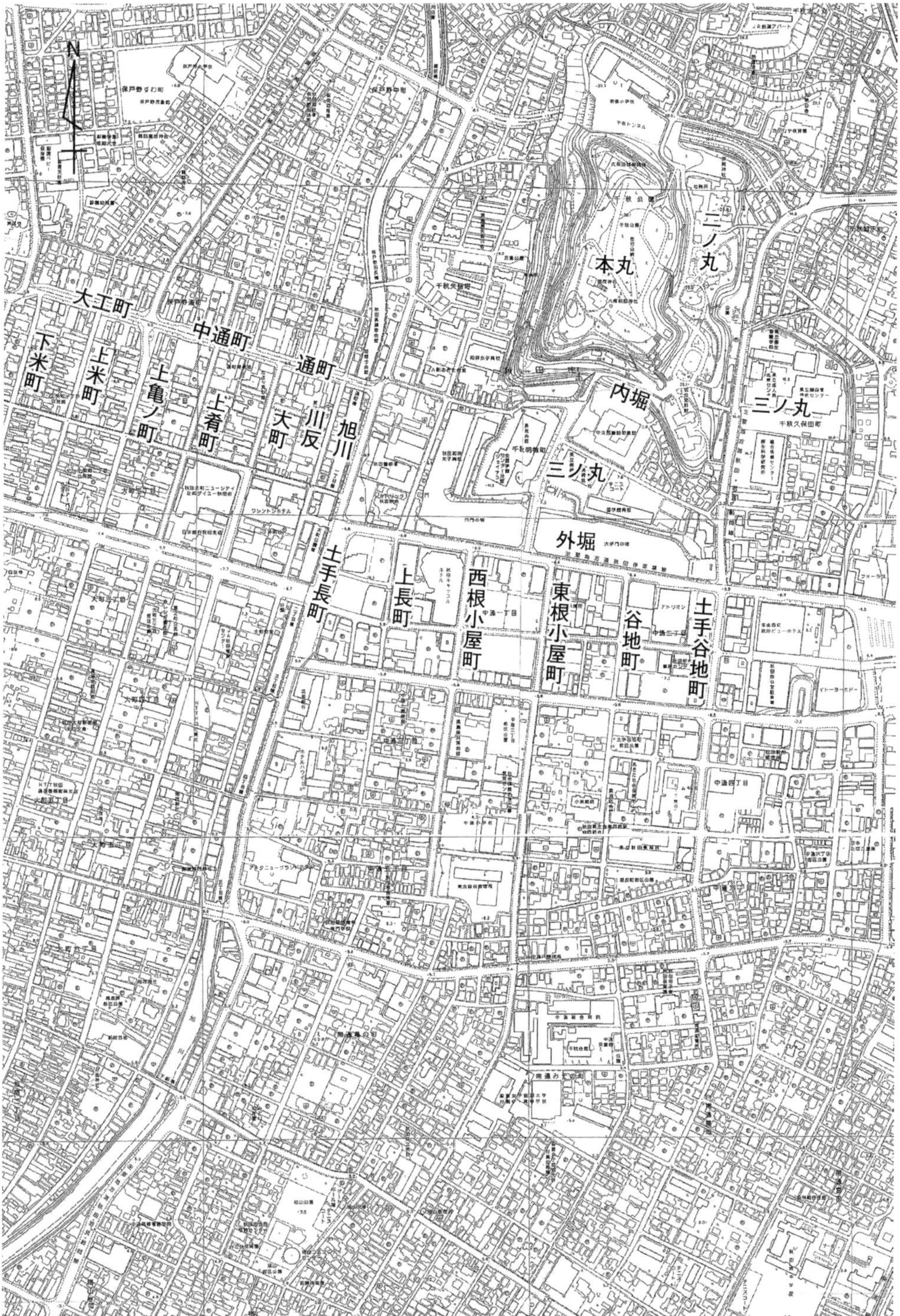

図４　秋田市都市計画図（秋田市）

藩政当初は羽州街道に設定された茶町通り（街道は安永六年に大町通りに替える）の軸線を北に延長すると、実は、泉山（五庵山）に当ることが判明する。東西に連なる泉山丘陵の東寄りに、標高五一メートルほどの泉山がある。泉山は、城下町形成当時、城下町北端の要衝であり、その南西山麓には藩主の菩提寺である天徳寺が、寛永二年（一六二五）に楢山から移転した。

　このように、泉山は城下町のランドマークの一つであることから、外町の町割りの基点にしたのではないかと推測される。つまり外町の町割りの方向性を山当ての手法によって決定し、その結果、羽州街道の向きを基軸にして、外町の縦横の町割りを形成したといえるのではないだろうか。

　ちなみに、町割りを山当てによる街路軸によって決定する手法は全国各地の城下町に事例があり、秋田県でも在方城下町などにその手法が見られる。この時代、各大名の城下町は武家屋敷と町人屋敷を問わず、町並みの美観形成が大名の施政評価につながったと思われる。

　義宣は、内町・外町とも、きわめて整然とした矩形の街路形成による、実に見通しの良い町割りを行っている。城下町は都市防衛から、街路を屈折や食い違い交差にすることによって、見通しを遮り、見えない都市にするのが常套だったという観念とはまったく異なるものである。いずれにしても、義宣の都市プランナーとしての姿勢は、久保田城下町が他藩の城下町に比較して、内町、外町を問わず、際立って十字路が多く、整然とした格子状の町割りを構成していることに表れている。つまり、きわめて幾何学的な秩序ある構成をとっていることが認められる。

　ちなみに、義宣が三の郭の割直しを堀川土手際まで指示した元和六年（一六二〇）には、旭川（仁別川あるいは堀川とも）の堀替えは川端五丁目辺りまでは進んでいたと思われる。流路は現在のように外町の町割りに平行するように堀替えられた。そして、寛永八年（一六三一）八月に「堀川普請極候由」（『梅津政景日記』）とある。

　久保田城下町の基本構造は、旭川とそれに並走する土塁によって、郭内の武家屋敷町（内町）と郭外の町人屋敷町・寺町など（外町）に画然と区画した。内町と外町をつなぐ交叉点は、桝形を築いた食違い十字路かT字路であり、直通する箇所は一つもなかった。いわば秋田藩独自の「内町外町型」である。

本荘（由利本荘市）

　関ケ原戦後の慶長七年（一六〇二）に最上義光が徳川家康から由利地方を与えられたことにより、最上氏の重臣楯岡満茂が由利統治のため慶長九年（一六〇六）に、いったんは赤尾津（現在の亀田）の天鷺城に入る。慶長一八年（一六一三）に子吉川河口の古雪《ふるき》という湊に近い尾崎山の台地に築城を始め、同一九年に移ったという（『本荘市史』）。これが本城城（後の本荘城）である。そして城の北側に城下町を形成した。

　尾崎山に築かれた本丸は城下との比高二三メートルほどの平山城である。城下町一帯の地形は北の子吉川と南の城郭を含む台地の連なりによって区切られる平地である。楯岡氏（あるいは本城氏）が築いた城郭は、「白描本荘城下図」（模式図、慶長末～元和期）などによれば、本丸・二の丸・三の丸で構成され、本丸の一段下に腰郭が取り巻く。本丸の南背後は広

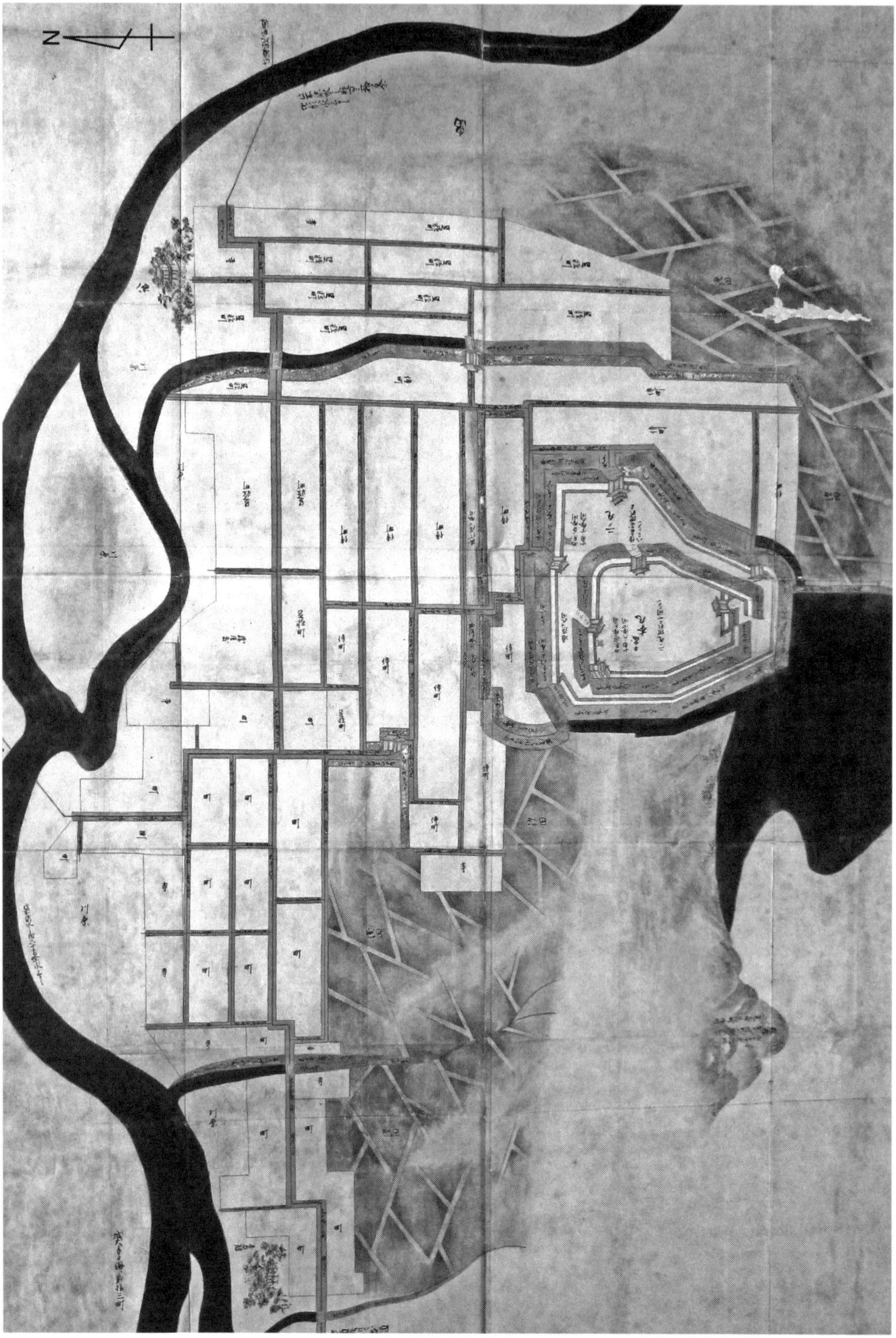

図５　「本荘正保城絵図」（国立公文書館蔵）

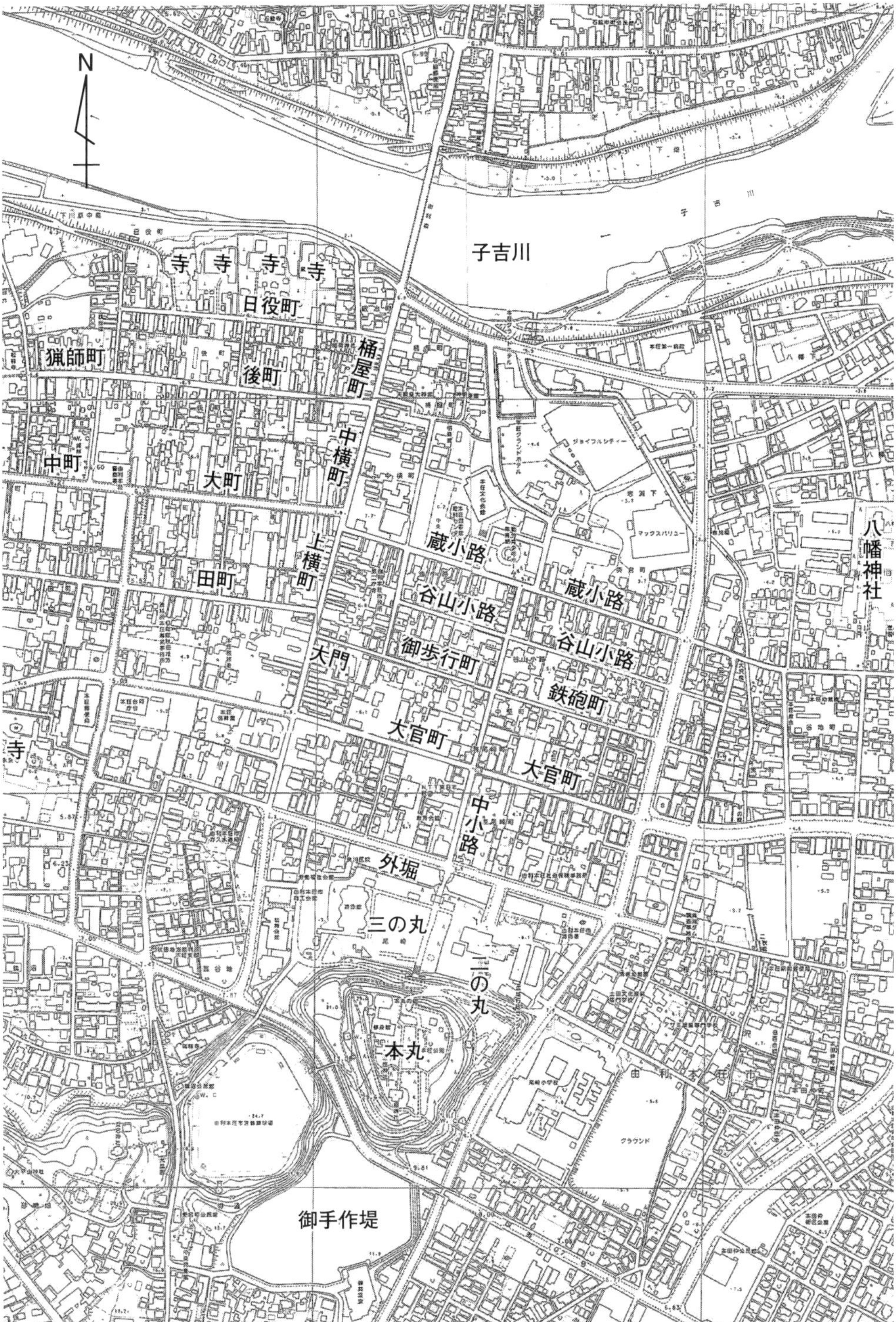

図６　本荘都市計画図（由利本荘市）

い御手作堤で、西側は尾崎山から続く丘陵が連なる。元和八年（一六二二）に最上氏が内紛により改易されて、楯岡氏も本荘から立ち去った。四万石を領した楯岡満茂が築いた初期本荘城は廃城になり、その後は六郷政乗が元和九年（一六二三）に二万石を給地されて入部した。

六郷氏は楯岡氏が築城した城下町を継承したが、城も城下も禄高に応じた規模に縮小した。六郷氏時代の本荘城下町を描いた最も古い絵図は、「出羽国油利之郡本城（荘）絵図」（国立公文書館蔵）である。幕府が正保元年（一六四四）に諸藩に調整を指示した絵図である。通称「本荘正保城絵図」という。

この絵図によれば、本丸は楯岡氏時代の位置と規模を踏襲した。天守はなく、本丸北西隅に二階隅櫓を築き、天守の代用としている。この隅櫓は城下からは最も見通せる位置で、ランドマークであったと思われる。二の丸は腰郭で、全周を土塁と堀で囲う。二の丸の北側を下った一画が三の丸に当たる。ここまでが郭内である。

城郭の北側正面に城下町が広がる。城の北側に展開する城下町の街路構成は、まず城の北側虎口から外堀を越えて、やや東に傾きながら北に向かう小路が侍町の中央を通る中小路である。これが武家屋敷町の町割りの基軸である。中小路の向きは城郭である尾崎山への山当ての手法によるのではないかとも推測される。その結果、本丸と中小路は双方向からの眺望を正面に臨む視軸の関係にある。

中小路に直交して東西に通る三筋の侍町が矩形街区を形成する。東側は南北に一筋の街路を通して区切る。侍町の北に東西道二筋の足軽町と藩の蔵屋敷が、それぞれ長方形の街区を形成して、子吉川近くに至る。東の郭外には南北方向に三筋の通りによる足軽町がある。その東に寺の記載がある。

城下中央の侍町・足軽町の西側に子吉川河口まで町人町を配置する。城からは北西に当たる。町人町は概略、東西に通る四筋の道を南北道二筋の小路で長方形の街区に割る。城下中央部の侍町・足軽町と町人町は絵図では大略二つのブロックとして見える。武家町と町人町を分ける町通りの出会いはT字路ないしは食い違い交差である。

絵図全体を眺めると、東は子吉川の支流大沢川と土塁が南北に走って城下を区切り、北は子吉川で区切り、西は善応寺川と土手で区切る。これは、一見すると、総郭型の城下町のようでもある。これが楯岡氏から引き継いだ六郷氏による江戸前期の本荘城下の形態である。

江戸中期以降の城下町構成は、享保期（一七一六～三五）頃の作成と考えられている「本荘城下絵図」（『本荘市史』収載）によって知ることができる。この絵図は、城下町全体の町割りと町名に加え、武家屋敷と町屋敷の屋敷割り全部と、すべての居住者名が事細かに書き込まれている。町番所や木戸・木柵などの小規模の都市施設も表示されている。

城下町の構成は、「出羽国油利之郡本城（荘）絵図」に表示された江戸前期に比べると、あまり変化はない。つまり、城郭の北側一帯に侍町、東側は大沢川の外に足軽町、城下中央の侍町の西端を南北に通る横町・桶屋町の通りを境にして西側一帯が町人町である。

武家町の代官町と町人町の横町が交わる境には大門を建て、番所を配置し、その周りを桝形の木柵で囲う。町人町は侍町の西側に食い違いに配置して、両方の町を明確に分ける。侍町の各町名は省略するが、小路と町の呼称が混在するのが特徴として上げられる。一方、町人町は横町から西に向かって、田町・大町・中町・肴町・後町・日役町・猟師町などを東西に長い矩形の整然とした町割りにする。町人町のメインストリートは東から西に大町・中町・肴町と続く町通りで、海沿いの北国街道と交わる。

北国街道の久保田への道は横町・桶屋町・鍛冶町を通って子吉川の大渡口に至り、亀田藩領の石脇に渡る。城下の北端は子吉川で、その河口は海運で栄える古雪湊で、本荘藩や矢島藩などの蔵が建ち並んでいた。正保二年「出羽一国絵図」（一六四五、秋田県公文書館蔵）には、子吉川河口に唐船番所が描かれ、本荘城下の川縁に「出戸町」と記載されている。絵図の出戸町は本荘城下の町人町全体を指している。

城下町の東側の郭外、城郭の東北つまり艮《うしとら》の方向に総鎮守八幡神社が鬼門除けとして広い屋敷構えで配置されている。同様に東側郭外の東端の町は寺町とあり、四か寺が建ち並ぶ。また、町人町の北端、子吉川に面して四か寺、同様に西外れの古雪入口橋の周りに三か寺が建つ。

亀田（由利本荘市）

室町時代から戦国時代の由利郡は、いわゆる由利十二頭といわれる国人たちが由利郡内に群雄割拠していた。亀田を含む赤宇曾郷は赤尾津氏が支配していた。赤尾津氏の居城である天鷺城(別称赤尾津城)は、亀田の南に控える標高一七〇メートルの高城山に築かれていた。赤尾津氏は徳川家康に関ヶ原の不参を咎められ、慶長七年（一六〇二）に所領を没収され、転封を命ぜられた（『由利十二頭記』）。

その後に由利一円が最上義光の所領となり、その家臣で湯沢城代の楯岡豊前守満茂が、由利のうち四万八千石を給地され、慶長八年（一六〇三）に赤尾津の城に入っている。しかし楯岡氏は赤尾津の地が狭隘という理由で子吉郷本荘に築城を始め、慶長一九年（一六一四）頃に本荘に移転している。楯岡氏が赤尾津に在城したのは一〇年間である。

楯岡氏が本荘へ移るときに、赤尾津の町家の大半

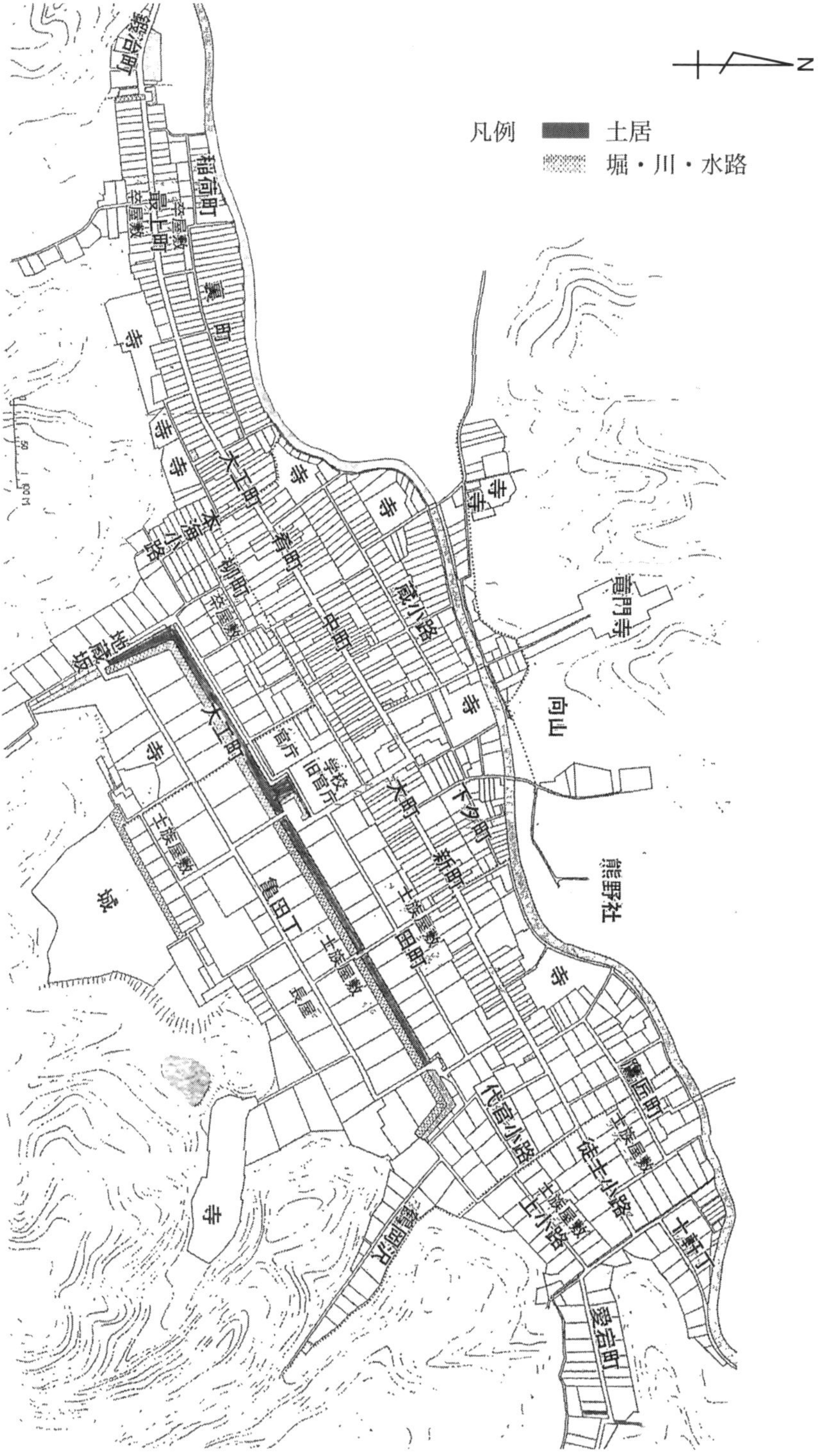

図７　亀田町割・屋敷割図（明治６年頃「羽後国由利郡亀田町絵図」より作成）

を移転させたといわれているが、元和八年（一六二二）の最上氏改易に際して、梅津政景が本城城を破却するための途次に、赤尾津を中継して、宿泊している（『梅津政景日記』）。これは、楯岡氏が本城に移転した後も、赤尾津が在郷の町場として継続していたことを示している。

最上氏改易後に、信州川中島一万石領主であった岩城氏が亀田二万石領主として移封される。亀田は岩城氏が入部するまでは天鷺村と言い、亀田と称するようになるのはそれ以後のことである。今日見られるような亀田の町割りが形成されたのは岩城氏の入部後である。しかも、亀田城下町選地の決定は、初代亀田藩主岩城吉隆が秋田藩主佐竹義宣の甥に当ることから、当初は秋田藩が主導している。

亀田城下町は日本海岸より直線距離にして三キロほど内陸に入り、南北を山に挟まれた谷間の、東西一・五キロ、南北〇・三キロほどの帯状の形状をした城下町である。山と山がせめぎ合った衣川中流域沿いの狭い土地に開かれている。いずれにしても小城下町亀田は、赤尾津・楯岡氏時代の城下町構成をどの程度継承したかは不明であるが、自然的地形を生かした町の構成がなされたといえそうである。

岩城氏は無城の大名で、その居所は陣屋であった。陣屋とは禄高が万石以上であるが城持ちでない小大名の居所を指す。嘉永五年（一八五二）になって城主格に昇格し、亀田城あるいは天鷺城と呼ばれた。こうしたことから、城郭もごく簡素なもので、約八千坪ほどの主郭一つからなっている。城郭の背後に当る南側は高城山を天然の要害として設定されている。城の北側正面を内堀で区切り、その外に一門・家老級屋敷町である亀田丁を配置する。亀田丁の三方を土居と外堀で囲い、正面中央の出入口を桝形門に造る。

武家屋敷と町人屋敷の配置は、まず城の一番近くに重臣町、それを取り巻くように一五〇石前後の給人町を配置した。城下町東部には徒士町、大手から下った城下のほぼ中央部は町人町が占め、その両側端部の町はずれには足軽・中間など、軽輩の屋敷を配置している。

衣川が城下町の北端を山筋の東から西に向かって

流れ、さらには日本海に注ぐが、これがいわば城下町北端側の大外堀の役目を担っているような印象を受ける。衣川はもともと城の外堀の辺りを流れていたのを、藩政期初頭の城下町造営に際して、流路を現在の場所に変えたといわれている。

　城下から衣川を越えた北側の向山には、重臣下屋敷と足軽屋敷を配置しているが、これも防衛の一端を担った配置といえる。城下の寺院は宝永七年（一七〇七）の記録では一四ヵ寺であるが、岩城氏菩提寺の竜門寺は衣川の川向うである向山にある。また、城下の総鎮守熊野神社は城から鬼門の方角になる向山に境内を構える。

　城下町の中央を東西にかけて、町屋敷の連なるメインストリートが通っている。この道路は城下外に通ずる往還道でもある。この往還道は、西側の城下入口に土塁を築いた枡形があり、続いて足軽組屋敷の最上町が並び、そして再び土塁の枡形を築く。この東側に町人町である大工町・肴町・中町・大町・新町・今町のメインストリートの町並みが続く。

　さらに、この町屋敷の東側一帯が徒士町である。メインストリートである町通りの中央部が大町である。大町はかぎ型に折れ曲がり、そこで城からの大手道と交差する。大手門がこの地点に設置されていたらしい。このように往還道に沿って形成された町通りは城下町全体の基軸をなしている。町割りを道路の交わり方でみると、T字路がいちばん多く、次いでL字路が多くなる。十字路もすべて食い違い十字路である。小城下町ならではの趣きである。

　亀田城下町を描いた絵図はいずれも明治初期の作成だが数種類ある。「羽後国由利郡亀田町絵図」（岩城歴史民俗史料館蔵）は大区小区制の絵図で、表題は「秋田県管轄第四大区六小区羽後国由利郡亀田町絵図」である。一軒ごとの屋敷割り・所有者氏名・屋敷坪数・間口と奥行寸法が事細かに描かれ、明治五、六年ごろに作成された絵図である。江戸末期の城下町の形態を検討する上では欠かせない高い精度を持っている。一間を六尺三寸にしている。一三七センチ×三〇四センチの大判である。

　「亀田屋敷沽券図」（秋田県公文書館蔵）は二六枚の切絵図で、屋敷の地番・面積・地主名が表示されている。明治初期の作成と思われる。「亀田旧城下絵図」（秋田県公文書館蔵）は町割り・町名・屋敷割が表示された明治初期の絵図である。

矢島（由利本荘市）

矢島城下町は周囲を山地が取り巻く矢島盆地の西側に位置する。子吉川が盆地の東南から西北に連なる丘陵沿いに流れ下る。盆地西側に連なる山麓から東に突き出した舌状台地とその周囲に城下町が形成されている。

中世の矢島は、由利十二頭の一人である大井氏が矢島根城館という山城を築き、織豊時代の文禄年間（一五九二～九五）まで一帯を支配下に治めていた。江戸初期には最上義光の重臣楯岡氏が舌状台地先端に八森城を築き、次いで打越氏が引き継いでいる。由利十二頭の一人であった打越氏は常陸からゆかりの地である矢島に三千石で転封になり、八森城を居館にした。

その後、寛永一七年（一六四〇）、四国讃岐一七万石の高松城主生駒氏が矢島に給地一万石の左遷になり、八森城を陣屋にした。現在見られる町割りは、

図８　「矢島近辺絵図」（年未詳、秋田県公文書館蔵）

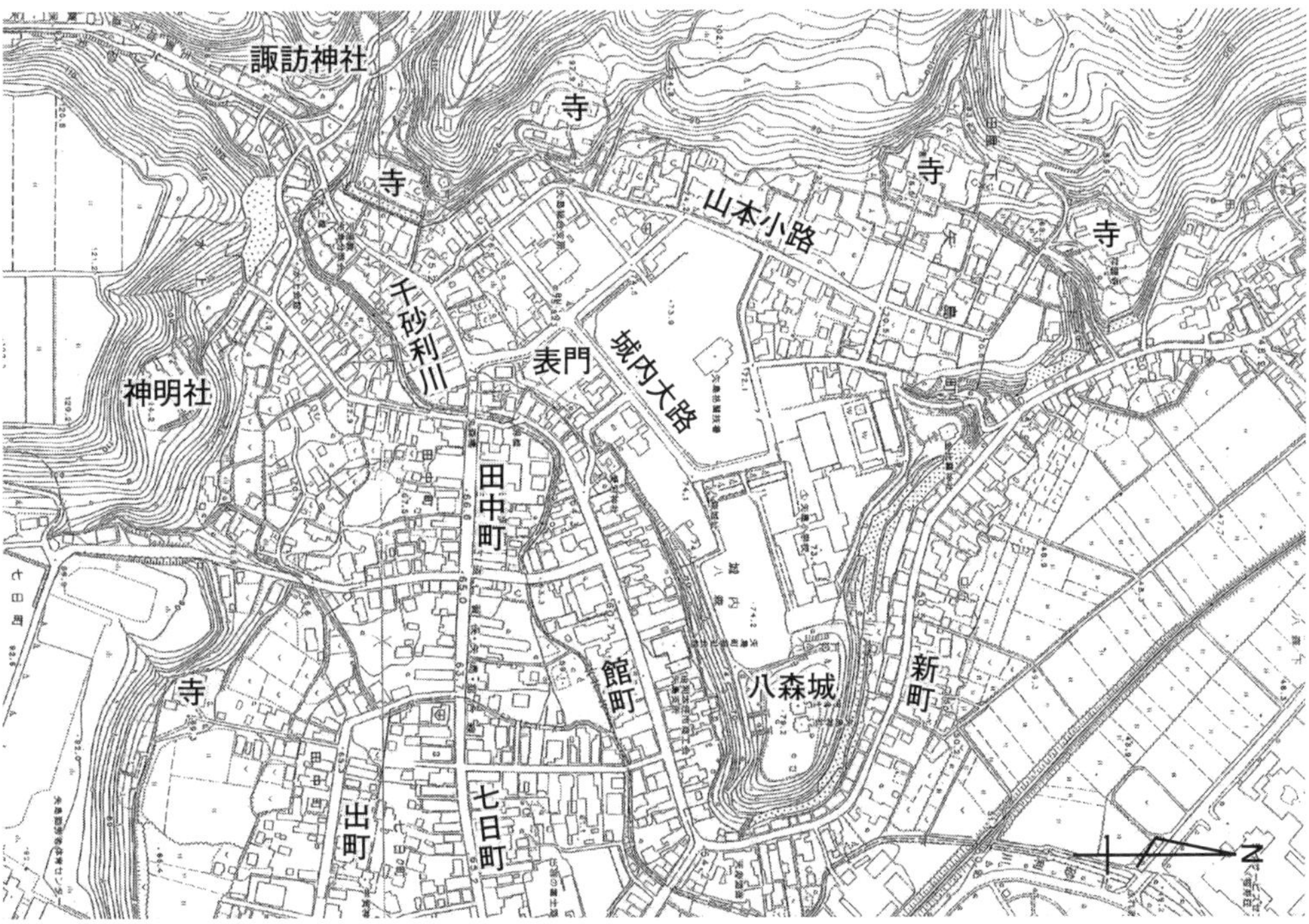

図９　矢島都市計画図（由利本荘市）

部分的には楯岡氏や打越氏時代の江戸前期頃に形成された所もあったと思われる。しかし、矢島城下町が完成したのは生駒氏時代である。武家町の町割りは生駒氏が転封になって間もない一七世紀後半と考えられる。

藩政期の町割りを表したと推定される絵図に「矢島近辺絵図」（秋田県公文書館蔵）がある。この絵図には城郭を中心にして、武家町や町人町、寺町などの町割りと武家地の屋敷割りと氏名が表示されている。しかしこの絵図は作成年代が不明である。町人町の館町の屋敷割りは宝永から正徳年間（一七〇四～一五）といわれ、「矢島近辺絵図」には館町が記載されており、こうしたことから絵図は一八世紀半ば以降の作成と思われる。

生駒氏の居館は陣屋であるが通称、八森城と言った。八森城の呼称は、小字名の八森を取って、八森城あるいは八森陣屋という説や、あるいは地形から「端森」の転訛と推測する説がある（『矢島町史』）。城郭は半円形の一つの郭からなり、その外周全体に木柵を巡らす。東側の崖寄りは木立が描かれている。いずれにしても、城は半円状の特異な形状を成す。城の正面に短い広小路を通し、堀と土居で区切り、その奥に大手門がある。現状の八森城跡は東側奥半分が三メートルほど高くなっていて、二つの郭で構成されているような印象を受ける。八森城跡の三方は断崖になり、崖下沿いの館町・新町は二〇～三〇メートル下にある。城を立地から分類すると、町人町からは平山城である。

城の西側台地に武家町を形成する。武家町の街路は大手門前の堀沿いの広小路から二手に分かれる。広い道が城内大路という武家屋敷町である。城内大路が西麓に突き当ったところから、山本小路が北へ鉤の手に折れ曲がり、山麓沿いの地形に沿って武家屋敷が並ぶ。城内大路は城下町の基軸で、いわば大手道と見做せる。ちなみに、侍町の町名は小路である。

城内大路の途中から町人町に下る道があり、武家町との境に表門が建つ。道の突き当たり一帯に足軽、百姓、商家が屋敷割りされている。そして千砂利川を渡る手前で道は二手に分かれ、一方の道は、陣屋の断崖下の半円に沿って館町そして新町が屋敷割されている。館町は両側町であるが新町は片側町である。もう一方の道は、千砂利川を渡ると田中町で、途中から七日町と出町に分かれ、さらには横町と続く。横町以外は両側町である。田中町に本陣がある。

　このように、矢島城下町は台地に武家町、二、三〇メートル下って城郭の周囲に町人町を配置して、身分差を高低差で明確に分け、とりわけ特徴的な町割りである。矢島城下町の街路は不規則に通っているが、八森城から城内大路を真直ぐ延長すると山麓中腹の諏訪神社に突き当たり、大路の方向性が見いだせる。しかも、諏訪神社は城の裏鬼門に当たり、こうしたことも城下町の形成に関係したとも考えられる。

大館（大館市）

大館市街は米代川と支流長木川に挟まれた河岸段丘の洪積台地に形成された。二つの河川は市街の西部で合流する。東方にはランドマークである鳳凰山（標高五二〇メートル）が大館城跡から約三キロ東方にそびえている。「秋田風土記」は「前館という景山あり。その麓、西家の別墅あり」と記す。

　戦国時代の浅利氏支城が織豊時代に秋田氏の占領を経て、佐竹氏に移譲された。「大館旧記」写本（『大館叢書』）などによれば、佐竹氏は旧城を継続して同じ位置に築き直している。移譲当初の大館城下の町並みがどの程度形成されていたかは不明である。いずれにしても城下町の築城と町割りは佐竹義宣の指示のもとで、小場義成が新たに行ったものと思われる。

　檜山支城の城代であった小場氏は慶長一五年（一六一〇）から大館城代となった。後世に佐竹姓の名

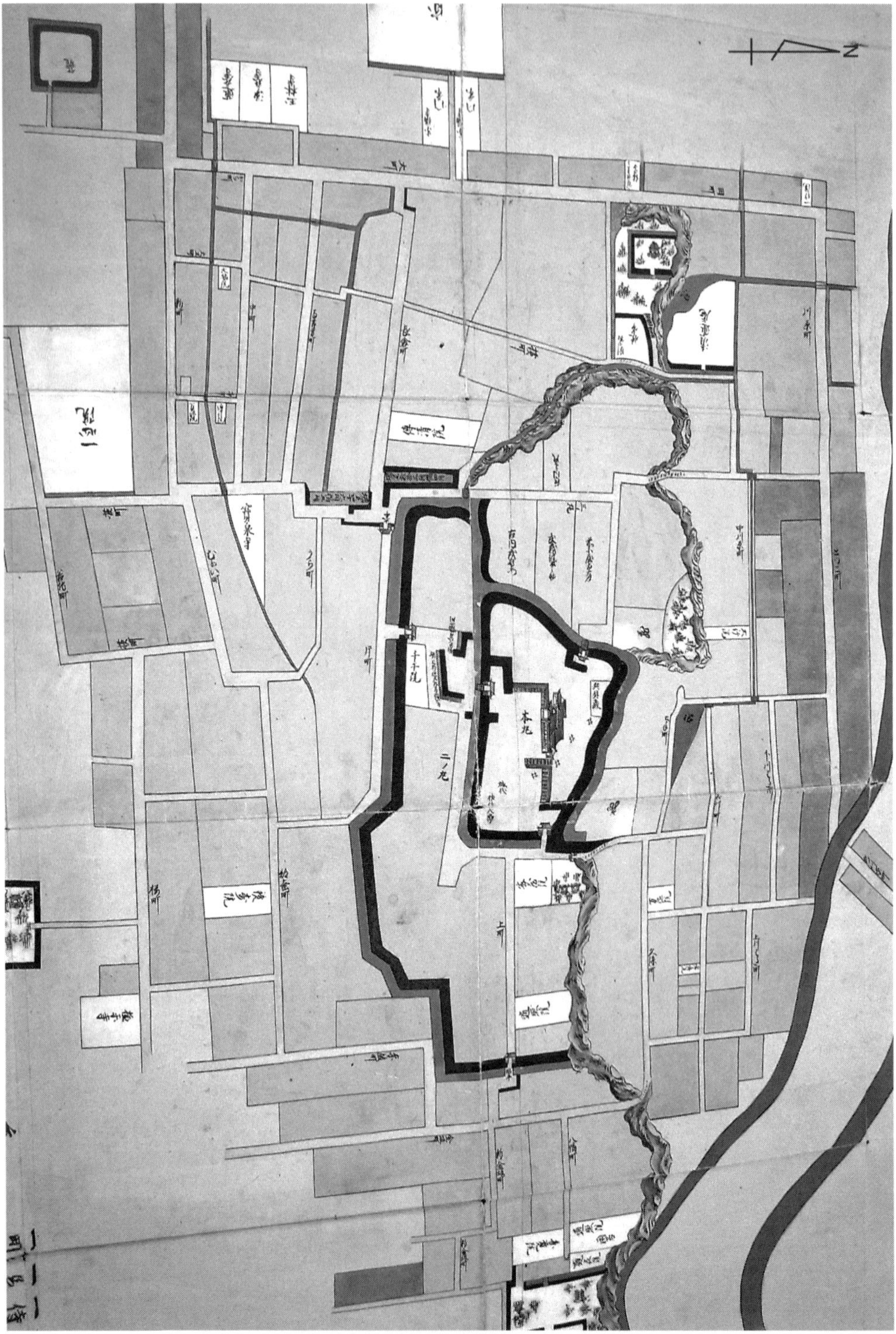

図10　元禄17年「大館御城下絵図」（秋田県公文書館蔵）

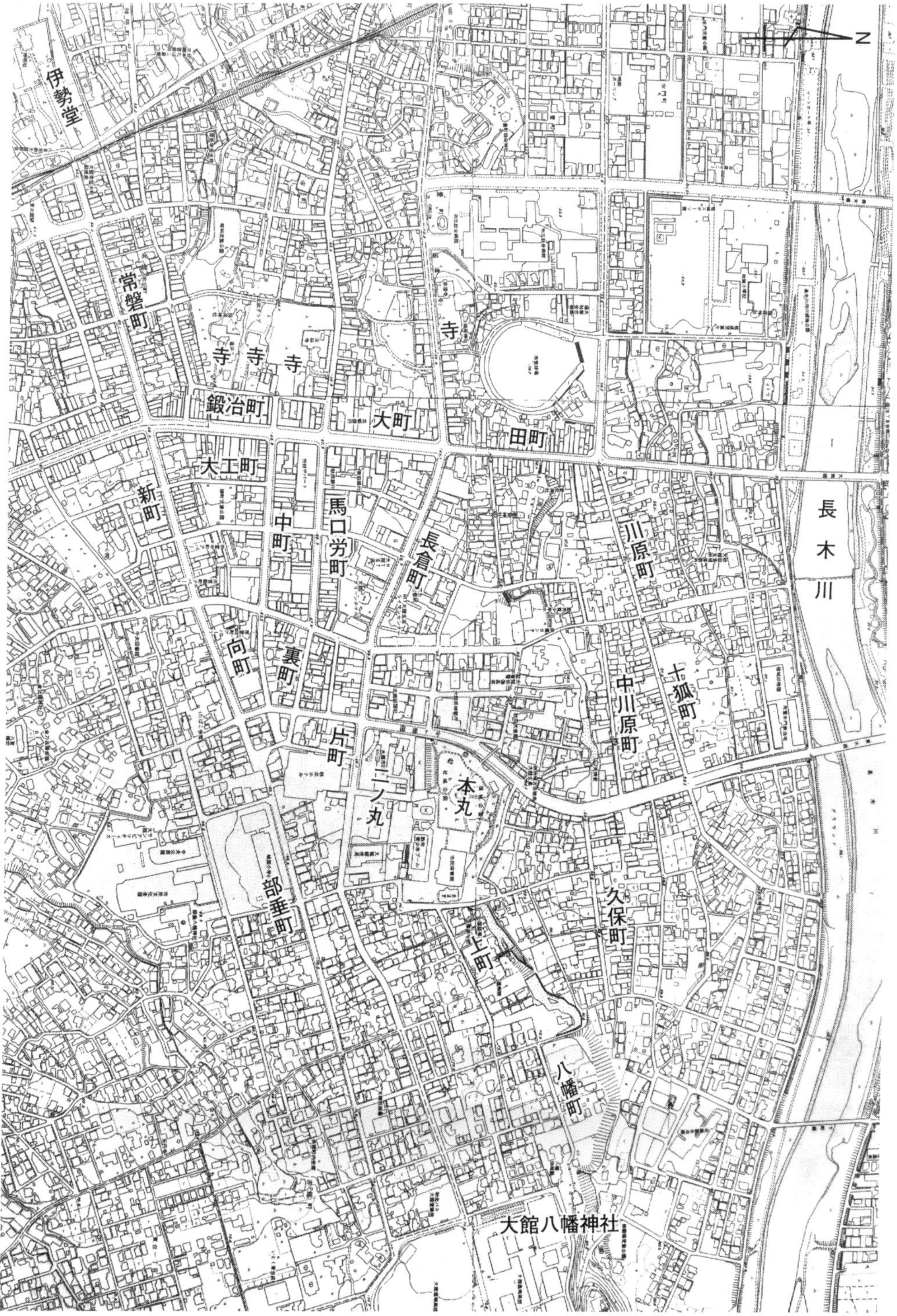

図11　大館都市計画図（大館市）

乗りを許され、通称西家と言い、知行高は七千七百石（「久保田領郡邑記」）であった。小場氏は浅利氏の残党を自らの家中として城下北辺の守備に当らせるため、十狐（独鈷）町という足軽町をつくった。

藩政期の大館城下町を検証・復元する参考絵図として、元禄一七年「大館絵図」（一七〇四）、享保一三年「大館御城下絵図」（一七二八）、文化一二年「大館城並びに城下居住絵図」（一八一五）の城下町絵図と、城郭図として天保七年「出羽国秋田領大館城絵図」（一八三六）がある。いずれも秋田県公文書館所蔵である。三種類の城下町絵図は、土居・堀・道・町屋敷百姓屋敷・足軽屋敷・寺社屋敷・侍屋敷をそれぞれ色分けして表現している。各絵図とも彩色はほぼ共通している。

絵図から分かる大館城下町の構成は、城代の居館である本丸と重臣屋敷の二の丸を中央に配置して、武家屋敷がそれを二重三重の屋敷割りで取り巻く。城下町全体の形姿は変形四角形である。秋田藩の城下町の基本構成は、武家町の内町と町人町の外町に分けたことであるが、大館などの在方城下町は、内町と外町が土居と堀を伴う郭によって明確に区切られたわけではない。

町人町の外町は羽州街道沿いに形成され、その結果、城下町の西側に偏している。街道は町の入口に建つ伊勢堂（現神明社）境内前から、足軽町（常磐町）が続く。伊勢堂は大館草創時代からの産土神で、外町総鎮守として江戸前期に城下の境目に移築された。城の南西に位置することから、裏鬼門押さえでもあった。

足軽町の先にT字路があり、城下町の西側を北の方に向かうと、鍛冶町・大町のメインストリートである。街道をさらに進むとL字型の突き当たりで、長木川沿いに東に向かってすぐに川原町、次に十狐町である。続いて北に折れて川端町・新川原町（通町）の町人町を経て、長木川を徒歩渡りして津軽方面に向かった。長木川には橋が架かっていなかったといわれている。支流は昭和二〇年代に埋め立てられている。このように、洪積台地に形成された城下町全体を包むように、台地の西端から北端を通る羽州街道が、城下町の基軸であり、いわば外郭の役割を担っている。

羽州街道沿いの外町の町割りは、城下の街道両端に足軽町を配置し、その間にメインストリートの大町・鍛冶町が両側町を形成する。その東側一画に、中町・大工町・柳町・新町・馬口労町・風呂屋町などの町人町が町割りされている。さらに北西端の街道沿いも田町・川原町などの町人町である。

武家町は城郭を取り巻くように配置する。家中町と給人（組下）町は、はっきりした地域分けは見られず、どちらかと言えば、混在しているといえよう。二の丸の中城町・上町をはじめ、片町・裏町・向町・金坂町・八幡町などの家中屋敷が城近くの南側に配置され、三の丸・横町・長倉町・部垂町・赤館町・桜町・谷地町・古川町・中川原町・土手町などの給人屋敷が、城郭のほぼ四周の外縁に配置されている。

元禄一七年「大館御城下絵図」（一七〇四）は、奥書によると、幕府の国目付の下向に際し閲覧に供するために作成された。記載事項は町割りが主である。享保一三年「大館絵図」（一七二八）は藩調製図である。町割りと、侍屋敷・足軽屋敷・町人屋敷・社寺の屋敷割りを表示している。侍屋敷は居住者氏名と、屋敷の間口・奥行を明記している。足軽屋敷と外町の町人屋敷は短冊形に画一的に割っている。

文化一二年「大館城並びに城下居住絵図」（一八一五）は、侍屋敷の屋敷割りがされ氏名も記載されているが、屋敷の規模の記載はない。また、足軽町と町人町は町割りのみで、屋敷割りはされていない。この絵図は享保一三年絵図を模倣したものと推測される。絵図の表書に、この仮絵図は城の土手崩れの見分に藩役人が派遣され、その調査に使用するために作成された旨が記載されている。

天保七年「出羽国秋田領大館城絵図」（一八三六）は、「出羽国秋田領大館城土居崩之覚」と表題が示す通り、城の土居崩れを修理するため、幕府届け出に作製された絵図である。絵図は本丸と二の丸を三色に塗り分け、すべての土居の高さと幅、そして土居の崩れた場所とそのか所数が記載されている。

大館城は、本丸が変形四角形で、その周囲を内堀と土居が取り巻く。本丸の南側から東側にかけて二の丸を配置した梯郭式の縄張りで、土居と外堀が取り巻く。本丸・二の丸の北側は高さ一二《メートル》くらいの崖になっている。二の丸南に開けられた中城門を潜ると、枡形が築かれ本丸に入る大手門がある。本丸の西側に三の丸があるが、土居と堀で囲まれた城郭は本丸と二の丸だけであり、三の丸は城郭外である。城郭外の南と東西の三方は武家屋敷町である。北側は急峻な崖で、天然の要害である。

城下町の街路は十字路で交差する所はきわめて少なく、大半はT字路か、食い違い十字路である。寺は城下の各所に分散して配置されているが、鍛冶町の裏手には寺道があり、三か寺が並び立つ。城下の東端部に佐竹西家の氏神である八幡神社が鬼門の方角に建つ。神社に至る町を八幡町という。

城下町絵図には、城下町の縁辺五か所に山々が絵画的に描かれる。周辺の山並みを絵画的に描くのは、幕府が各藩に国絵図の記載事項を求めた中に「見當可成山」と、城下から目当てとなる山を明記することを求めたことや、正保城絵図の作製では、「城より地形高き所」として、本丸と四周の山々との空間も書き上げるように指令したことが大館城下町絵図にも援用されたと思われる。

横手（横手市）

　横手は藩政期には秋田藩の支城として公認された城下町である。横手城は中世に小野寺氏が築いた城郭が始まりである。一説によると、文永一〇年（一二七三）に没した小野寺経道が雄勝郡稲庭（現湯沢市）に地頭として入り、雄勝・平鹿・仙北の三郡を勢力下に治め、二七か所に支城を配置したという。小野寺氏が横手城を築いた年代は明確でないが、一説には横手城は戦国時代の天文二三年（一五五四）頃に小野寺輝道が築城したという。そして、義道の代に、徳川家康によって関ケ原戦後に改易されて小野寺氏は滅亡した。

　横手城は奥羽山脈から西方に続く山地の突端が、横手川に浸食されて出来た河岸段丘の上に築かれた城である。そして、城の西側下の横手川を挟む流域に城下町が形成された。横手城は標高一〇七メートルの朝倉山に築かれたが、本丸は城下との比高では四〇メートルほどの平山城である。

　横手城を描いた絵図に「出羽国秋田領横手城絵図」（秋田県公文書館蔵）がある。絵図の表書に「出羽国秋田領横手城土居崩之覚　元文元年九月　佐竹右京大夫」とあり、元文元年（一七三六）に幕府に提出した土居の修理願い絵図である。城郭の記載は、河岸段丘先端に沿った本丸と二の丸で構成され、三の丸の表示はないが、二の丸に続く東側一画がそれに相当すると思われる。城郭の西側土居下に侍屋敷の表示がある。城郭の縄張りは連郭式になる。

　城郭、土居、諸建物の規模や構成については、安永八年（一七七九）の「覚書」（『国典類抄軍部後編』）が詳しい。それによると、城郭は本丸・二の丸・三の丸で構成されて、幕府に供する絵図には表示されない三の丸がある。二の丸には兵具蔵・足軽番所・戸村源蔵居宅、三の丸には戸村源蔵屋舗が記載されている。城代は、伊達、須田、向の各氏を経て、寛文一二年（一六七二）から明治元年（一八六八）まで戸村氏が務めた。戸村氏は代々、十太夫を通り名にしている。知行高六千三百石余で、城の二の丸に

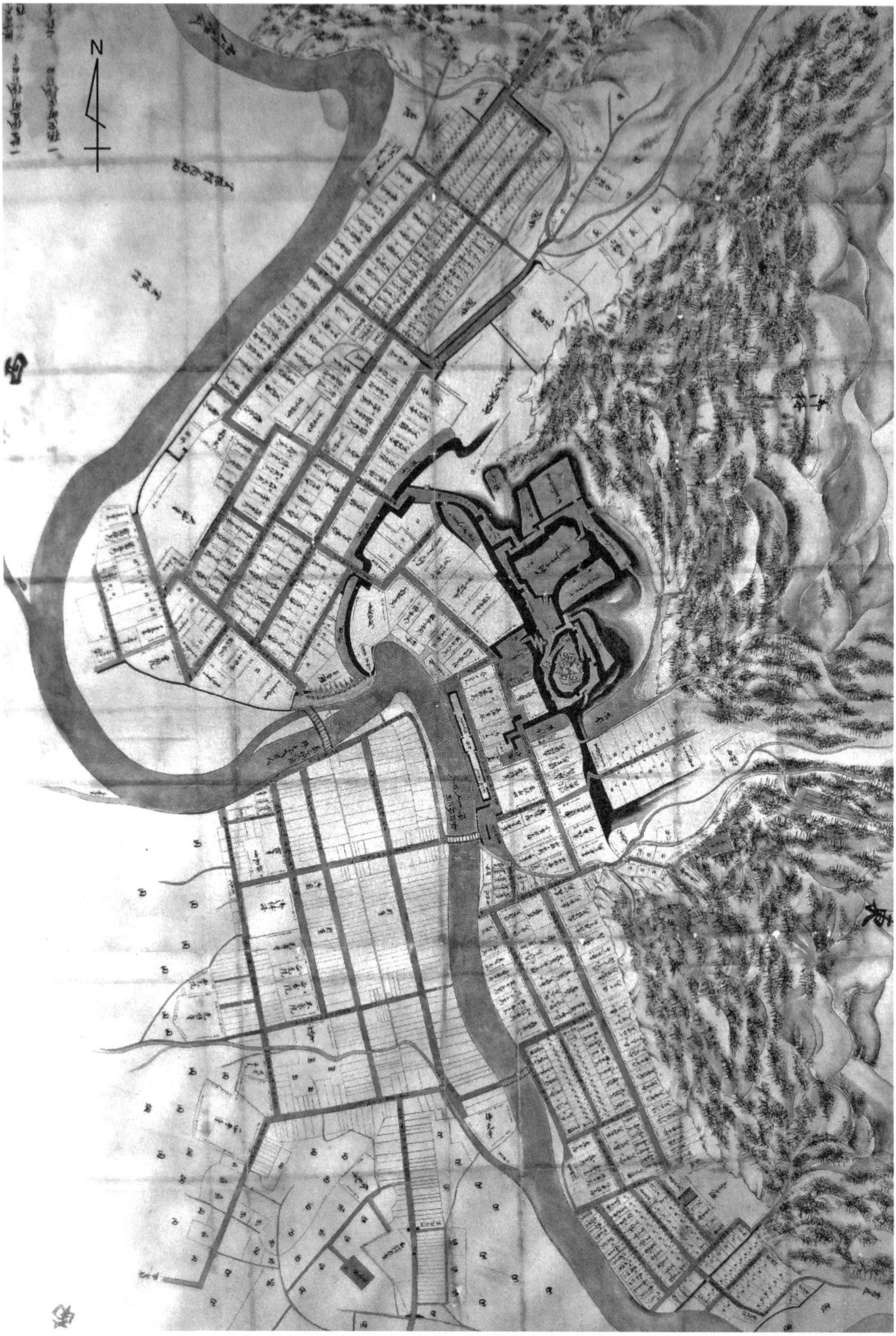

図12　享保13年「横手絵図」（秋田県公文書館蔵）

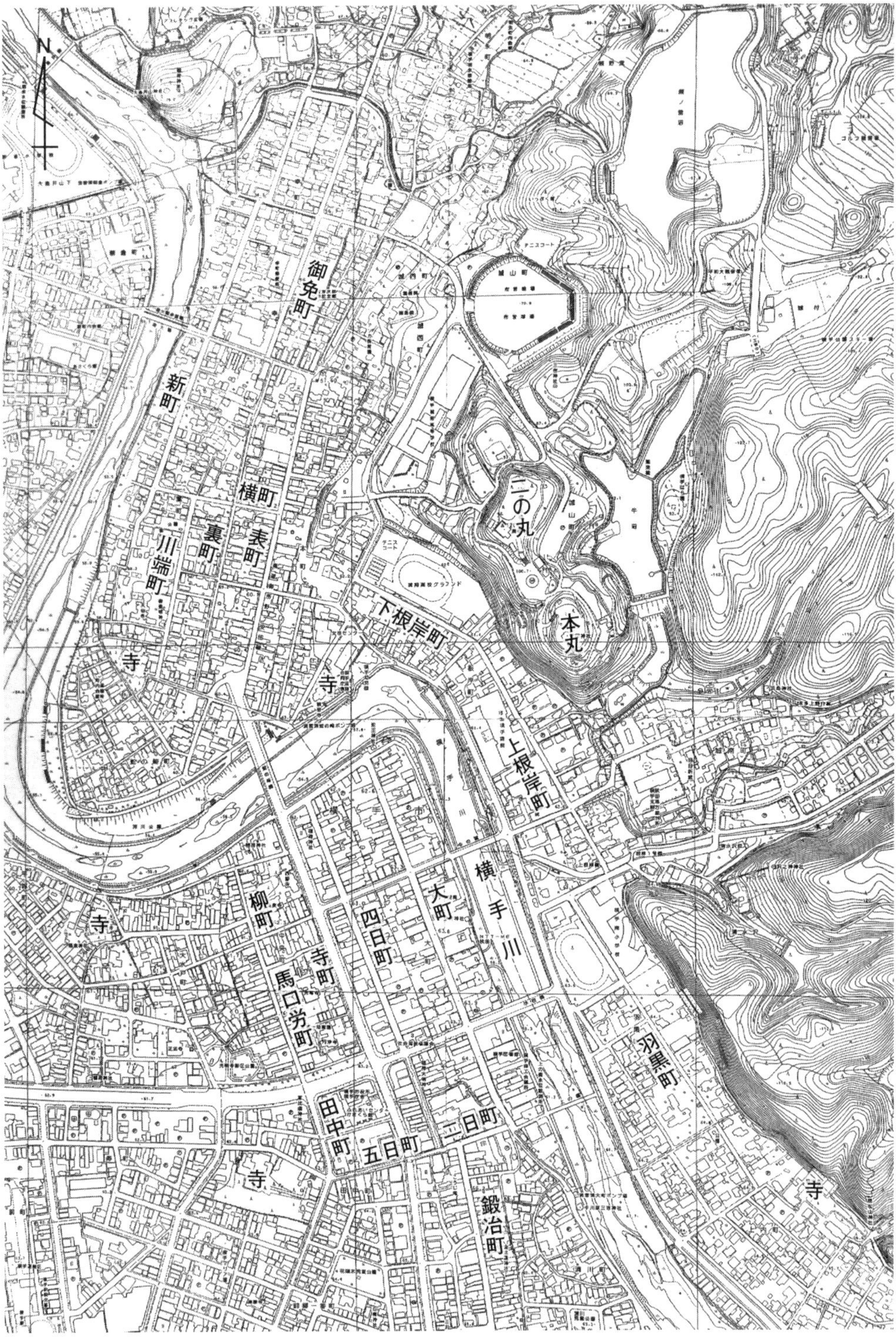

図13　横手都市計画図（横手市）

住んだ。

中世の小野寺氏時代にどの程度の城下町が形成されていたかは判然としないが、佐竹氏の時代になっても町割りの基本的な骨格は維持されたと推測する。藩政期の横手城下町を形成する基軸は、町の中心部を大きく蛇行しながら南北に貫流する横手川である。東側に連なる丘陵に沿って北流する横手川は、城の本丸辺りでL字型に曲がり、西に向きを変え、そして少し下って大きく湾曲して再び北に向かって流れ下る。実はこの蛇行しながら流れる横手川が城下を二分する重要な基軸なのである。

町割りは横手川を基にして割り付けられている。横手川と丘陵に挟まれた東側一帯が内町で、武家地である。横手川が城の本丸の直下辺りでL字形を成す懐状の一帯がある。この南西部に外町の町人地を配置する。横手城下町は秋田藩でいう「内町外町型」であり、その境界が大外堀に位置付けられる横手川である。また横手川は下って雄物川に合流し、土崎湊とつながる舟運河川でもあった。横手川が城下町の基軸である所以は内町・外町の境界であるということもある。

藩政期に描かれた主な横手城下町絵図は、寛文一〇年「横手城下絵図」（一六七〇）、享保一三年「横手絵図」（一七二八）、嘉永二年「横手御城下絵図」（一八四九）である。いずれも秋田県公文書館所蔵である。

「横手城下絵図」（寛文一〇年）は須田氏支配下の横手城下町を描いた藩による官製図と思われる。ただし当絵図は添書によれば、安永九年（一七八〇）に写図されたものである。彩色図だが、郭と街路・丘陵・田畑以外の屋敷や横手川は淡彩色である。記載事項は町人屋敷と武家屋敷の両方とも同じである。住人名（あるいは所有者名）と、屋敷の間口・奥行の間数が明記された詳細な絵図である。寺屋敷も同様である。町割りの記載も細部に至り、道幅や橋の長さと幅も記載されている。

城郭は、本丸・二の丸該当地に須田主膳、三の丸該当地に的場・主膳分と記載がある。城郭とその西側直下の下根岸町は、外堀と土塁、そして横手川で取り囲む郭のように構える。町割りは街区の形態と位置、そして街路の向きから大別すると、武家地三ブロック、町人地一ブロックに分かれる。

武家地は、城郭下を横手川と外堀で囲まれた根岸町などの一帯、城郭南部の羽黒町などの一帯、そして城郭北の表町・裏町・新町などの一帯である。町人地は大町と四日町がそれぞれ上・中・下の三町ずつで、外町の中心である。四日町の西側に寺町を配置する。御休所と記された本陣もこの並びにある。

武家地も町人地も町割りは長方形街区であり、長辺は二筋ないし三筋の街路構成である。そのなかで、武家地の街路は食い違い十字路やT字路の辻が少なくない。一方の町屋敷の辻は十字路とT字路である。

絵図を見る限りでは、屋敷割りは武家地も町人地も基本的には短冊形地割りである。

横手川に次ぐ町割りの基軸は羽州街道である。羽州街道は城下町南端の鍛治町から北進すると二日町小路に突き当たる。そこから大町と四日町の二筋の道が振り分けに通る。羽州街道は横手川寄りの大町を通る。そして横手川に突き当たり、蛇の崎橋を渡ると内町に入る。羽州街道は侍屋敷が建ち並ぶ表町そして新町を通り、城下町北端の足軽町に至る。このように、羽州街道は蛇の崎橋によって内町と外町をつなぐ。ちなみに、上根岸町とつなぐ中橋、羽黒町とつなぐ上橋の三か所の橋が、内町と外町を連絡している。現代の町名に本町があるが、藩政期の町名は表町である。

「横手絵図」(享保一三年)は、本藩の指示による調製図である。彩色絵図で、土居・街路・川・屋敷割りが表示される。そして、内町の侍屋敷の居住者名と、屋敷の間口・奥行の間数を記載する。外町は町割りと屋敷割りのみの表示である。この絵図は「横手城下絵図」(寛文一〇年)と基本的には大差ないが、年数の経過で変わったところが確認できる。例えば、本陣が御休所から御休跡になっているなどである。城郭は、本丸・二の丸(戸村十太夫在所)・三の丸該当地(十太夫閑居在所)が描かれ、戸村氏支配下の絵図である。

「横手御城下絵図」(嘉永二年)は、侍屋敷・寺屋敷・足軽屋敷厩屋敷・町屋敷百姓屋敷・道・堀川・土居を七種類の色分けで表示している。結果、城下町の身分と用途の地域割りが明確に表現されている。絵図は町割り図で、内町・外町とも屋敷割りはされてないが、寺屋敷だけは寺名と屋敷割りが表示されている。絵図の裏書によると幕府国目付に供するために作成されたことが分かる。

花輪（鹿角市）

戦国時代、鹿角四十二館の一つ花輪臥牛本館には在地領主花輪氏がいた。その後の織豊時代には南部氏の支配下になった。天正十八年（一五九〇）に豊臣秀吉は南部氏に城割りを要求し、それに対し南部氏は領内支城四八か所のうち、花輪と毛馬内を含め一二か所を据え置いて、ほかは破却している。そして南部氏の武将大光寺氏が花輪城主として入城している。知行地は三千八百石であった。

花輪は戦国期城館の館下町を経て、織豊期から江戸初期において、南部氏の支城城下町として成立した。藩政期もその性格は維持され、盛岡藩は支城を「要害屋敷」と公称した。一方、寛文五年（一六六五）以後、領内を三三の代官区に分け、各統治区域を「通」（とおり）と称した。花輪通の代官所を城（館とも言った）の二の丸に設置した。これは、城代と代官による二重統治の形態をとっていたことを示している。

花輪城は現在もよく保存されている。台地に築かれた戦国・織豊期城館を元にして、同じ場所で再構築した城である。近世の構築であるが、中世城郭の景観も伝えている。本館《もとだて》（本丸・二の丸）・南館・北館・ゆるぎ館などの郭が切通しによって区切られ、あるいは空堀や帯郭によって各郭が独立しながらも連続的な構成を成している。連郭式縄張りである。城と城下は断崖で区切られている。両方をつなぐのは切通しの急坂道である。それは、大手道の中の坂（通称盆坂）、搦手道の下の坂（通称館坂）、そして上の坂である。

花輪城下の町割りの基本は本町通り一本の一筋型で、久保田や盛岡などの中心城下町に比べると小規模な町割りであるが、そこに在方城下町の特色が表れていると見ることができる。寺社地の集住は明確には認められない。一方で、土地の高低差による身分の序列化と、町場が街道や水運と密接なつながりがあったことは、在方小城下町においても、重要な視点として考えなければならない。

花輪城下を貫通する街道は町の数ヵ所でL字形に屈曲している。こうした点についても、花輪の町割りを理解する視点の一つである。一例として上げれば、街道が本町通りの端で折れ曲がることは、町通りを見通せない効果を狙ったものと見なすことができる。これは在方城下町の都市防衛の意図と関連があると思われる。この小都市は国境警備を担う一方で、中心城下町盛岡と在郷の中継地として、定期市を開催する市場町でもあった。

「鹿角郡花輪町略絵図」（秋田県公文書館蔵）は大区小区制の明治五年から六年（一八七三）に作成された絵図である。表題は「秋田県第七大区中第三小区陸中国鹿角郡花輪村甘蕗村略絵図」である。絵図は各屋敷の地番・居住者名・地積・土地価格が明記された地籍図である。屋敷割りは基本的には短冊形地割りである。花輪の江戸末期の町割りを継承していることでも注目される。

中心城下町盛岡から鹿角街道を米代川沿いに北上し、花輪城下の入り口に到達すると、「城がしら」と記された桝形が街道に築かれている。城がしらと

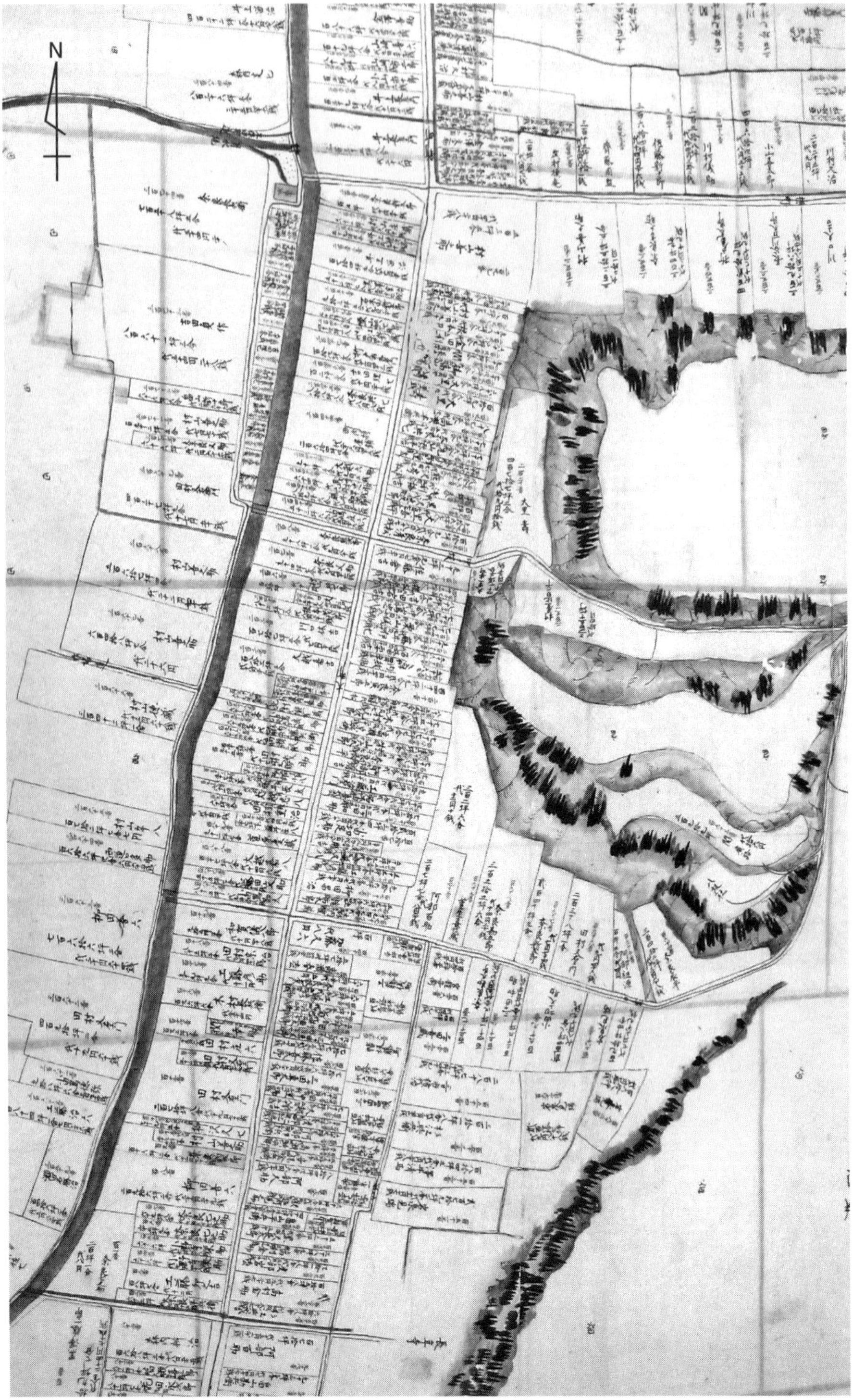

図14　明治6年「花輪町略絵図」（秋田県公文書館蔵）

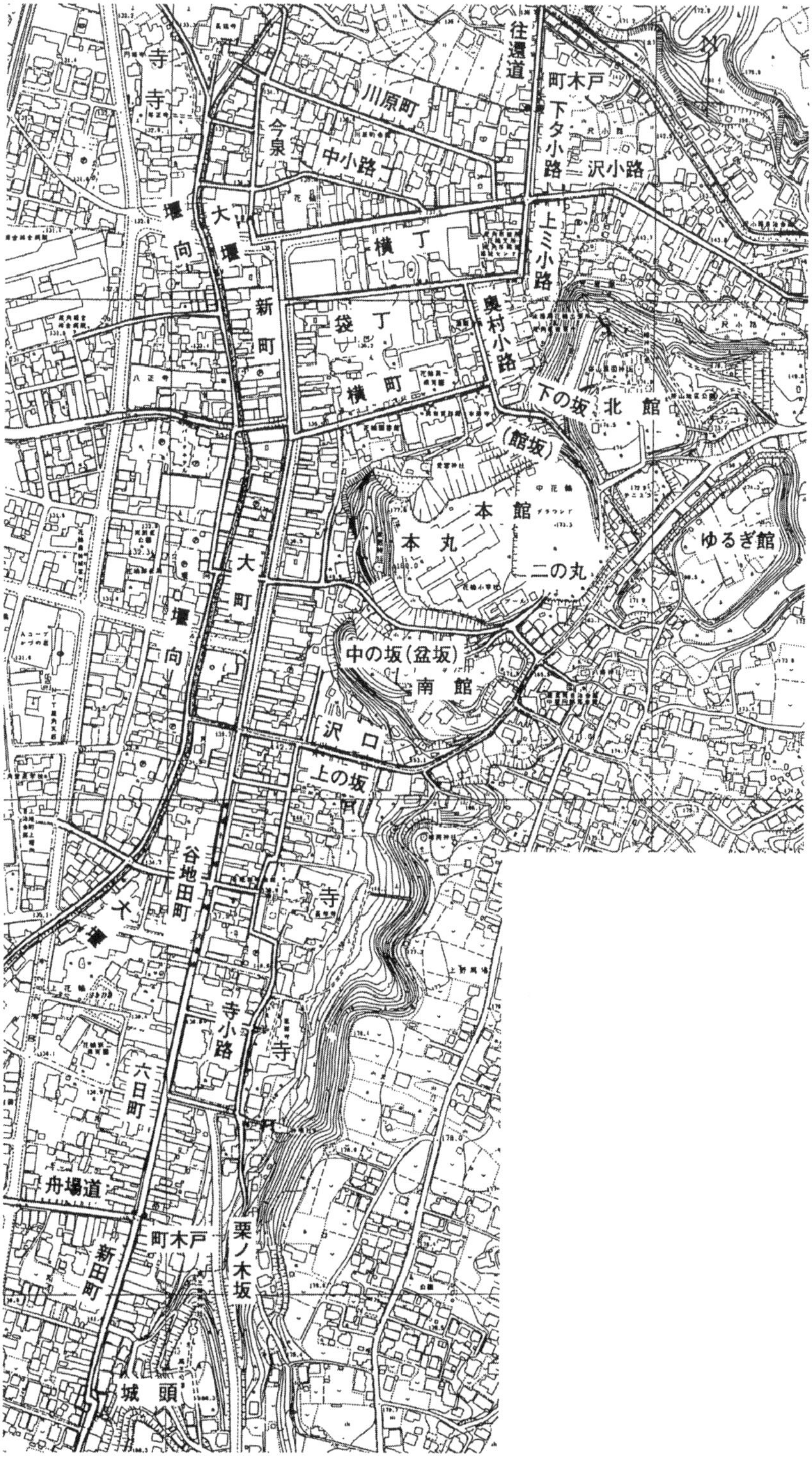

図15　花輪都市計画図（鹿角市）

は文字通り城下の関門を表示する。城がしらを過ぎると新田町である。街道は直線的に北上するが、次の六日町との境に町木戸が建つ。また、舟場道が西に通り、尾去沢に続くが、元来は米代川の舟場に至る道だったのであろう。

六日町から谷地田町・大町・新町はいわばメインストリートの町通りである。一筋型の両側町であり、東並びを上コモセ、西並びを下コモセといった。そして、谷地田町・六日町の上ミと大町・新町の下モが交互に定期市を開設したという。この街道が北上して横丁に突き当たると、東に右折し、次の十字路を北に左折する。そして御同心組丁（足軽町）北端に至って、町木戸がある。南北町境の木戸の内側が城代預りの城下町であった。十字路を左折せず直進すると花輪通の総鎮守である産土神、幸稲荷神社の参詣道である。神社境内の字名が産土、その周辺の字名が稲荷河原、境内脇から宮川が城下に流れ下る。

城下町花輪の基軸は、まずこの往還道鹿角街道である。この往還道に並行するように、その東側には河岸段丘崖が凹凸を繰り返しながら続く。崖上の台地の連なりに花輪城が城下との比高四十メートルに築かれている。この台地先端の南北の連なりが城下の配置形態を規制する大きな要素である。

基本的には往還道と断崖の連なりの二つが町の形成軸であるが、三つ目に、近世初期に開削されたのではないかと推定されている大堰である。大堰は米代川からの分流で、花輪に欠かせない舟運と用水の動脈であった。今、大堰は水辺空間として町の景観上も重要な位置を占める。

花輪城代の家中屋敷は城の北側直下に位置している。つまり横町・袋丁・奥村小路に屋敷割りされて、横丁の街道折れ曲がりの内側懐に当たる。また、中小路・今泉にも武家屋敷が点在していたらしい。鹿角街道北端の上小路・下小路の組丁は花輪南部氏預り同心三十人が屋敷を構えていた。そして、町南端の新田町にも御給人や中野南部氏の家中の屋敷が点在していたという。

毛馬内（鹿角市）

　天正十八年（一五九〇）、豊臣秀吉は南部氏に所領安堵の朱印状を交付しているが、同時に城割りを要求している。南部氏の支城は四八か所で、山城二一ヵ所、平城二七か所（そのうち十九か所は平地と記す）に分類される。この時代、平山城などの中間的な呼称はなく、花輪と毛馬内のように、せいぜい比高三十メートル余の城も山城と呼ばれていたようだ。毛馬内城を含め十二か所のみ存置した旨の目録（「南部大膳大夫分国之内諸城破却共書上之事」）に、「毛馬内　山城　南部大学持分」とある。

　南部氏の傍系、南部靭負佐秀範が、毛馬内村など知行二千石の城主として戦国期地頭成田氏に代わって天文五年（一五三六）に毛馬内城に入城している。入府後は在地名を名乗り、毛馬内信次と称した（「鹿角由来記」）。この戦国・織豊時代の毛馬内城は当麻館と呼び習わされるが、近世毛馬内城の別称である柏崎新城の築城以後は江戸期を通して古舘と呼ばれた。菅江真澄は文政七年（一八二四）頃に当地を訪れ、古館にまつわる話を書き残している（「由伎能宮桜」）。

　戦国期以来の城館、当麻館を廃して、二キロほど南方の台地先端に新たに柏崎新城を築き、その直下に計画的な城下町を造ったのは、元和一国一城令以前である。なお本書では柏崎新城を毛馬内城と記すことにする。毛馬内城の築城は、藩主南部利直が慶長一二年（一六〇七）、巡見の折に立ち寄り、自ら縄張りも指示したという。その経緯と城下町の当初プランについては「鹿角志」に詳しい。

　城郭は連郭式の平山城である。本丸と二の丸は切通しの搦手道である堀合坂と空堀で区切り、本丸正面の外周に土塁を築く。本丸以外の囲郭は存在しない。二の丸と三の丸はクランク状の桝形と空堀で区切られていたが、今は堀は埋められている。三の丸の端から切通しの大手道である館坂によって城下とつなぐ。城下との比高は三三メートルほどである。毛馬内城は藩政期初頭に新規に築城されたのであるが、地

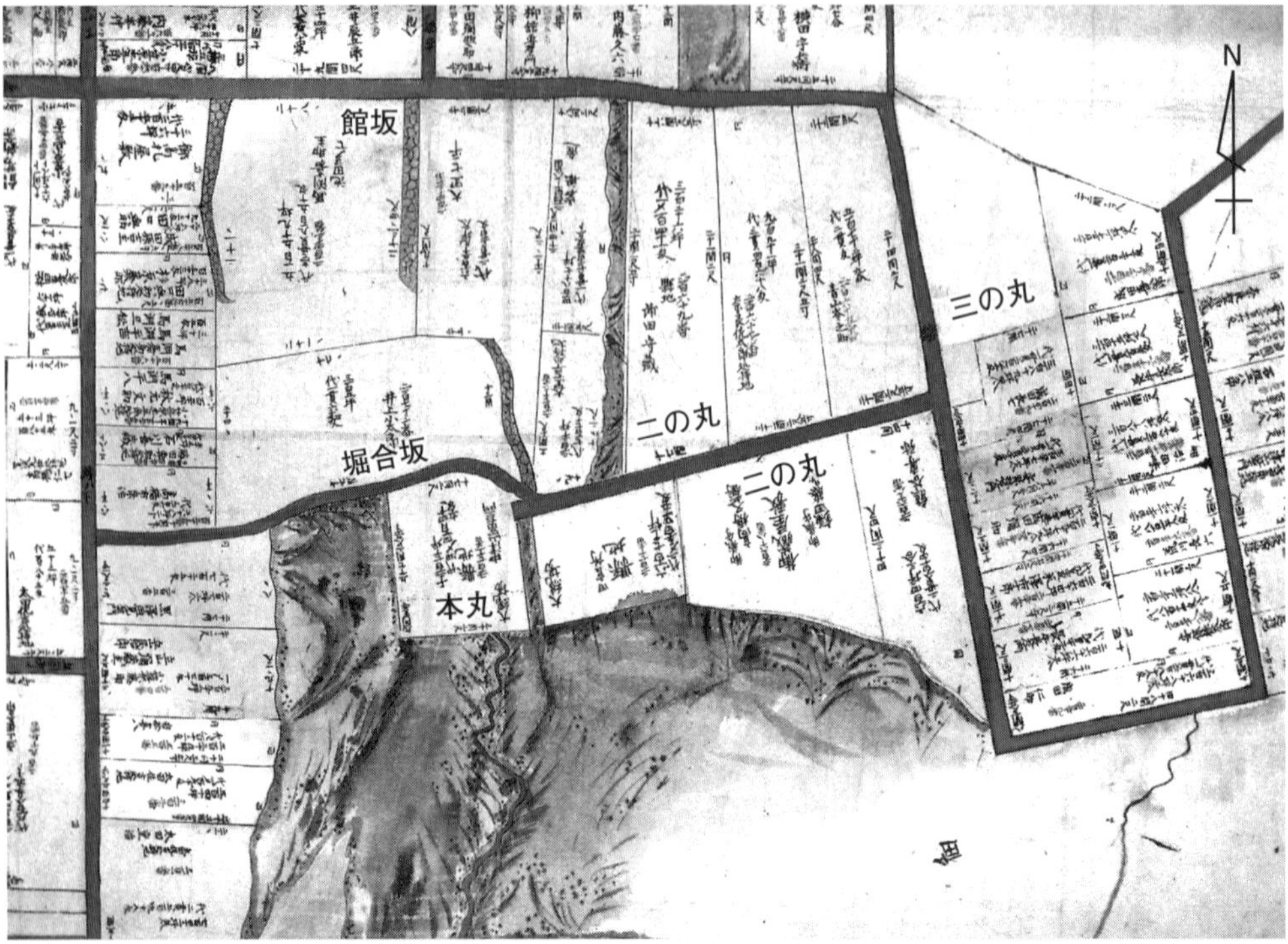

図16　明治６年「毛馬内町略絵図」部分（秋田県公文書館蔵）

形的には戦国期城館を継承している。

　毛馬内城下町の基本プランは、台地先端の河岸段丘面を利用し、台地の二の丸・三の丸、そして大手道館坂の途中から入る脇小路の古町に家中屋敷を配置している。古町は築城当初は上小路と言ったが、正徳二年（一七一二）の絵図には「古町」とある。城代桜庭氏の家中屋敷である古町は、藩政期以来のサワラの生垣をつらねて、武家屋敷町としての街路空間がよく保存されており、江戸中期の武士住宅伊藤家も残っている。毛馬内は武家地と町人地を画然と分けるが、武家地を城郭と町人地の中間に配置し、地形の高低差によって身分差を付ける。

　各地の城下町の設計においては、都市空間に一定の秩序を形成するために、シンボル性の高い要素を目印にして城下町の設計が行われた。しかも、都市空間を設定する象徴的要素は一元的でなく、複合的に導入されている。その一つに、城と町並みからの相互の「見通し」（あるいは視軸・視線）がある。

　町づくりにおいて「見通し」と関連することにランドマークがある。城と城下の位置関係において日

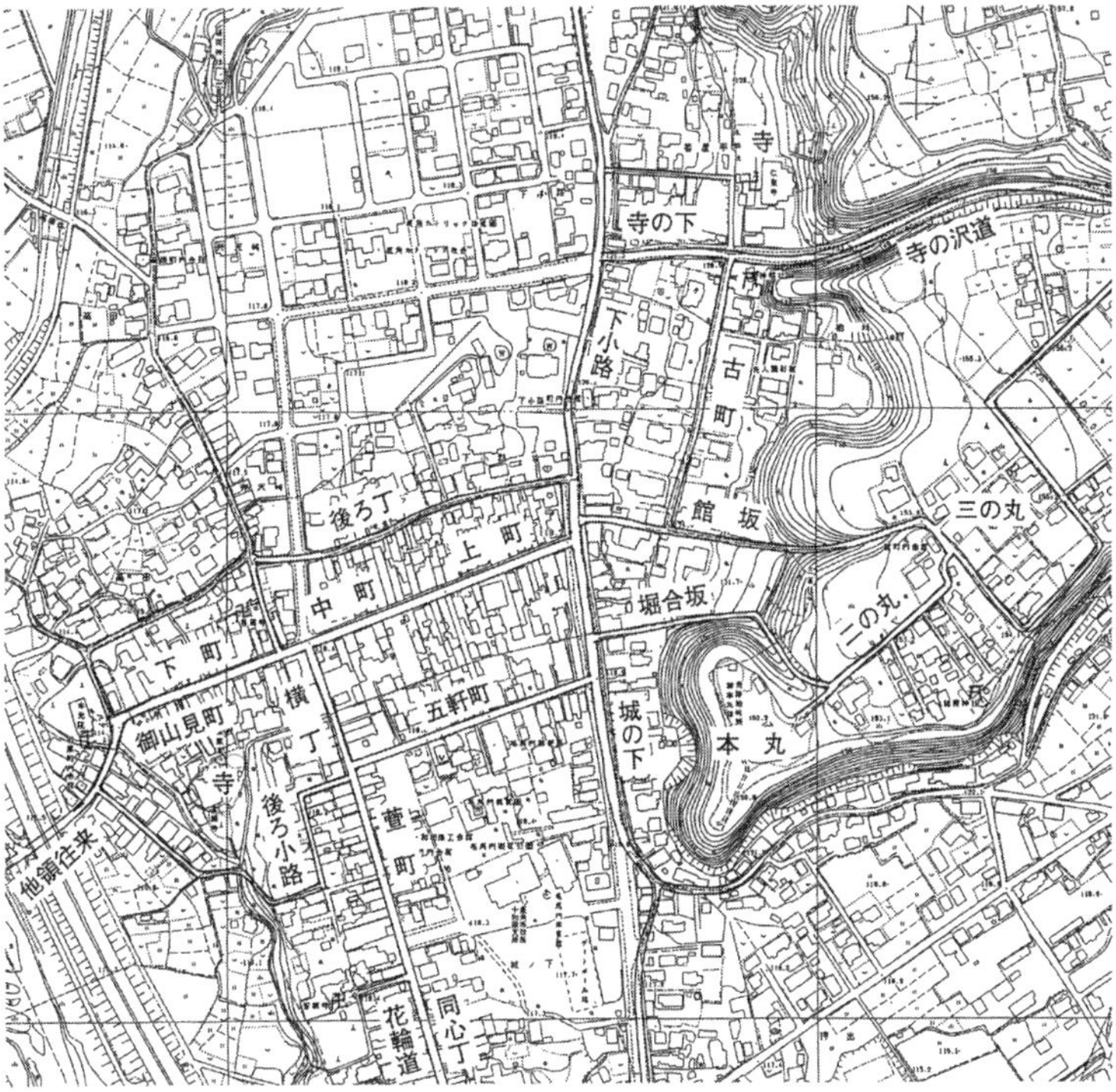

図17　毛馬内都市計画図（鹿角市）

標になる場合がある。それは往々にして、聖地など、その土地の象徴が選ばれることもあった。

毛馬内城本丸の西方に位置する茂谷山は地元の人々に毛馬内富士と呼ばれている。標高三六二メートルの低山であるが、毛馬内城下から秀麗な姿が望める。毛馬内城下町の象徴としてのランドマークであったと思われる。毛馬内通の総鎮守と崇められた月山神社が、茂谷山中奥の毛馬内沢という谷間中腹に祀られている。毛馬内の月山神社は中世以来の古社で、藩政期は郡内の人々の崇敬が厚く、祭礼は花輪の幸稲荷神社と一年交替で行われたという。

毛馬内の下町に続く町外れを御山見町と呼んだ。この町は十八世紀初めには成立しているが、元々は国境警備の御山見同心が居住した町だったのではないだろうか。今の月山神社里宮のある辺りである。菅江真澄は文化四年（一八〇七）の紀行文で、茂谷山を烏帽子山と形容し、毛馬内城下からは真西の方にあり、出羽月山の神を勧請した名だたる山で、この月山の神に詣でんと人々が誘われて出ると記す（「錦木」）。

真澄の描写からは、御山見町から聖地を眺める人々の風景が想像されるのである。いつの頃からか、人々が本町通りの外れ、御山見町に立って茂谷山と月山神社の遥拝や眺望するのが慣わしになったのかもしれない。いずれにしても御山見町という町の存在自体に都市の景観性を読み取ることができる。

城下の町割りの基本は本町通り一本の一筋型で、中心城下町に比べると小規模な町割りであるが、そこに在方城下町の特色が表れていると見ることができる。毛馬内への街道は、秋田藩領から瀬田石を越え、毛馬内前川（小坂川）を渡って城下へ入る他領往来がある。川原丁の段丘を上がると、御山見町から下町・中町・上町の、メインストリートである本町通りが一直線に通る。各町境には木柵があった。

また、花輪道が同心丁・萱町・横丁から本町の中町と下町の境に突き当たる。城下の外れに同心屋敷（足軽町）を配置したのは中心城下町盛岡と同様、城下町の防衛であろう。本町通りを東進すると城の直下に突き当たる。そこに高札場があり、大手道の館坂とは食違いになる。本町の南側背後の町は五軒町である。

「鹿角郡毛馬内町略絵図」（秋田県公文書館蔵）は、大区小区制時代の明治五、六年（一八七三）に作成された地籍図である。表題は「秋田県第七大区中第一小区陸中国鹿角郡毛馬内町毛馬内村略絵図」である。絵図は地番・所有者名・地積・間口・奥行・土地代が明記された地籍図である。屋敷割りは、基本的には短冊形地割りである。

湯沢（湯沢市）

湯沢古城は中世に小野寺氏の支城として築かれた標高二二一メートル、比高一三〇メートルの山城である。そして大手道である細小路の急峻な山道を登りきった所の空堀を挟んで、南側には主郭の本丸を中心に見張り台・馬屋・馬場・五社檀などが連郭式に連なる。北側には二ノ丸を中心にした複数の郭が連郭式に連なる。この湯沢古城は城下の東側に衝立のようにそびえる奥深い自然の山そのものといった山城を体験させる。

小野寺氏が経道の代に下向して稲庭に入部したのが文永年間（一二六四〜七四）と考えられている。湯沢に館を築いたのが経道の三男、道定で、湯沢三郎と呼ばれたという。一三〇〇年頃らしい。そして時を経て、文禄四年（一五九五）、湯沢城は最上義光の家臣楯岡豊前守に攻め込まれ、落城している。

佐竹氏転封により、湯沢城代として入ったのが佐竹義種である。義種は佐竹南家と呼ばれ、地行高は八千二百石ほどであった。湯沢城下町は義種によって町づくりがなされた。しかし、幕府の一国一城令により、湯沢城は元和六年（一六二〇）に取り壊された。それまで義種は小野寺氏が築いた山城の湯沢城に居住していたが、廃城により、その北側山麓に居館を移して、支城破却後は所預として城下町の治世を行った。

藩による調製図に享保一三年「湯沢絵図」（一七二八、秋田県公文書館蔵）がある。絵図に「淡路屋敷」と記載された所預佐竹南家の屋敷境は、南から東にかけては古城山が取り囲み、大手に当る西側正面と北側は土塁と堀で取り囲み、さらにはその外に九軒の武家屋敷を含む郭が造られている。絵図中の淡路屋敷は土塁と堀を巡らした内郭である。絵図では屋敷の三か所に門が建つ。「道程記」（『図説横手湯沢の歴史』）という記録には、「門はいずれも二階門、三階の隅櫓あり」と記載されている。

江戸前期に佐竹義種が行なった湯沢城下の町割りは、「湯沢絵図」によれば、町人地は、南から北に

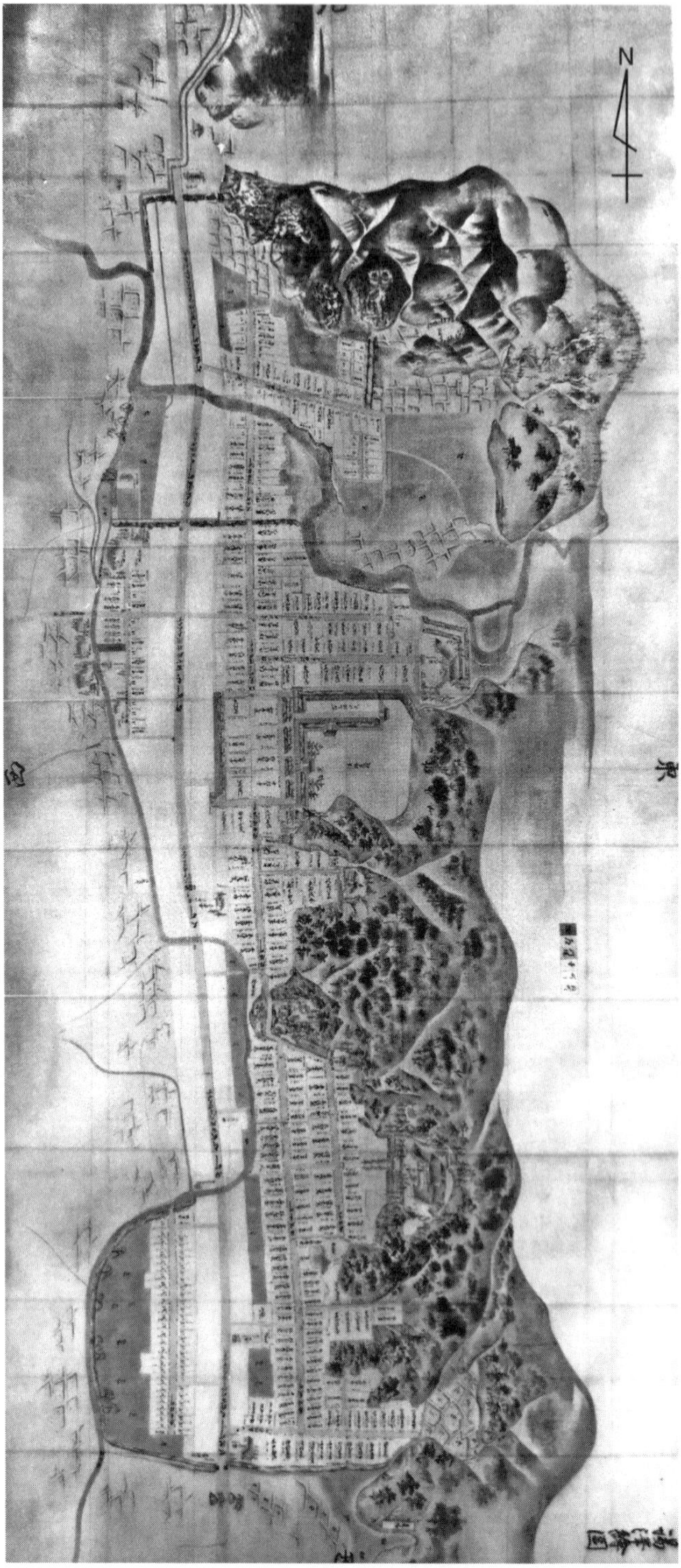

図18　享保13年「湯沢絵図」（秋田県公文書館蔵）

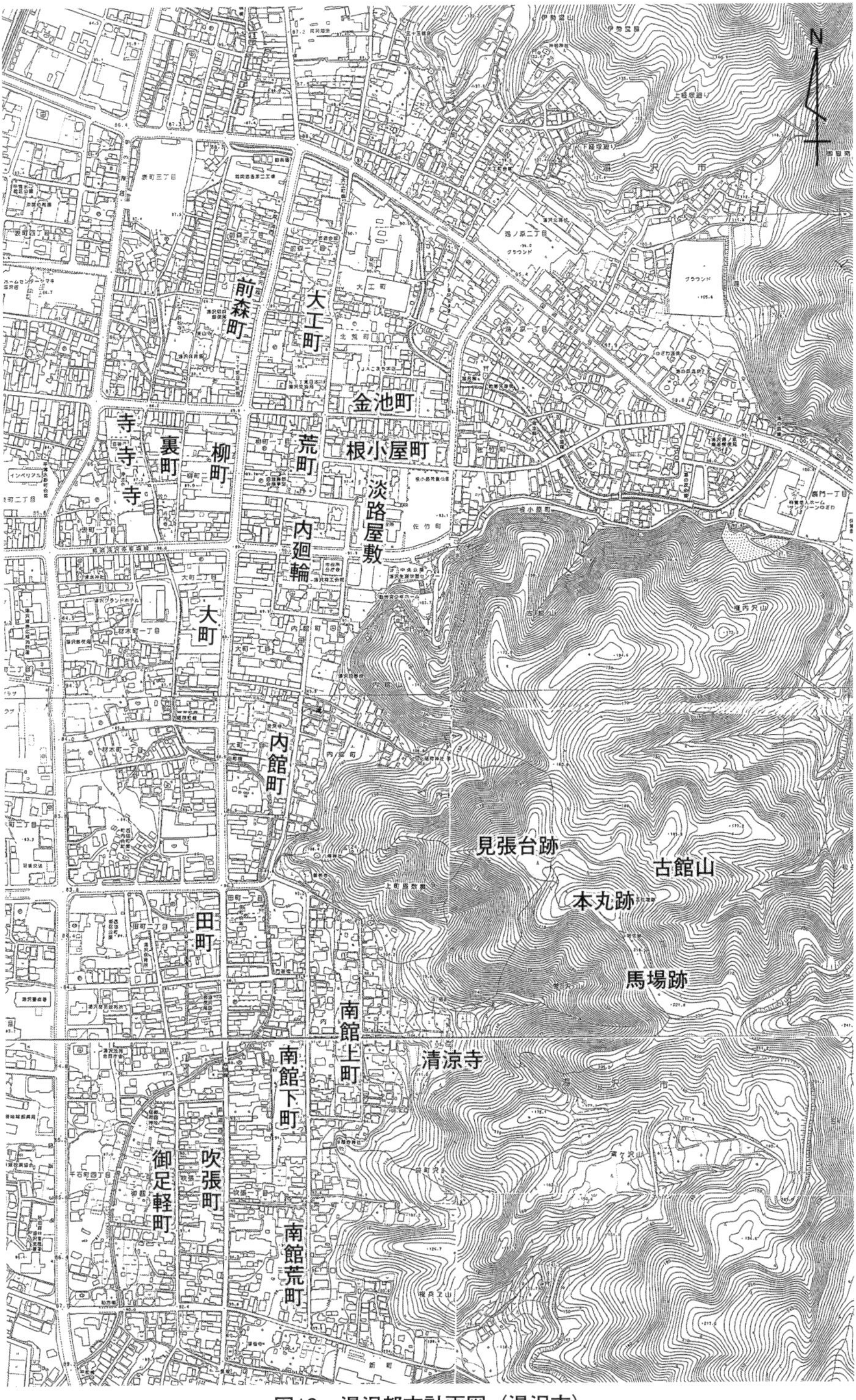

図19　湯沢都市計画図（湯沢市）

向かって吹張町・田町・大町・柳町・前森町と配置する。つまり街道に沿って両側に町家が南北に連なり、基本的には一筋の町並みである。吹張町の西側に足軽町である御囲地《おかち》町が、町割りから離れてひと固まりの街区を形成している。

一方、武家地は羽州街道の東側に、帯状の畑地を間にして山麓に沿って町割りを行う。基本的には羽州街道に並行して、一筋の道の両側に屋敷を配置するが、数か所で二筋になり、あるいは谷筋に屋敷割りを形成する。このように、湯沢城下町の町割りは南北に長く続く中世の街村集落を継承しているような印象を受ける。

武家町は、南から北に向かって南館・内館町・内廻輪・荒町・根小屋町・金池町・大工町・新町・裏町が続く。南館上町の山麓に南家菩提寺の清凉寺が境内を構える。裏町の西側には六か寺が建ち並び、その周辺も含めると八か寺ほど建ち並び、寺町の様相を示す。

絵図に示された湯沢城下町は羽州街道が町割りの基軸であり、しかも城下町としては特徴的な形態である。湯沢城下町も武家地を内町と言い、町人地を外町と呼称する。両者の区切りはあまり明確とはいえず、秋田藩の「内町外町型」の町割りがはっきり表れているとは言えない。

しかし、享保十三年（一七二八）当時、内町の南館荒町・南館上下町・内館町と外町の吹張町・田町・大町の町境に沿って、南北に長い帯状の畑を通して、これが内町と外町を区切る。享保以前には外町北端の前森町まで延びていたのかもしれない。細長い畑は平行する用水路とともに、今もあまり変わらずに残る。この畑と用水路は藩政期には内町と外町を区切る土居と堀であったとも考えられる。さらには、小野寺氏時代に城下町の総構えとして築かれた土塁と堀であった可能性にまで思い至る。

角館（仙北市）

中世の角館は、今は古城山と呼ばれる標高一六八メートル、比高八〇メートルの山城に拠った戦国大名の戸沢氏が仙北一帯を実効支配していた。戸沢氏が角館の古城山に城を築いたのは、一説では応永三一年（一四二四）頃、戸沢家盛のときであるという。戸沢氏はその前は現在の仙北市西木町門屋の西明寺城にいたという。戸沢氏は古城山の山下に城下町を形成したが、その位置は古城山の北東に当る現在の仙北市田沢湖町神代で、今も地名が伝わる本町《もとまち》や城廻であるといわれている。

佐竹氏の転封により、角館城は支城として芦名義勝が慶長八年（一六〇三）に城代となって入城した。知行地は一万六千石であった。芦名義勝は戸沢氏の居城と城下をそのまま継承したが、元和の一国一城令で角館城も取り壊しになった。角館城は廃城になったが、芦名氏は所預として引き続き角館城下町を管轄した。芦名氏は廃城を機に従来の城下とは反対方向の古城山の南側に新たな町割りを計画した。芦名氏の居館の位置もその計画に沿ったものと考えられる。言い伝えられるところによると、芦名氏は寛永九年（一六三二）に古城山中腹の居館に移り、最終的に寛永一五年（一六三八）に、今に伝わる山麓の居館に移ったという。

芦名氏は、東の外山に連なる丘陵と西の桧内川を防衛上の境界として、その懐に城下町を設定している。町割りは南北に長く、城下町の主要な南北道は北端を区切る古城山をランドマークにしている。古城山の麓にある芦名氏の城館から南に向けて、武家屋敷地の中心軸に相当する表町の街路を通す。表町通りの正面に所預の居館があることは、この道路が相互の「見通し」を意図した視軸として設定されたと考えられる。

表町通りは武家地の中ほどでクランク状に折れ曲がり勝楽町に続く。道路は火除地を介して外町の中町へと直通する。所預の居館から南に向かう表町・勝楽町・中町と続く道路が角館町の基軸で、これに

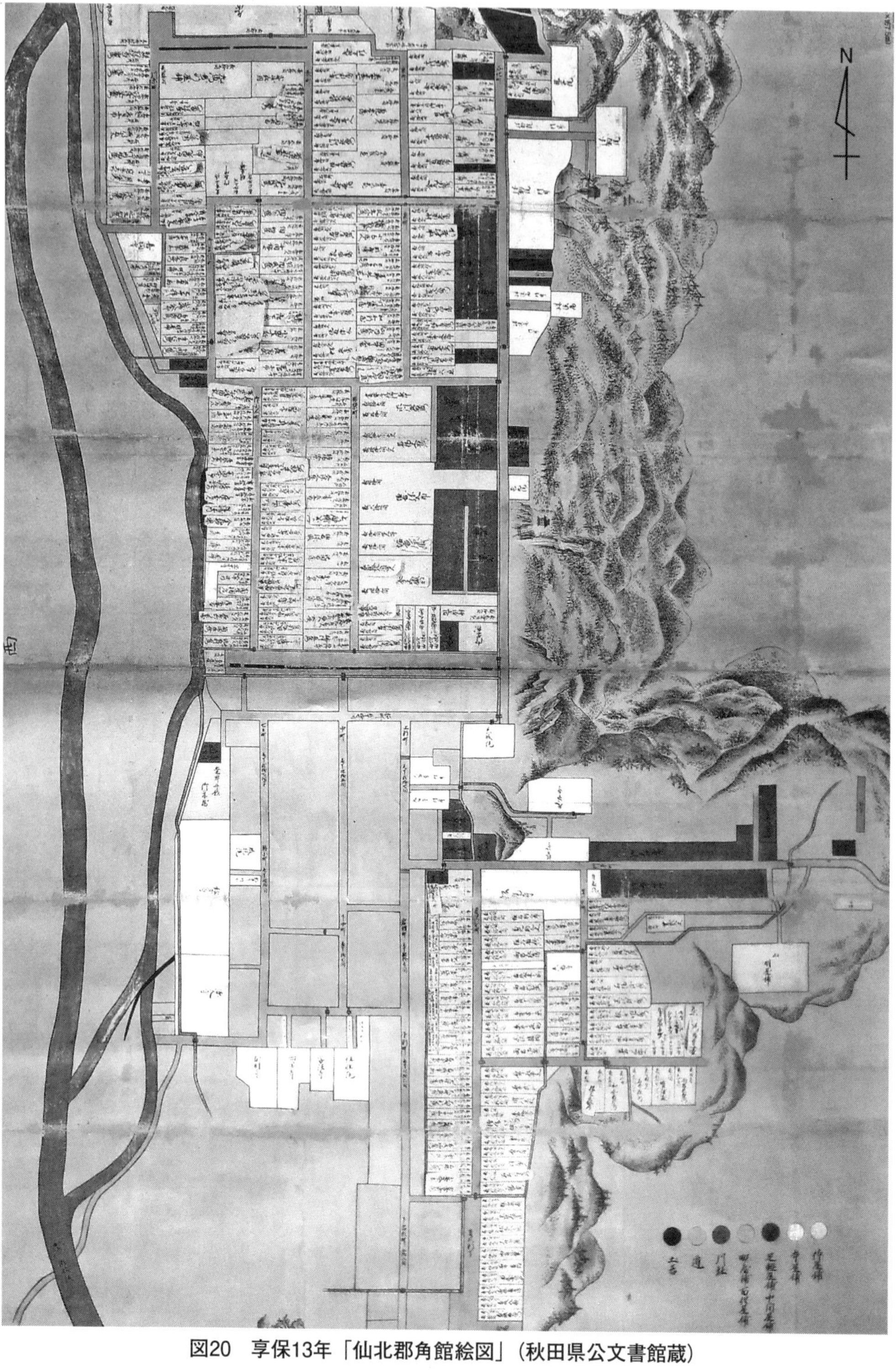

図20　享保13年「仙北郡角館絵図」（秋田県公文書館蔵）

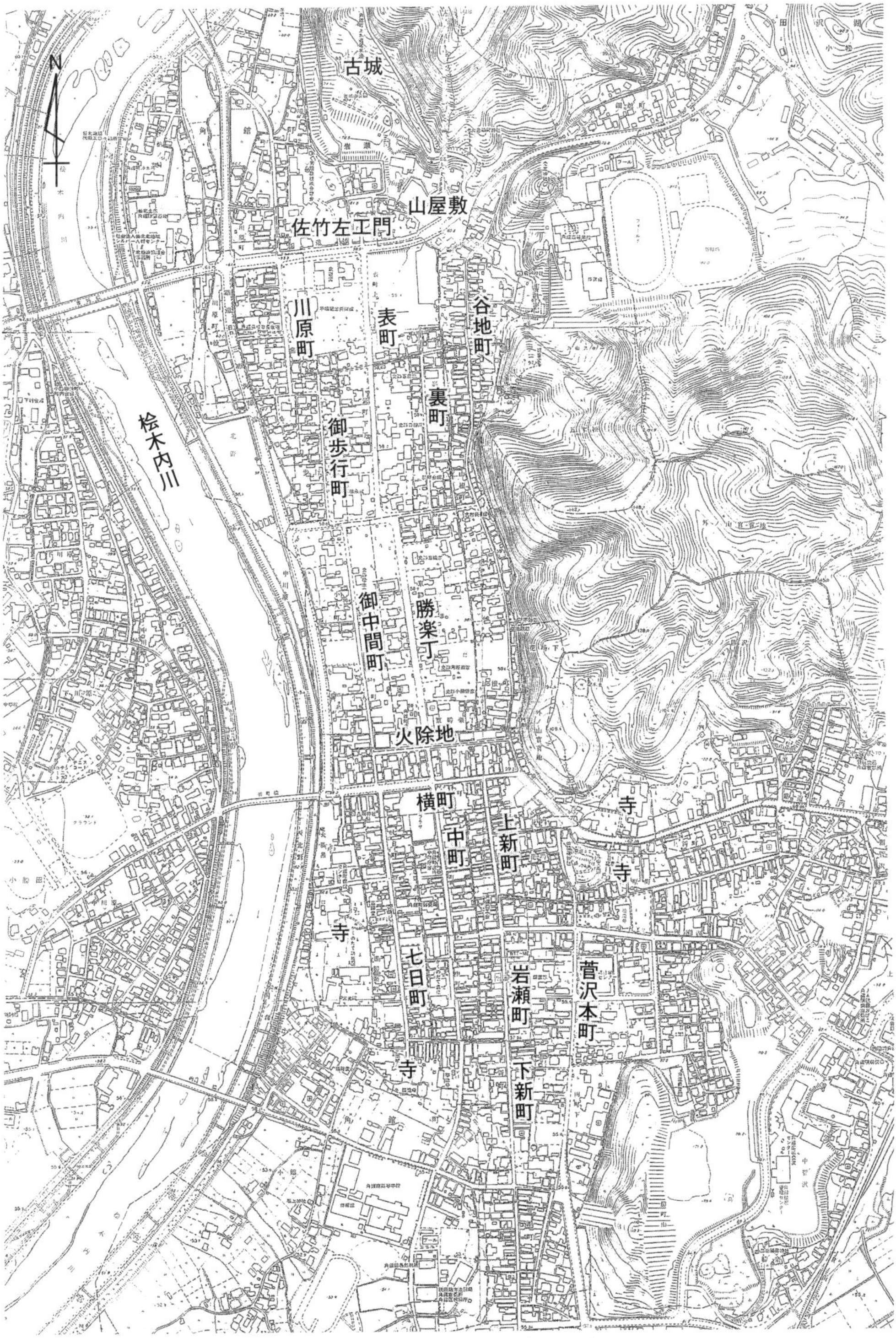

図21　角館都市計画図（仙北市）

各道路を縦横に通したと思われる。南北道も東西道も、互いに直交や平行することがそのことを示している。

芦名氏は後嗣がおらず、承応二年（一六五三）に断絶し、そのあとを北義隣が所預として明暦二年（一六五六）に赴任した。知行高は五千五百石である。北家が赴任したころの城下町は、芦名氏時代に造られた町割りがほとんど完成し、あまり改変せずに継承したと思われる。

藩政期に作成された角館絵図で主なものは、年代順に元禄一七年「仙北郡角館士民居所図」（一七〇四、秋田県公文書館蔵）、享保一三年「仙北郡角館絵図」（一七二八、秋田県公文書館蔵）、享保二一年「角館惣町絵図」（一七三六、仙北市学習資料館蔵）がある。

元禄一七年「仙北郡角館士民居所図」（一七〇四）は、添書によれば、幕府目付の下向に際して供するために作成されたことが分かる。城下町を七色に色分けして、町割りを明瞭に表現している。彩色は、侍屋敷・寺屋敷・足軽中間厩屋敷・町屋敷百姓屋敷・川堀・道・土居をそれぞれ塗分ける。城下町の東側一帯は外の山から田町山にかけて標高一〇〇メートル前後の丘陵が連なり、町の西側は桧内川で区切られる。その結果、町割りは所預屋敷から南に長く配置する。絵図中の文字の記載は町名と社寺名だけである。

城下町の中央部を火除地が東西両端まで通る。幅一二間（約二一メートル）、長さ一六〇間（約二八八メートル）で、中央に土居を築き、その両側に堀を東西の端まで通す。この火除地の北が内町の武家町、南が外町の町人町で、火除地によって内町と外町はきわめて截然と区画されるが、外町の一画を組下給人町が占めていることは、内町の土地面積が狭隘になり、外町へ流出したと考えられる。

内町は、中心街路である表町通りが、所預北家屋敷の東端地点から南に通り、その西側に河原町・御歩行町、東側に裏町・谷地町が平行に通る。町の中間に小路を東西に通す。そして南の勝楽町、御小人町の道路に引き続く。ただ、東端の谷地町だけは火除地まで真直ぐに通して、その両側に寺屋敷と足軽・中間屋敷を置く。表町と勝楽町の境に東西道を通し、これによって内町の町割りは南北二ブロックに大別し、実体三ブロックに分ける。

外町は、内町の勝楽町の通りが火除地を挟んで外町の中町・下中町の通りと直通する。中町の西側は七日町・勝楽町である。中町の東側は新町・岩瀬町である。その東側に菅沢町本町・新町がある。今宮氏の組下が居住する武家屋敷町である。外町の南端と西端は寺町で、数か寺が建ち並ぶ。外町の東端は城下外への境道で、足軽屋敷の竹原町である。内町・外町とも各ブロックを区切る街路は十字路交差が少なく、食い違いや折れ曲がり、T字路交差が目立つ。

享保一三年「仙北郡角館絵図」(一七二八)は「仙北郡角館士民居所図」と画法も彩色も酷似している。この絵図は藩の指示による調製絵図であるが、「仙北郡角館士民居所図」を忠実に模倣した上で、武家屋敷の屋敷割りと氏名、屋敷の間口と奥行を記載している。屋敷割りは短冊状に並ぶが、その中で、表町上丁や勝楽町の上級武家屋敷は総じて広い間口である。

享保二一年「角館惣町絵図」(一七三六)は、外町に限っての、町人屋敷の名前、屋敷間口と奥行を詳細に書き綴った絵図である。加えて周辺の寺院名も書き加えている。こうした藩政期外町の屋敷割り図は県内では珍しく、久保田の「外町屋敷間数絵図」が思い出されるだけである。添書によると、絵図が作成された経緯については、秋田藩は屋根葺き小羽が不足したため、享保二〇年(一七三五)限りで町家の屋根を茅葺きに改める指令を発したことが発端である。

角館の町人たちは、茅葺きの危険性や、実情に合わないなどを理由に、北家を経て藩に小羽葺き継続の意向を願い出た。その際に、藩の調査に供するために作成されたものである。その結果、角館外町だけは従来通りの板葺きを認められている。

檜山（能代市）

檜山城は、安東政季が康正二年（一四五六）に檜山一帯を領して築城を開始し、その子、忠季が明応四年（一四九五）に完成したという（『檜山城と檜山城跡』）。檜山城は標高一四六メートル、城下からの比高一二五メートルの本丸を中核として、二の丸・三の丸・中館・寺・館神・侍屋敷などが檜山周辺一帯の尾根筋を削平して築かれた。多くの郭群で構成された広大な規模の山城である。

檜山城は要害としてだけでなく、居館としての機能を併せ持つ城郭であったと思われる。檜山安東氏は湊安東氏を併合して秋田氏を称して湊城を本城とする慶長三年（一五九八）までは檜山城を拠点にした。永正年間（一五〇四～二〇）に創建されたといわれている浄明寺は、その当時から今の場所であったというから、山城の麓である現在の檜山町市街は中世安東氏時代の城下町をベースにして形成されたと考えられる。

佐竹義宣が秋田に転封になると、当初は檜山城に小場義成を配置した。慶長一五年（一六一〇）に、小場氏を大館へ移し、その後任に多賀谷氏を配置した。多賀谷氏は知行高四千石である。幕府の一国一城令で、檜山城は元和六年（一六二〇）に廃城となった。多賀谷氏は所預として、山城の居館から麓の茶臼山という台地の居館に移った。町屋敷との比高一五メートルほどの台地である。

檜山城下町を描いた絵図に、享保一三年「檜山一円御絵図」（一七二八）と天保二年「檜山絵図」（一八三一）がある。両図とも秋田県公文書館蔵である。享保一三年「檜山一円御絵図」は藩の指示による調製図である。絵図は道・川・山野・侍屋敷・足軽屋敷・町屋敷・寺社のそれぞれを淡彩で塗分ける。絵図に表された町人町はきわめて簡略なブロック図で、屋敷割りはされていない。武家屋敷は足軽屋敷も含め、すべての屋敷の間口と奥行が記載されている。

町割りの基軸は城下町を縦断する羽州街道である。街道を久保田方面から峠を越えて城下入口に到達す

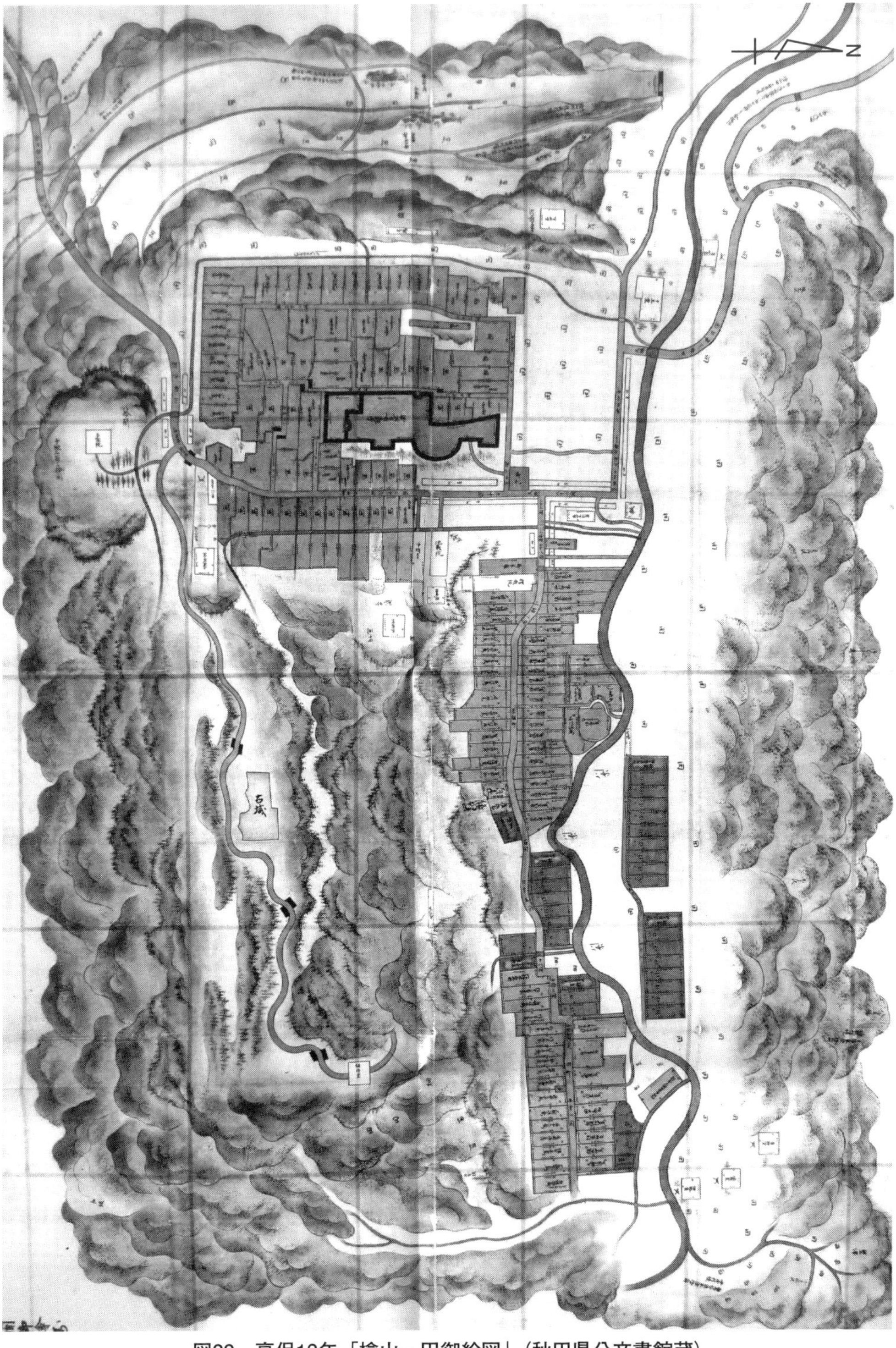

図22　享保13年「檜山一円御絵図」（秋田県公文書館蔵）

ると、土塁を築く枡形門がある。その手前の郭外に町人町の愛宕町がある。町の南はずれの台地に、多賀谷氏の菩提寺多宝院が建つ。そして、町門の外側手前の道は三叉路で、羽州街道から分かれて東に向かうと、古城と記された安東氏の山城跡に向かう。

羽州街道は市街地に入ると真直ぐ北に向かい、志多町（後に上町）の武家町、大町の町人町が街道の両側に続く。街道の西側に多賀谷氏の居館がある。居館は土塁が巡る二郭からなる。つまり主郭の南側に前郭を置く。主郭は門を南と西の二ヶ所に建てる。居館の北側一帯は角形や円形などの特徴的な張り出しがある。これは元々、不整形な台地の地形なりに土塁を築いた結果と思われる。

居館西側の土塁に沿って中道が通る。絵図に町名の記載がないが、のちの馬場町である。居館を囲う道路は折れ曲がり、枡形、T字路などを各所に設ける。折れ曲がりには土塁を築いて屈曲虎口に造って固めている。とくに東西道の三本はそれが顕著に表されている。郷校の崇徳書院が寛政九年（一七九七）以降に居館敷地内に移し再建されている。

所預多賀谷左兵衛居館の周囲に家中屋敷が配置されている。居館の北側が亀井戸町、西側から南側にかけて組下屋敷が並ぶ新町である。羽州街道沿いの志多町（上町）と合わせて、居館の周囲を多賀谷左兵衛の家中屋敷でほぼ四角形に囲う。そして愛宕町の東奥の沢から発したむぢりき川（寺の沢川）がこの区域の南から西側全体を囲うように流れ下り、北の町外れで檜山川と合流する。

羽州街道が大町を抜けて北に向かい、突き当たると西に折れて馬苦労町の町人町である。馬苦労町は万治二年（一六五九）檜山町より移り、家数一四軒とある（「六郡郡邑記」）。馬苦労町から北に折れ檜山川の橋を渡り比内方面へ向かう。一方、大町の途中から東に折れて檜山川沿いに行くと、組下屋敷が道沿いに建ち並ぶ。武家町の赤館町と田町で、その中間に足軽町がある。さらに檜山川の北の川原町にも足軽屋敷がある。

天保二年「檜山絵図」（一八三一）は「檜山一円御絵図」と大差なく、町屋敷の簡略な表現も同様である。つまり、この絵図は「檜山一円御絵図」をかなりの箇所で引き写したことは明らかで、町のその後の変容を追記したと思われる。やはり彩色絵図だが、変色している箇所もあり、色合いは「檜山一円御絵図」と少し異なる。彩色は道・寺社・川・侍屋敷・居館・古城・足軽屋敷・町屋敷に塗分ける。二種の絵図ともに町人屋敷は屋敷割りが記載されていないので、軒数も屋敷規模も不明である。町人町は大町・馬苦労町・愛宕町の三町で構成される。社寺は一六である。

「檜山絵図」では川原町の北東に新屋敷という足軽町が形成されている。絵図にはないが、新屋敷の奥に安東氏の菩提寺国清寺があった。そのさらに奥の母体村の八幡宮は安東家の鎮守社である。安東愛季が桧山城の鬼門の守護神として元亀三年(一五七二)に造営し、社領二三石を寄進したという。藩政期には多賀谷氏の祈願所であった。安永七年(一七七八)に多賀谷氏を檀越として再興した旨の棟札がある。

大湯(鹿角市)

大湯は町の南側と北側に連なる山並みに挟まれた谷間の盆地に形成されている。盆地の中央部を北東部山地から西流する大湯川が貫流する。大湯川の南側に沿って国道が並走するが、そのはしりは昭和九年の川原ノ湯から大和橋を真直ぐ結ぶ新道の建設であった。これによって、古くからの町並みは裏側の様相を呈している。

来満街道を三戸から鹿角に向かって峠を下ってきた道は、大湯川を渡り、上ノ湯を東側に見て、南側山並みの裾を東西に通る道沿いに、上町、中町と町並みが続いている。町の西端で北に張り出した鹿倉山の裾を迂回するように北に向きを変え、下の湯、川原ノ湯を通って町外に至る。先に述べた新道が造られるまでは、大湯川と町並みの間は田地が広がっていた。今も一部に残っている。

大湯は戦国時代、鹿角四十二館の一つである大湯

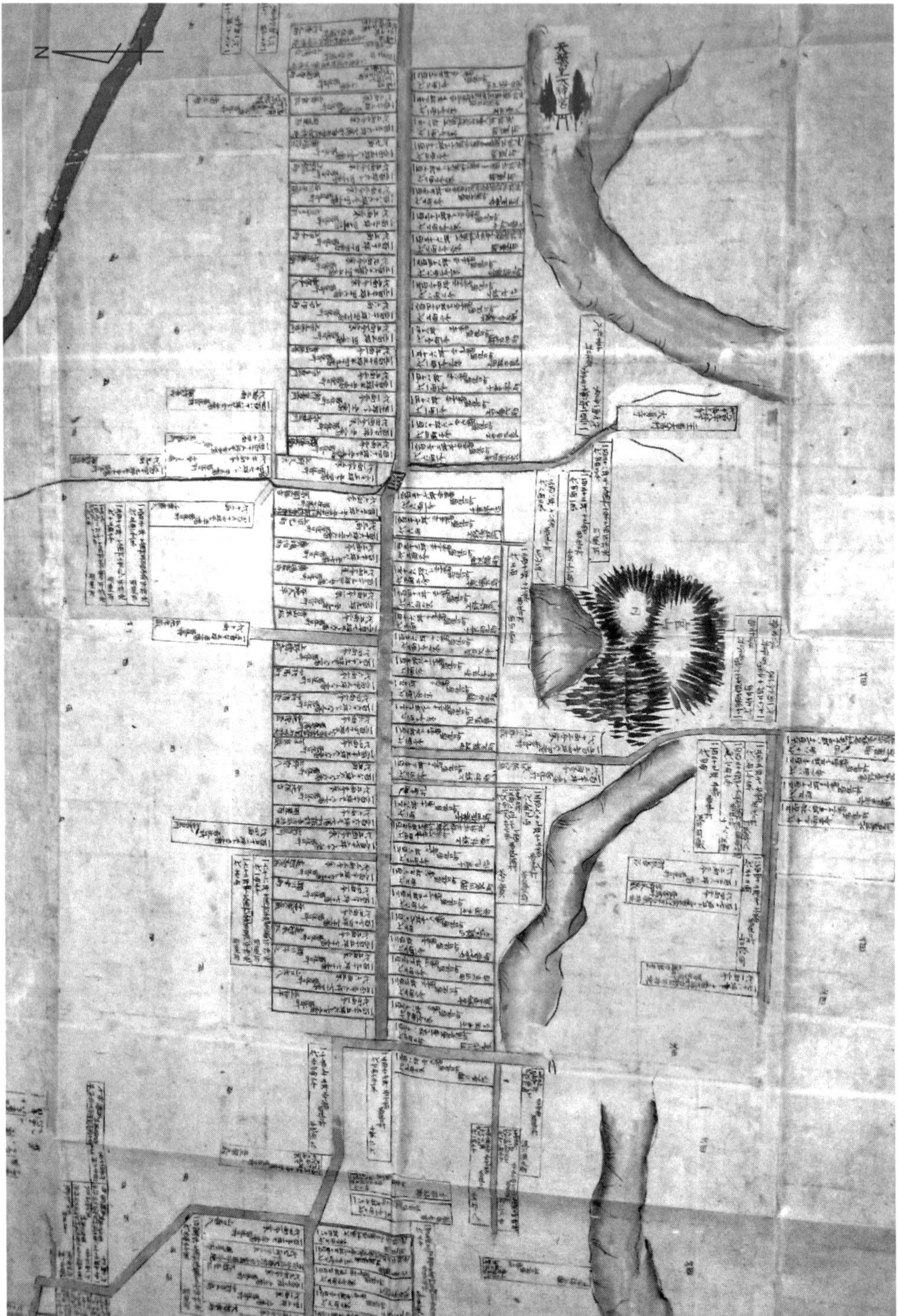

図23　明治６年頃「大湯町略絵図」（秋田県公文書館蔵）

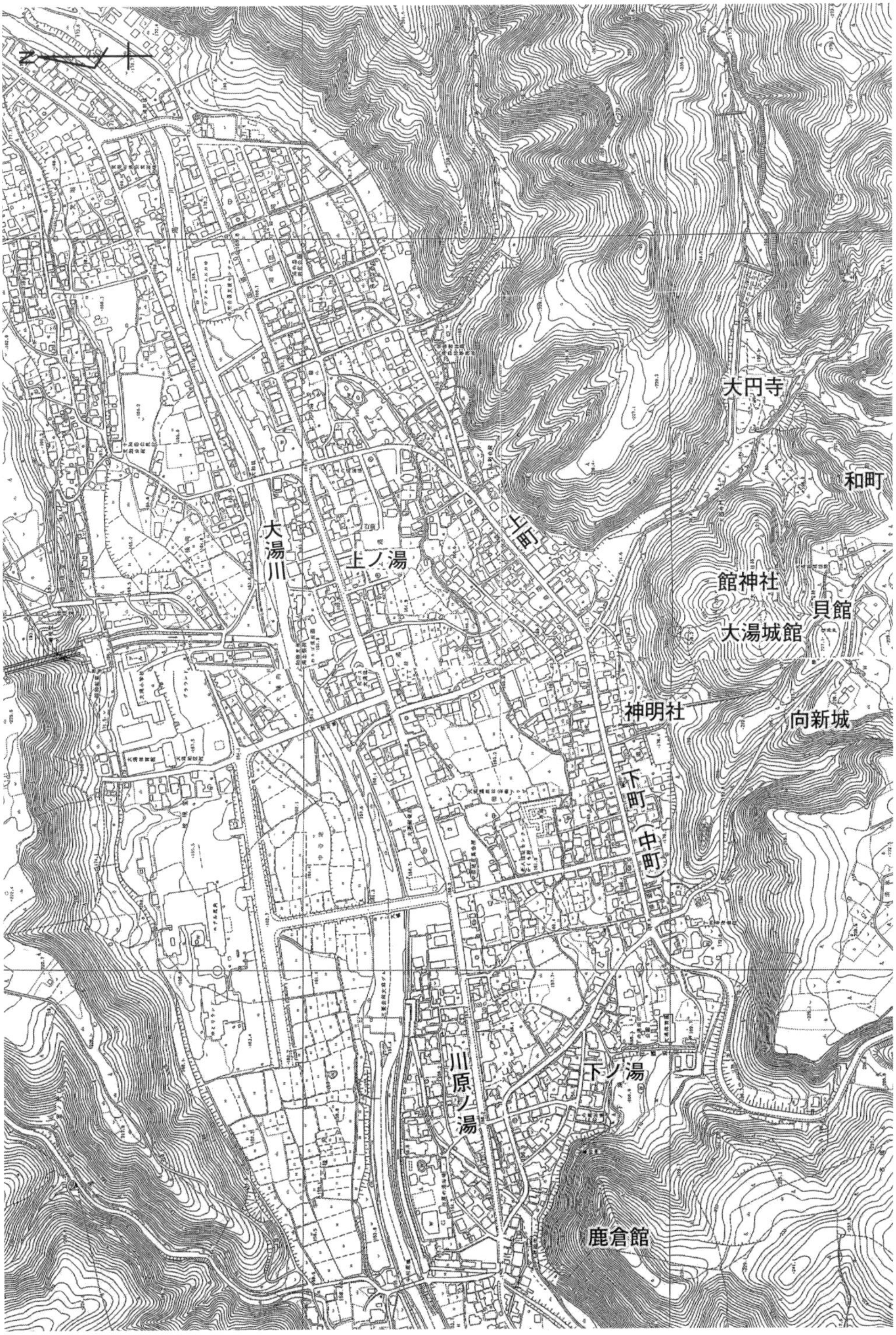

図24　大湯都市計画図（鹿角市）

氏の鹿倉館という山城があった。しかし三戸南部氏側に攻め込まれて、天正一九年（一五九一）に落城したという。その後、大湯鹿倉館は公称の支城ではなかったが、代々城代が配置された。今は標高二四〇《メートル》、比高八八《メートル》の山頂に鹿倉神社があり、その南奥の山中に古館の地名が残る。毛馬内氏、赤尾氏の城代を経て、寛文五年（一六六五）に北九兵衛が城代になる。

南部氏一門の北氏（大湯南部氏）は、知行高は二千五百石余であった。北氏は鹿倉館から山並みが連なる、町のほぼ中央南側台地に新たに城を築いた。この城は幕末まで維持された大湯館である。大湯館は別名「和町館」とも言った。下町（後の中町）から館坂へ通じる大湯館は南部氏一門の北氏（のち南部氏を称す）の御預館である。「鹿角市都市計画図」に、大湯城館跡・大湯城館神社跡・新城跡・大湯新城稲荷・貝館跡・柳館跡・向新城跡・桂井戸・和町の地名が、山中に記載されている。

南部盛岡藩の「元文三年　諸士知行所出物諸品幷境書上」（一七三八）の、北氏が書上げた大湯村分を一部分上げると、「大湯川という川がある。昔からの館があり、南部家から預かった武具蔵があり、修復は当家が行った。三戸と花輪・毛馬内の往還で馬継である。館廻りに給人屋敷と足軽屋敷がある。町の上下に温泉二か所ある」とあり、大湯が実質的には在方の小城下町であることが分かる。

大湯館は中町の神明社の脇から大手坂が続く。城郭は本丸・二の丸・柳館・貝館・新城・向新城などの名称が残ることから、いくつかの郭で構成された連郭型の山城であることが分かる。本丸の標高が二二五《メートル》、町並みとの比高が五五《メートル》である。しかも竪堀・空堀など、その築城方法は中世的である。大手道の途中丘陵地から館一帯が和町といい、侍屋敷であったが、今はその痕跡すらない。

山城の裾に沿って街村状に一筋の町並みが続く様子は根小屋集落のような中世的な形態である。町全体の家数は概略一三八軒程度だったらしい。このうち、町人町は上町・下町（現中町）・湯町である。北家家中屋敷はそれ以外の、和町から同心町までの四八軒前後である。

大湯の町割り・屋敷割りは、明治五、六年（一八七三）に作成された「鹿角郡大湯村町略絵図」が参考になる。大区小区制の絵図で、表題は「第七大区中第二小区鹿角郡大湯村町略絵図」である。地番・地積・代金・居住者名が一戸ごとに記載された地籍図である。これによると、官山とある二か所の郭の山林が藩政期の大湯城である。その周囲に家中屋敷が配置されている。城跡の下に上町と下町の両側町が町割りされている。そして、屋敷割りが短冊状に描かれている。屋敷の間口と奥行は不明である。いずれにしても、上町・下町が町の中心部である。

　このように大湯は公認の支城ではないが、侍が駐屯する在方の小城下町としての役割を担い、また来満街道の中継地として伝馬や宿駅を勤め、三斎市を開く複合的な在方町でもあった。また、温泉町としても知られ、南部盛岡藩主の湯治場でもあった。幕府巡見使に従って大湯を訪問した古川古松軒は、大湯は適度な広さの町で、温泉四か所あり、いずれも効果があり、入浴者も少なくない、と好意的に書いている（『東遊雑記』）。

十二所（大館市）

十二所は鹿角から大館方面に流れ下る米代川沿いに位置する。そして、米代川に並行する鹿角街道の鹿角口の押えとして、戦国・織豊時代には浅利氏そして秋田氏の支配のもとで、十二所信濃の城館があった。十二所という地名は江戸末まで存立していた十二天社に由来するという。慶長二年（一五九七）の「浅利頼平領内村数覚書」（「秋田家文書」）には「十二所村　田畠　家二十　我等おとな三人之内七兵衛」とあり、浅利氏家老の知行地であった（『大館市史』）。

　戦国・織豊時代の城郭が、町の南端の標高一一〇メートル余の台地（字名は真山岱）に築かれている。断崖の空堀や浸食谷を介してつながる三つの郭で構成された複郭式城郭である。さらにその後方にも城郭と連動すると思われる広大な台地が連なる。台地本丸跡の標高は一二〇メートルであるが、町並みとの比高は三

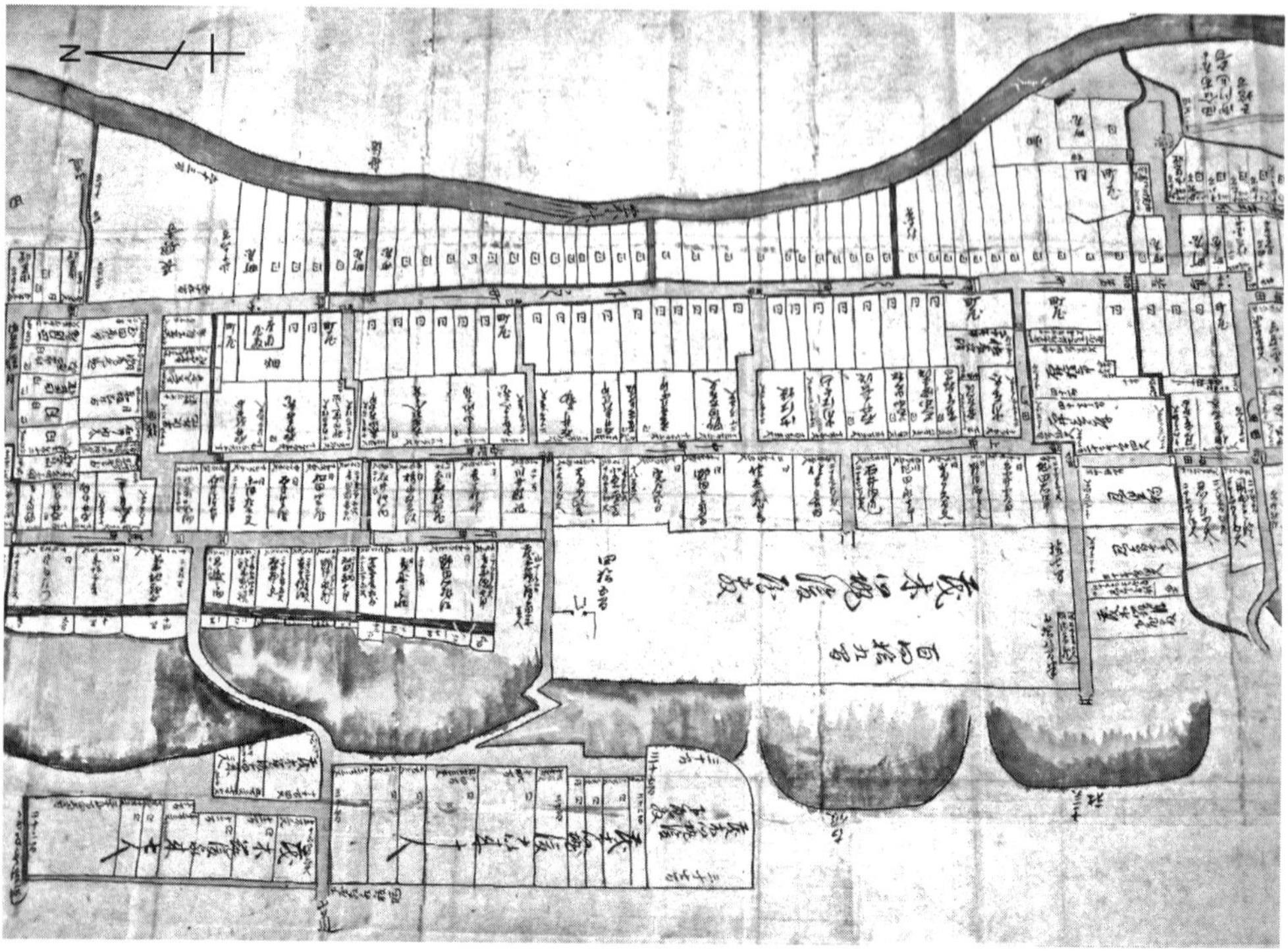

図25　文政４年「十二所実地絵図」（秋田県公文書館蔵）

〇《メートル》前後である。佐竹氏移封直後の十二所城代は赤坂下総守朝光が派遣された。赤坂氏は十二所信濃が居城した古館を南部氏に対峙する支城として継続した。その当時の本丸跡には城跡を示す石碑が立っている。

その後、元和元年（一六一五）に塩谷伯耆に代わった。塩谷氏は支城を古舘北端の元館という台地に移して、同時に米代川と館下の間、葦の生い茂る湿地帯を埋め立てて城下町を形成した。しかし元和六年（一六二〇）、幕府の一国一城令により城は破却され、塩谷氏は十二所の城代から所預となった。そして南部境を守る塩谷氏家中と組下給人が駐屯する在方給人町として存続した。

延宝七年（一六七九）、所預が塩谷氏から梅津五郎左衛門に代わり、梅津氏時代に現在のような町並みに整備された。天和三年（一六八三）に所預が茂木筑後に代わった。知行高二千二百石であった。元禄年間には三五〇〇石となり、茂木氏は明治初頭まで続く（『大館市史』）。しかし十二所の町並みは戊辰戦争であらかた焼失してしまう。

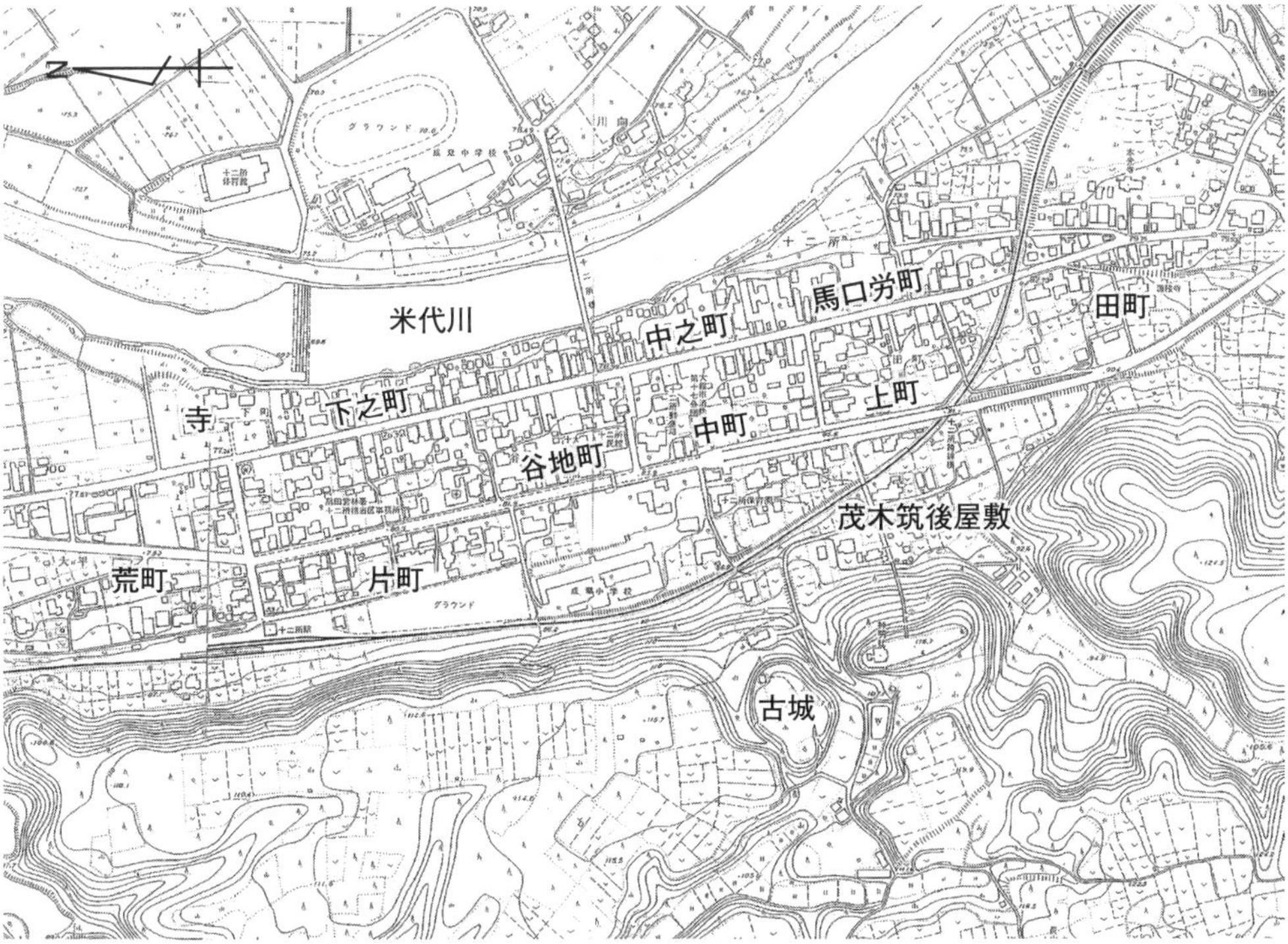

図26　十二所都市計画図（大館市）

藩政期の町割りと屋敷割りを克明に描いた二種の絵図がある。文政四年「十二所実地絵図」（一八二一）と「十二所絵図」（同年代頃か）である。どちらも秋田県公文書館所蔵である。この二種の絵図は彩色や町割り、屋敷割りなどが類似している。彩色はどちらも同色系である。屋敷割り・丘陵・道路・川に塗り分ける。が、「十二所絵図」の方が淡彩である。

両絵図の一番の違いは書込みである。「十二所実地絵図」には侍屋敷の居住者氏名と屋敷の間口・奥行が記載されている。また、足軽屋敷は間口・奥行が記載されている。一方、「十二所絵図」には侍屋敷の氏名のみが記載されている。このように町割りの記載は「十二所実地絵図」の方が詳細である。両図の記載内容から推測すると、「十二所絵図」は「十二所実地絵図」を模写したものと考えられ、作成は「十二所実地絵図」の作成から間もない文政四年（一八二一）以降であろう。絵図作成の目的は不明だが、「十二所実地絵図」は詳しい書込みから推測すると、幕府の国目付に供するか、藩の指示による調製図と思われる。また、「十二所絵図」も藩に提出した絵図であろう。

　絵図よれば、鹿角街道を南部藩領の鹿角側から至ると境口御門がある。御門の北側に米代川の舟場と舟渡がある。鹿角街道は、御境口門から少し南に向かい、さらに西に折れると、米代川沿いに町人町の馬苦労町（旧上之町）・中之町・下之町と続く。両側町の町人屋敷が短冊状の屋敷割りで町並みを形成する。いわゆる外町である。

　町の基軸は町人町を通る鹿角街道で、これがいわば表通りで、侍町はその背後、つまり南裏側に町割りされた印象を受ける。いや、裏というより奥と解釈すべきかもしれない。町の骨格が出来上がったのは延宝七年（一六七九）頃で、外町では三斎市が開催され、駅場でもあった。

　町人町の南側街区が武家町で、いわば内町である。内町は基本的には鹿角街道に平行に一筋の道路を通し、部分的に二筋になる。街道の南側を通る道路は、東から田町に続いて、上町《うわ》・中町・谷地町と続き、横町を経て街道と交わる。いずれの町も在方給人屋敷町である。外町と内町をつなぐ南北の小路が町割りごとに通っているが、町の中央部三本の小路は中間で鉤の手に折れ曲がる。城下町の防衛上の意図的な折れ曲がりである。中町に寛政五年（一七九三）の創立になる郷校成章書院があった。

　古館の崖下に所預の居館が広く構える。絵図には「茂木筑後屋敷」とある。その西が在方給人屋敷町の片町・荒町である。南奥の崖下に道路を通した片側町の屋敷割りである。片町・荒町の道路の南に、台地を介して、茂木氏家中屋敷と茂木筑後下屋敷の台町がある。台町の東側崖上に古館、十二天社、古伊勢堂が描かれている。十二天社と古伊勢堂は合併して現在は神明社である。

院内（湯沢市）

秋田藩領の南境目に位置する町である。羽州街道を新庄藩領から雄勝峠を越えて来ると、関所があり、境口番所や役宅があった。番所に引き続いて上院内の町家が羽州街道沿いに街村状に建ち並ぶ。街道から枝分かれした脇小路に入ると、荒町と田町があり、わずかの町屋敷が建ち並ぶ。さらに街道からそれて西の奥山に向かうと院内銀山町があった。今は盛んな時代の痕跡が各所の広い地域に点在する。

院内は、藩政期は上院内と下院内の二村に区分されたが、元々は一村であったという。雄物川上流にかかる橋を渡り、川沿いの上院内の町並みを進むと、秋田藩十二社の一社である愛宕神社が広く境内を構える。藩政期は愛宕堂と言い、社殿の修復などは藩が支援した。羽州街道は、今は雄物川を上・下院内境の愛宕橋で渡る。雄物川が館山の裾を洗うように流れ下る。街道が川に平行して、常盤橋手前で鉤の手に折れ曲がり、その橋を渡り、下院内の街道と交差する。藩政期は今と違い、上院内の上手で雄物川を渡り、愛宕堂の前を川沿いに北に向かい、下院内の町に至った。

享保一三年「院内一円之図」（一七二八、秋田県公文書館蔵）が、江戸中期の院内の町割りをよく伝えている。絵図は藩の指示に基づく調製絵図である。絵図は淡彩で、道・川・山を塗分け、屋敷と田畑は無彩色である。絵図は武家・町家とも屋敷割りがされ、侍屋敷は居住者氏名・屋敷の間口と奥行が記載されている。絵図は上院内と下院内の二村が描かれている。

院内は藩領の境目であることから、上院内は関所や番所があり、下院内は所預と家士が常駐して防備に当った。院内は城下町と言うにはあまりにも小規模な在方給人町であるが、藩境の要害であり、行政的には城代に準ずる所預を配置していることから、城下町と同等にみなし得る。

町人屋敷だけ見れば上院内の規模が大きいが、下院内に「御休」（本陣）、所預大山氏居所、配下の侍

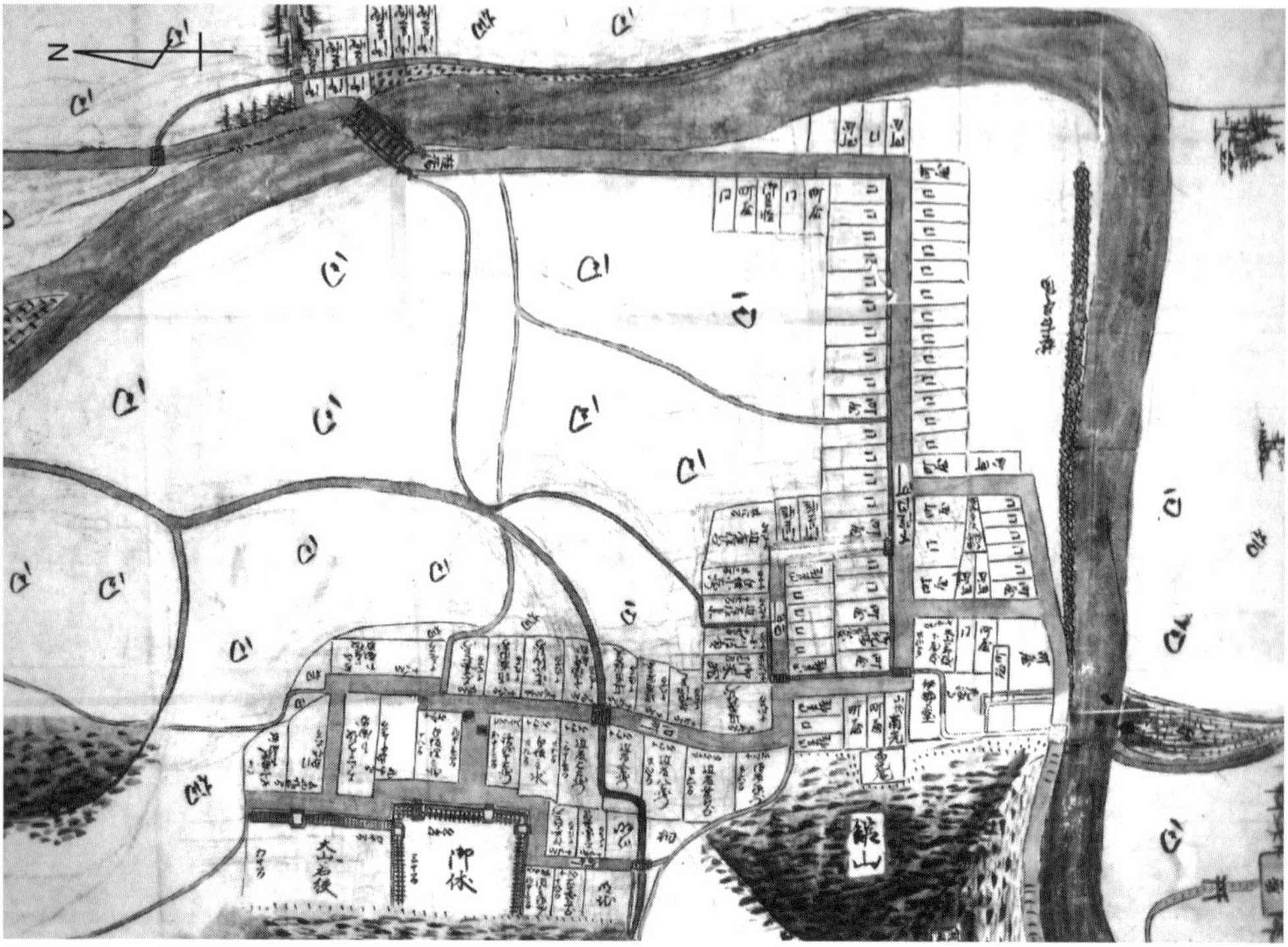

図27　享保13年「院内一円之図」下院内部分（秋田県公文書館蔵）

屋敷と足軽屋敷があって、町割りとしての構成は異なる。下院内の西に標高二四〇メートルほどの館山が独立し、町のランドマークになっている。南北朝時代頃からの古城で、小野寺氏や最上氏の支配地であった頃は、その配下が法領館という山城を築いていた。

　下院内は雄物川が鉤の手に曲がる懐に抱かれるように町並みが形成されている。館山の中腹に山神社があり、下院内の街路が雄物川の東方の屈曲した流路に向かって一直線に伸びる。この街路が下院内の町割りの基軸である。今は本町とよぶが、絵図には下院内町とある。両側町の町人町で、いわゆる外町である。外町の背後の一画に足軽屋敷が十数棟、軒を並べる。さらに東に向かって隅違いのような折れ曲がりを入っていくと、田町・内町・新町三丁の武家町であり、最奥に御休と記された本陣と所預大山若狭屋敷が広く配置されている。さらに大山若狭屋敷の向かいに大山若狭下屋敷が五軒ある。

　元禄一四年（一七〇一）六月二十七日の大洪水前の町割りを描いたという「下院内絵図」（『雄勝町史』口絵）では、御休と所預屋敷が館山直下に前後で並

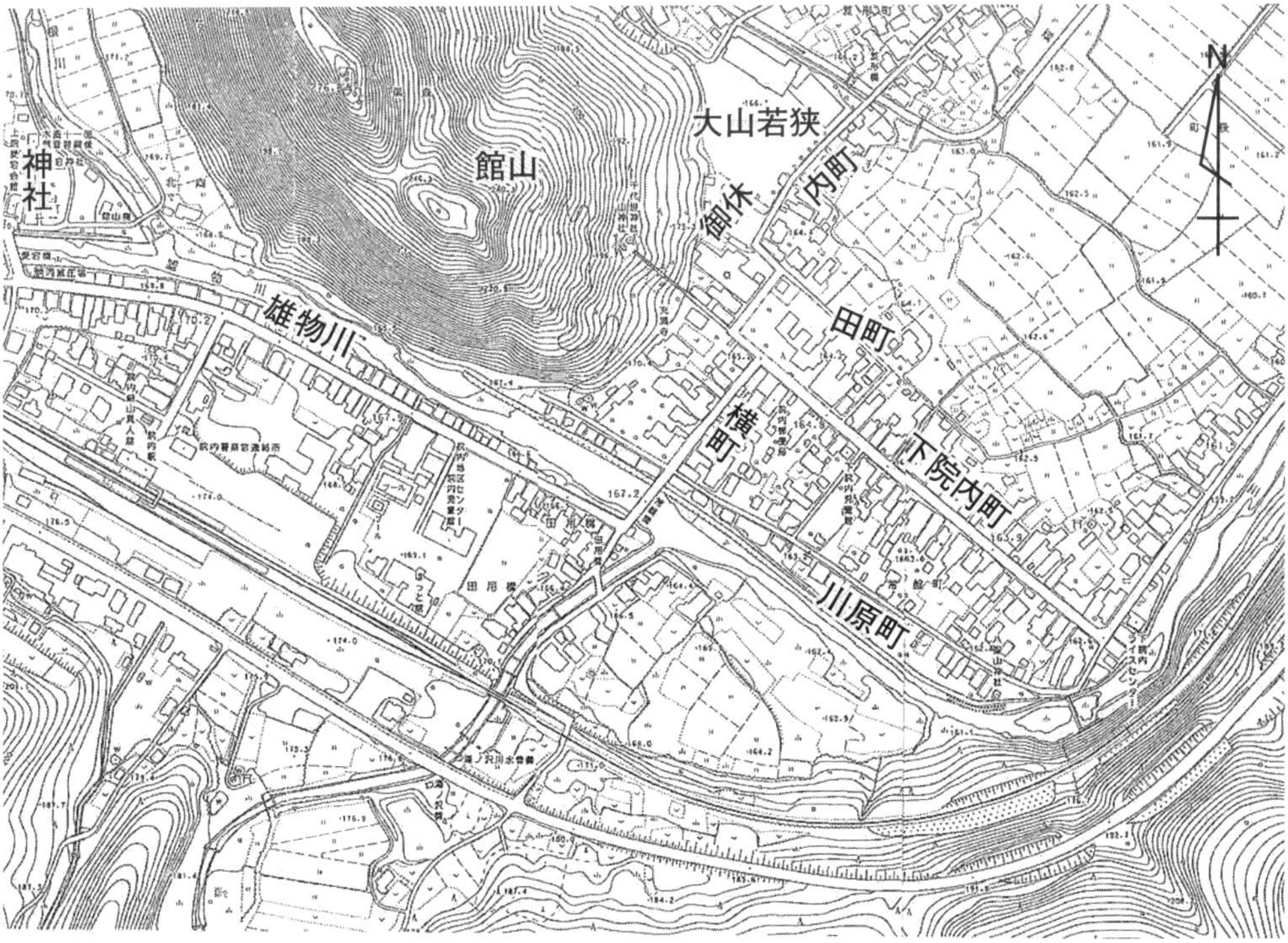

図28　院内都市計画図（湯沢市）

び建ち、そこから町通りの街道が真直ぐに延びている。さらに街道に平行な雄物川沿いの川原町の町並みが東方の屈曲した流路まで続いていた。横堀に向かって下院内町を下り、雄物川を渡ると一〇軒足らずの足軽屋敷が街道沿いに建ち並ぶ。下院内は宿駅であり、寛政五年（一七九三）からは郷校「尚徳書院」が設置された。

江戸末期頃の絵図と思われる「院内絵図」（年代不明、秋田県公文書館蔵）では、内町が老形町という町名になっている。所預が大山日向とある。大山氏は佐竹氏遷封後の箭田野氏、八田野氏を経て、延宝八年（一六八〇）以降藩政期を通して所預を勤めている。

在方町

●はじめに

藩政期の在方町は、その大半が行政上は村であるが、市場の開催などによって、農山漁村など郷村の中核町として存在した。在郷町とか在町ともいうが、ここではこうした呼称の意味も包含して在方町と表示することにする。それは、本書が在方町として取り上げた町場は、都市的空間としての存在形態を検証するのが主目的であるからである。

在方町の一番の特徴は市場が開催されたことであろう。つまり市場町でもあった。市場は町ごとに特定の日にちに開催される定期市が多かった。定期市は隣の町と同一日にならないようにグルーピングされていた。市日は、月に三斎市・六斎市・九斎市・十二斎市・常市があった。一方、由利地方は仙道良次著『秋田県の定期市』によると、どの町でも定期市が開催されなかったらしい。盆市や暮市などの特定市が年に数回開かれたようである。定期市のない由利地方の郷村は、あるいはその分、近場の在方町の店舗商業が発達していたことも考えられる。

本書で取り上げた在方町の多くは、戦国時代に国衆や土豪などの在地領主が城館を構え、その館下町から出発している。城館の多くは山城であった。平城は少なかったが、その中で、六郷と本堂は近世初頭の絵図と現在の城跡から、城下町の形態と位置関係が分かる数少ない例である。また、増田・浅舞・沼館も現状からすると戦国時代の平城である。由利地方の前郷も同様に平城であり、江戸初期まで存続

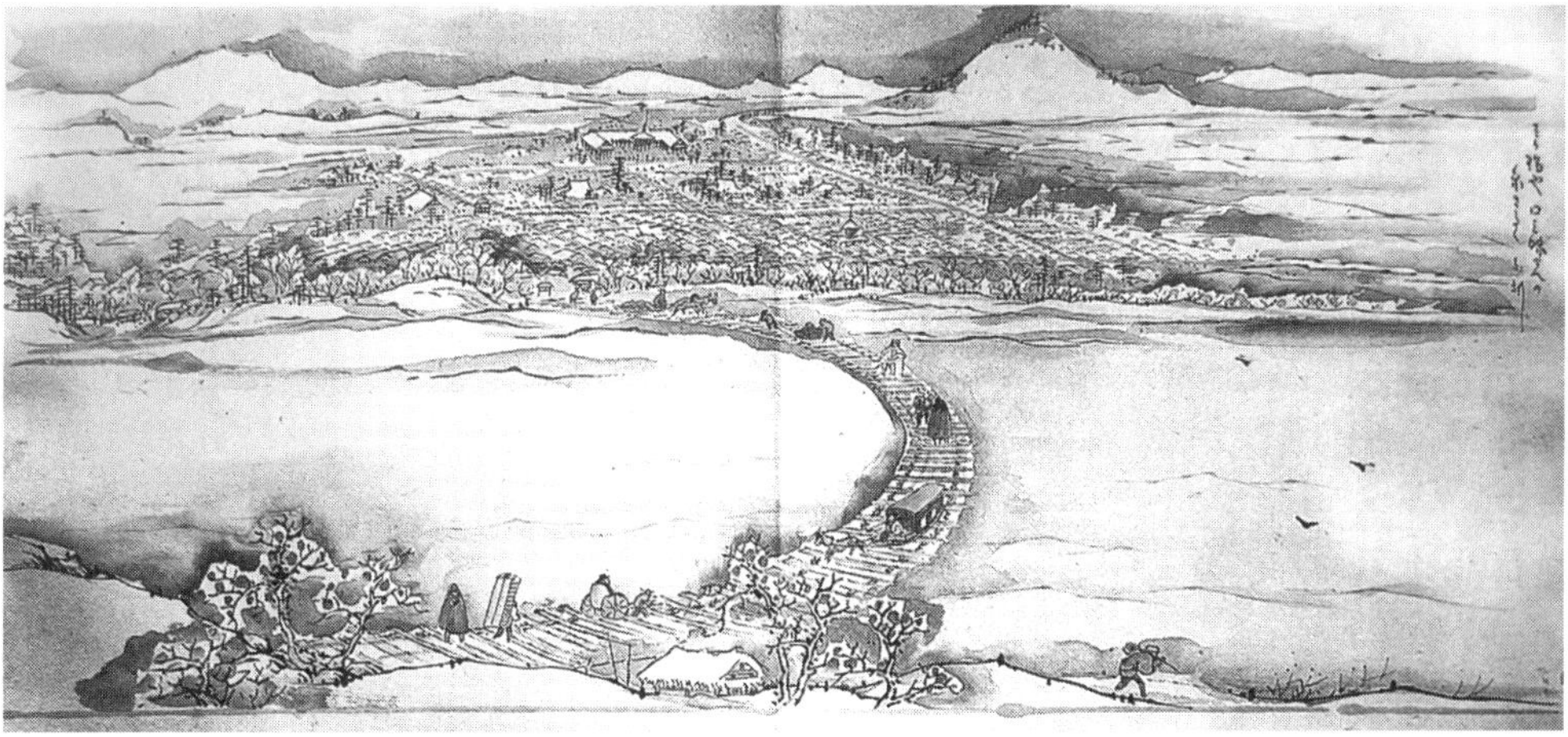

図29　扇田渡米代川氷渉之図（蓑虫山人、明治21年）

した。

在方町が町場として郷村に立地していく過程には、先述したように、戦国時代の城下町あるいは館下町として、ある程度の集住があったことや、定期市の開設がある。その一方で、常市や店舗商業に発展していく町場もあった。

さらにもう一つの側面を見逃してはならない。それは、秋田藩、由利諸藩、南部藩ともに、江戸初期から街道の整備が重要な課題であったことである。秋田藩でいえば羽州街道を軸に脇街道も整える必要があった。同様に、由利諸藩は北国街道を軸に、南部藩は鹿角街道を軸に、それぞれの脇街道網も充実させることが、人びとの往来と経済の流通を促す面から必要とされた。街道には宿駅が設けられ、駅には徒夫と馬が常備され、通行する者の便に供した。

「天和元年十一月　領中大小道程」（一六八一）という簿冊（秋田県公文書館蔵）があり、それには、秋田藩領の、羽州街道の三五か所と脇街道の二九か所の町村が書き上げられ、町村間の里程が表示され、その基点を「札場」と記す。この「札場」は必ずしも宿駅を言い表すものではないと考える。「札場」の意味は常識的には、高札・制札を立てる場所である。

宿駅の主な役割は、公人の旅行者を次の宿駅まで輸送することであり、これを継立といって、そのための人足と馬をいつも用意する必要があった。これに関連する用語として、駅馬と伝馬がある。継立を負担する町人は地子免除や駄賃を得たが、それでも経済的負担が大きく、藩からの援助金もあった。

宿駅を維持するためにはある程度の規模の村が負担したが、一村では重荷のため、二村で半月ずつ勤めたり、周辺の村から支援を受ける加郷を取り入れてしのいだ。このように弱小集落の重い負担を周縁の村々で支えたようである。こうした助駅馬を「加駅の村」と言った（「久保田領郡邑記」）。秋田藩のこの制度は学術用語の助郷と同じ意味であろう。

いずれにしても、享保一五年（一七三〇）の「六郡郡邑記」と、寛政一二年（一八〇〇）の「久保田領郡邑記」をみるかぎりは、在方町には宿駅でかつ定期市である集落が少なくなかった。また一方、宿駅だけか、定期市だけの集落もあった。つまり在方町は、定期市場とその発展過程である常市、そして駅馬の二つの系統で町場が経営され、あるいは成立していたと言える。

ところで、「宿駅」と「駅馬」は学術用語としても広く認識され使用されている。一方、秋田県では『秋田県史』を始め、いくつかの文献で「駅場」と表示している。推測すれば、「駅場」は「宿駅」と同じ意味で、どちらかと言えば「宿」よりも「継立」に比重を置いた、空間としての「場」として解釈すべきなのだろうと理解した。

「久保田領郡邑記」では宿駅を大半は「駅」と表記し、例外は、湯沢町が「駅馬」、金沢村が「往還駅」、稲庭村・増田村が「横馬次」、浅舞村・角間川村・扇田村が「横駅」と表記している。脇街道の駅を横馬次・横駅と呼んだのであろう。

推測するに、「駅場」は秋田藩領内とその周辺で呼称された用語ではないかと思われる。『秋田県史資料近世編下』の数か所に「駅場」という用語が確認できる。いずれも秋田藩の「仰渡書」の命令書中である。その中で一番時代が古いのは安永二年（一七七三）である。また、生駒藩の小砂川村の百姓たちの願書に「駅場」が見える。先述の文献などを勘案すると、「駅場」という言葉は江戸後期初めころから使われ出したのではないだろうか。

「秋田沿革史大成」に、「駅場村　駅場は公私旅行人の宿泊里程（一日程六里以上十里以下とす）を計り宿駅を置く。以て人馬継立荷物運搬の便を得せしむ。君公又は他藩主等の宿泊所を設く。この設けなき村を「間の宿」と云う。此の間の宿にては旅人宿泊人馬継立をなさしめず。各駅には備馬人夫等の定数を備え置き（此数は藩にて定め置かるるもの）継立の差支なからしむ」とあり、さらに駅場村道路の制限として、宿駅の道幅を七間とし、その他の村々は二間以上四間までとす、とある。

扇田（大館市）

扇田の町は、米代川とその支流である犀川が、町並みを挟むように、南東から北西に向かって並行して流れる。町の南西に標高二〇七メートルの独立峰、達子森が円錐形をして眺められる。扇田のランドマークである。

扇田を含む比内地方は戦国時代から織豊時代にかけて浅利氏が領主として支配してきた。扇田の南を流れる犀川沿いの比高八メートルくらいの台地に居城長岡城を築城した。しかし天正一〇年（一五八二）には安東氏が支配して、佐竹氏が入部する慶長七年（一六〇二）まで続く。

扇田は米代川舟運の舟場があり、南部藩領と能代湊を結ぶ重要な中継地で、陸の鹿角街道と連動して交通の要衝として栄えた。鹿角街道は南部藩領鹿角から十二所の境口番所を通って秋田藩領に入った。そして、十二所の町人町から大滝温泉を経て、扇田

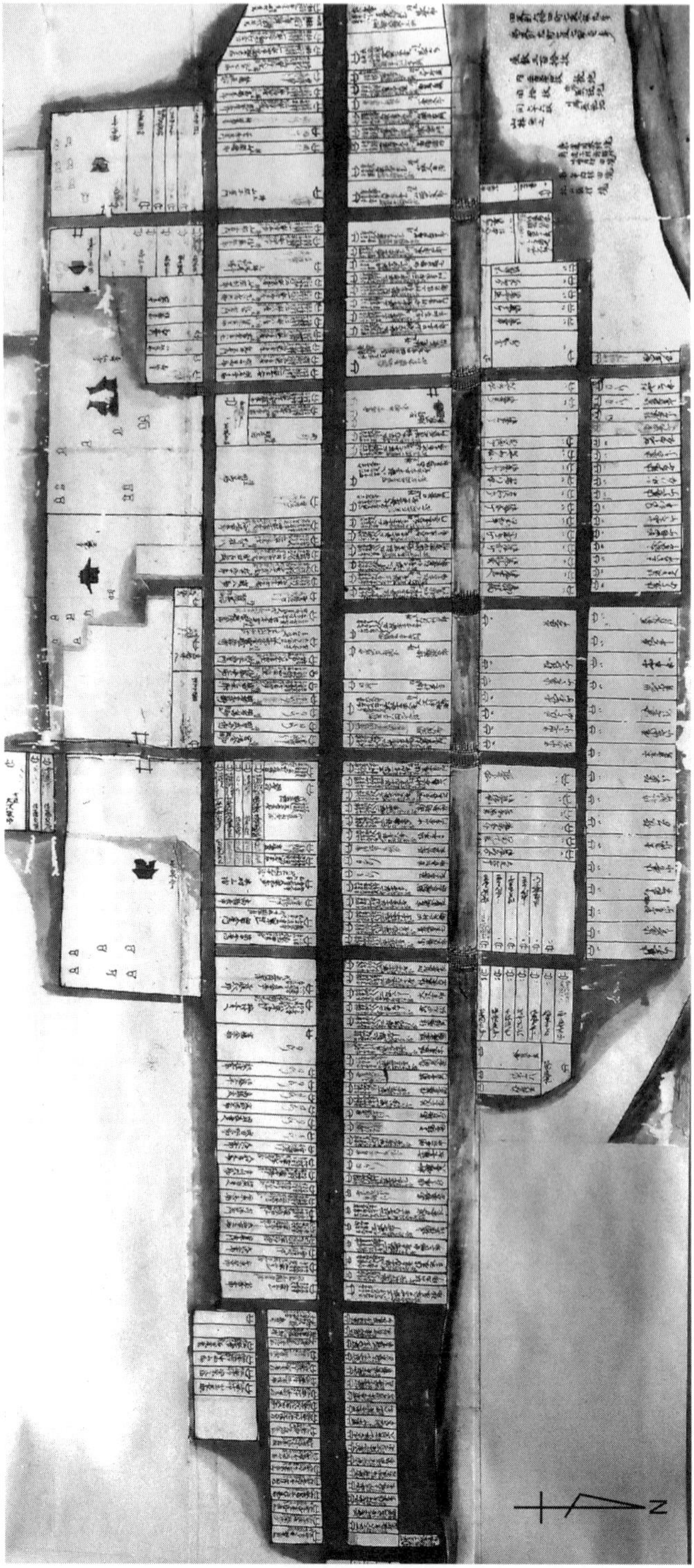

図30　明治６年「扇田村略絵図」（秋田県公文書館蔵）

図31　扇田都市計画図（大館市）

のメインストリートを中継して、さらに西に向かえば羽州街道に出会う。また大町から北に向かえば米代川の舟渡りを超えて大館に通ずる。南に向かえば大葛鉱山街道である。

藩政期の扇田村は寄郷一六か村の親郷であったといい（「比内風土記」）、伝馬継立は二井田と半月交代だった。定期市の市立が享保期から寛政期の間に三斎市から六斎市に増えていることなどから、地域の重要な在方町としての発展ぶりが窺われる。しかし、慶応四年（一八六八）の戊辰戦争では扇田全域が戦場になり甚大な被害を受けたともいう。

「羽後国秋田郡扇田村誌」（『比内町史資料編』）によれば、明治時代の前半は扇田村の市街を一四か町として、市川町・新町・中町・大町・馬喰町・比内町・裏町・通町・横町・八幡町・南町・上川反町・下川反町・新丁に分けたという。市が開催されたのは馬喰町・大町・中町・新町で、鹿角街道沿いに続く町で開催された。

藩政後期以降の町割りは、鹿角街道沿いの馬喰町・大町・中町・新町がメインストリートで、いわば町割りの基軸である。その北側の米代川沿いに並行する二筋の通りは、上川端町で、舟場があった。街道と上川端町の間に二井田堰が流れる。町全体の街路は東西南北平行に通り、ほぼ矩形の町割りである。

街道の一本南側の通りになる町後ろに、五か寺が広い境内を構えて並び立ち、寺町を形成している。寺町の背後は田地で、犀川の町寄りに長岡城跡、川南に田子森がそびえる。町の東端、米代川に面して神明社が建つ。中世末には浅利氏の崇敬社であった。

大区小区制時代の明治六年（一八七三）に作成された「扇田村略絵図」（表題は「秋田県第六大区中八小区　羽後国秋田郡扇田村略絵図」（秋田県公文書館蔵））は、扇田の中心市街地である本道端の東外れから西の馬苦労町の町尻までの町割りと屋敷割りを描いている。町名は記載されていない。

現在の呼び名で言えば、市川町・新町・中町・大町・馬苦労町のメインストリートと、米代川寄りの本道端・上川端・下川端が、両側町を形成する。屋敷割りは短冊状で、居住者氏名（持主・持添の特記がある例も）・代価・屋敷面積・間口と奥行など、詳細に記載されている地籍図である。

鷹巣（北秋田市）

鷹巣の巣は洲に由来するという。町の南には米代川が流れ、北は綴子川が流れ、これらの川が町の西方で合流する。町はこの両河川で出来た三角洲の盆地に形成されている。享保八年（一七二三）の覚書「鷹巣村諸書付古実写」（『鷹巣町史』）によると、鷹巣村の始まりは米代川岸の舟場の下村であるという。藩政初期は坊沢村の支郷で、元和五年（一六四八）の打直検地帳には屋敷七軒とある。

延宝七年（一六七九）からは一村となり、「六郡郡邑記」に「鷹巣村　坊沢村支郷と申儀に無之候。寛文元年御帳に北比内之内鷹巣村と在之候。家数九五軒」とある。正徳三年（一七一三）の打直検地帳と関連史料をもとに作成したという「鷹巣村屋敷見取り図」（松橋栄信氏作図）を見ると、仲町・下町と横町がL字型に交わり、その角に舟場道が交差して三差路をなす。L字型の懐中央部に寺が描かれて

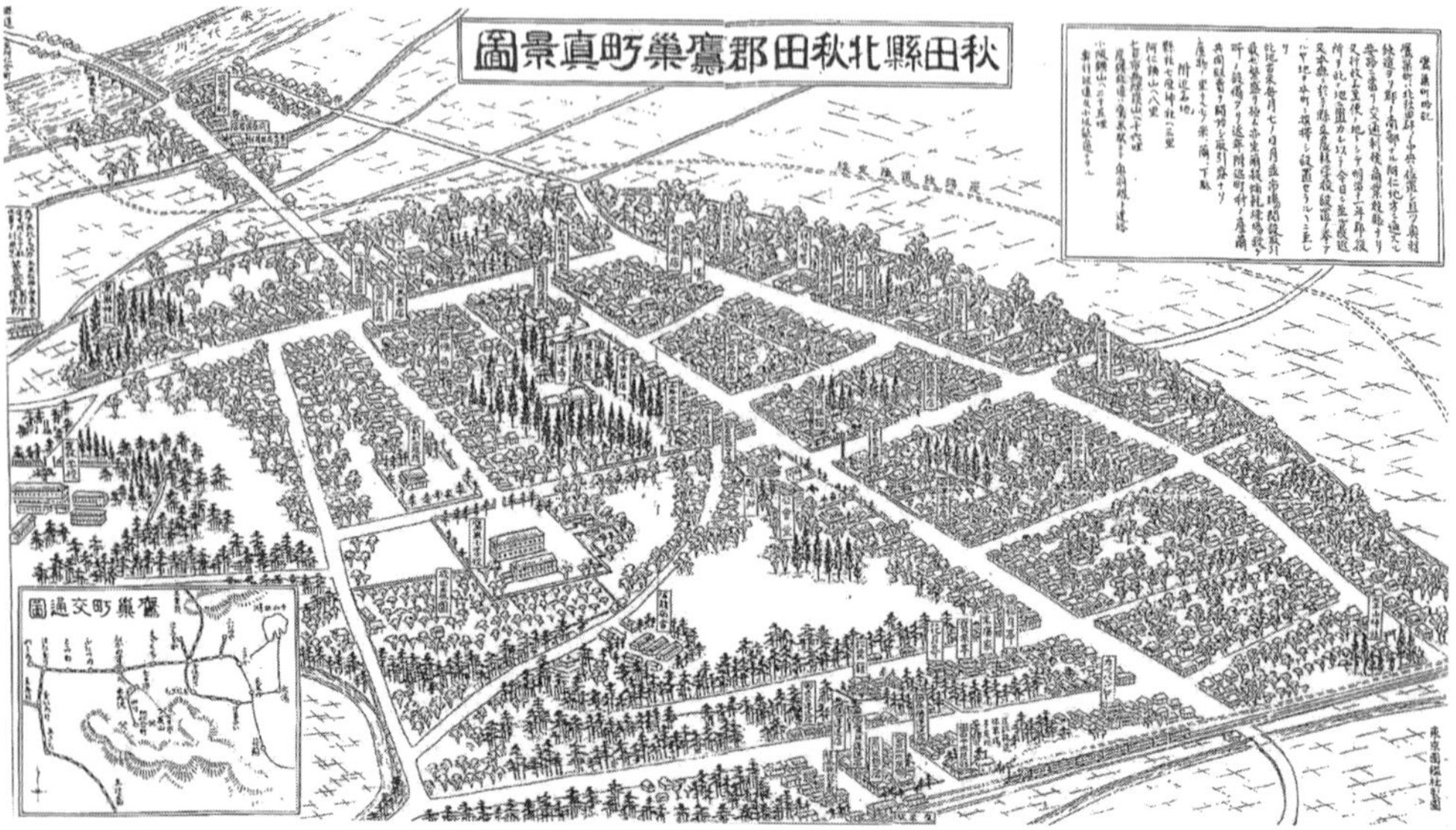

図32　大正６年頃「鷹巣町真景図」

いるが、浄運寺である。浄運寺の参道は横町に向いている。この三町の内側は検地帳では「囲の内」と記載されている。

「明治十年代鷹巣村屋敷見取り図」（松橋栄信氏作図）では正徳三年以来の町割りに大きな変化は見られない。しかし大正時代に描かれた「鷹巣町真景図」（『鷹巣町史』）では、ほぼ現在に近い街路構成で町割りされている様子が分かる。

鷹巣は米代川の舟運による舟場として、また羽州街道などにも近い地の利によって、在方の町場として発展した。公式に定期市が許可され、三斎市を開催したのが宝永二年（一七〇五）という。幕末になるほど鷹巣の定期市は盛況で、天保一四年（一八四三）は「市店二一〇軒、市人商人たくさん」とあり、弘化四年（一八四七）は「市人莫大なり、市店二四〇軒」（町史収載「永年記」）などとある。

現代の町割りの中核は「囲の内」にほぼ納まり、大町・元町・横町・花園町・住吉町・松葉町・材木町・宮前町などを幾筋かの街路で割る。米代川のもとの舟場は舟見町である。これらの町並みの中央部

図33　鷹巣都市計画図（北秋田市）

に広い境内を構える浄運寺は文字通り、町の中核である。浄運寺を中核にした町並みの配置を絵図から一見すると、「囲の内」という地名と相まって、寺内町のような印象を受ける。

浄運寺は鷹巣の草創間もない承応三年（一六五四）、大館城代の家老小山氏が菩提寺を建立したことによる。「浄運寺由緒」には、鷹巣村は慶安元年（一六四八）、大館城代小場氏家臣小山縫殿丞勝茂と村初代肝煎斎藤伊勢らの尽力で、鷹巣堰の開削と新田開発により草創されたとある。

横町の先端にある宮前町には鷹巣神社が鎮座するが、伊勢堂・八幡社・愛宕堂の三社を明治四二年（一九〇九）に合併した神社名である。三社はそれぞれ慶安元年（一六四八）に創設して、翌年の同二年に社殿を建立したという。つまり町の創立と同年ということになる。

米内沢（北秋田市）

米内沢の町並みは南方の丘陵から阿仁川に下る狭い傾斜地に形成されている。町の南端からさらに南奥の谷を挟んで、通称古館という中世の城跡米内沢城がある。城跡は四方の端が谷になる台地である。主郭の小字名は倉の沢・寺の上である。さらに南方ずっと奥に町のランドマークに擬せられる標高三一四メートルの倉の山がある。

城跡は標高一二七メートル、町並みの川沿いとの比高八七メートルほどの独立した台地である。この周辺には根小屋・下屋敷・館などの地名が残る。城は戦国期に阿仁地方を支配した在地領主嘉成氏の居城である。米内沢の町並みはこの城の館下町として成立、形成されたと推定される。

佐竹氏入部後の慶長七年（一六〇二）に、嘉成氏に代わって赤坂下総守朝光が城代として配置されたが、慶長八年（一六〇三）に廃城になったという。

ある資料によると、ちょうどこの当時、赤坂氏は十二所城の城代としても派遣されている。これは果たして可能だったのであろうか。いずれにしても、米内沢は中世の館下町ではなくなったが、阿仁川に面しての舟運や阿仁、上小阿仁、合川、鷹巣などに向かう街道の中継地にあり、交通の要衝であることから、三斎市を開催するなど在方町として存在し続けた。

町並みは阿仁川の中流域に位置し、南に大きく蛇行する所である。いわば川べりの町である。城と谷を挟んだ北麓に嘉成氏の創建が元になった龍淵寺がある。また、龍淵寺の東側台地に米内沢神社が鎮座する。明治四一年（一九〇八）に神明社など周辺の神社一七社合併して明治四三年（一九一〇）に現社名に改称した。

明治六年（一八七三）作成の「米内沢村略図」（表題は「秋田県管轄第二大区三小区羽後国秋田郡米内沢村略図」）に「戸数之図」（写し）がある。絵図には町割り・屋敷割り・居住者氏名が記載されている。しかし町名の記載はない。この絵図には、阿仁川沿いの街道筋に、両側町の町並みが短冊状の屋敷割りで描かれている。この街道に南麓の神明社の辺りから北に向かって下る道が、街道にT字路で交差する。この南北道は両側町で、短冊状の屋敷割りである。南北道の途中で西に向かって片側町の横小路があり、その突き当りが龍淵寺である。

この絵図を大正六年「秋田県北秋田郡米内沢町真景図」（一九一七）と比較してみる。米内沢村が町制を敷いたのが明治三五年（一九〇二）であるから、真景図の表題は米内沢町になっている。真景図によれば、大区小区絵図の南北道は大町である。大町とT字路で交わる阿仁街道筋の町は横町である。横町は大町を挟んで東側が上横町から新町、西側が下横町から新町と、上・下横町の両端が新町である。大町に並行して西側に二本の道がある。大町寄りの道が中町である。中町の南麓突き当りが龍淵寺である。

中町の通りは横町と十字路で交わり、横町を越えて直進すると米内沢橋を渡り、川向に続く。舟場がこの米内沢橋のたもとにあった。西の新町から南に向かう坂道の街道が上小阿仁へ至る道で、難所の急

図34　大正６年「米内沢真景図」

坂道であった。龍淵寺の下を通るいわゆる寺の下道が西に伸びて、上小阿仁への街道に交差するのは明治後期ではないだろうか。

　米内沢の町並みを読み解くと、町割りは、城跡の北麓から谷を挟んで、米内沢神社と龍淵寺を左右にして、大町と続く道が基軸で、大町は戦国期の嘉成氏時代には根小屋町であったと思われる。横町は街道をつなぐ道であるが、明治初頭にはなく、道が造られたのは明治中期以降と思われる。中世には城から北に向かう大町が基本の縦町型であったと思われる。

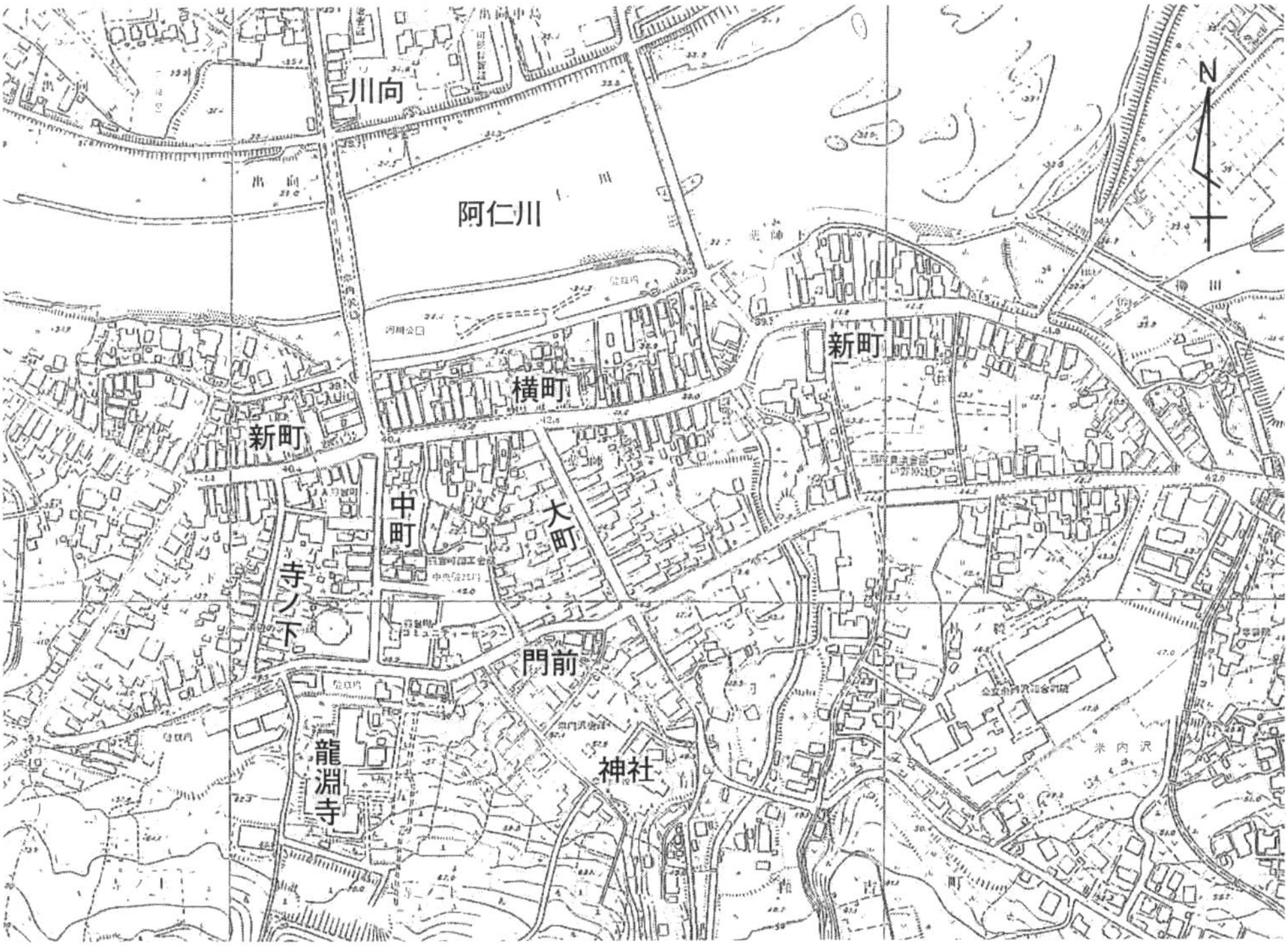

図35　米内沢都市計画図（北秋田市）

五城目（五城目町）

町を貫流する馬場目川が富津内川を合流して、町並みを包み込むように北側から南側にかけてL字型に湾曲して西へ流れ下る。町の北西には標高三二五メートルの森山が独立して、町のランドマークになっている。町並みの北端には森山の尾根続きになる前平山に砂山城跡がある。砂山城は五十目内記が築いた山城である。標高九六メートル、町並みとの比高八〇メートルくらいである。

戦国期在地領主の五十目内記は、「文禄元年　秋田城介殿分限帳」（一五九二、『秋田市史第八巻』収載）に「八百五拾六石壹斗九升四合　五十目内記」とあり、秋田実季の家臣であり、五十目村を領地として支配していた。五十目村は現在の五城目町の中心部である。

天正一九年「出羽国秋田郡知行方」（一五九一、「秋田家文書」）に「一　四百六拾石壹斗五升　上町村」

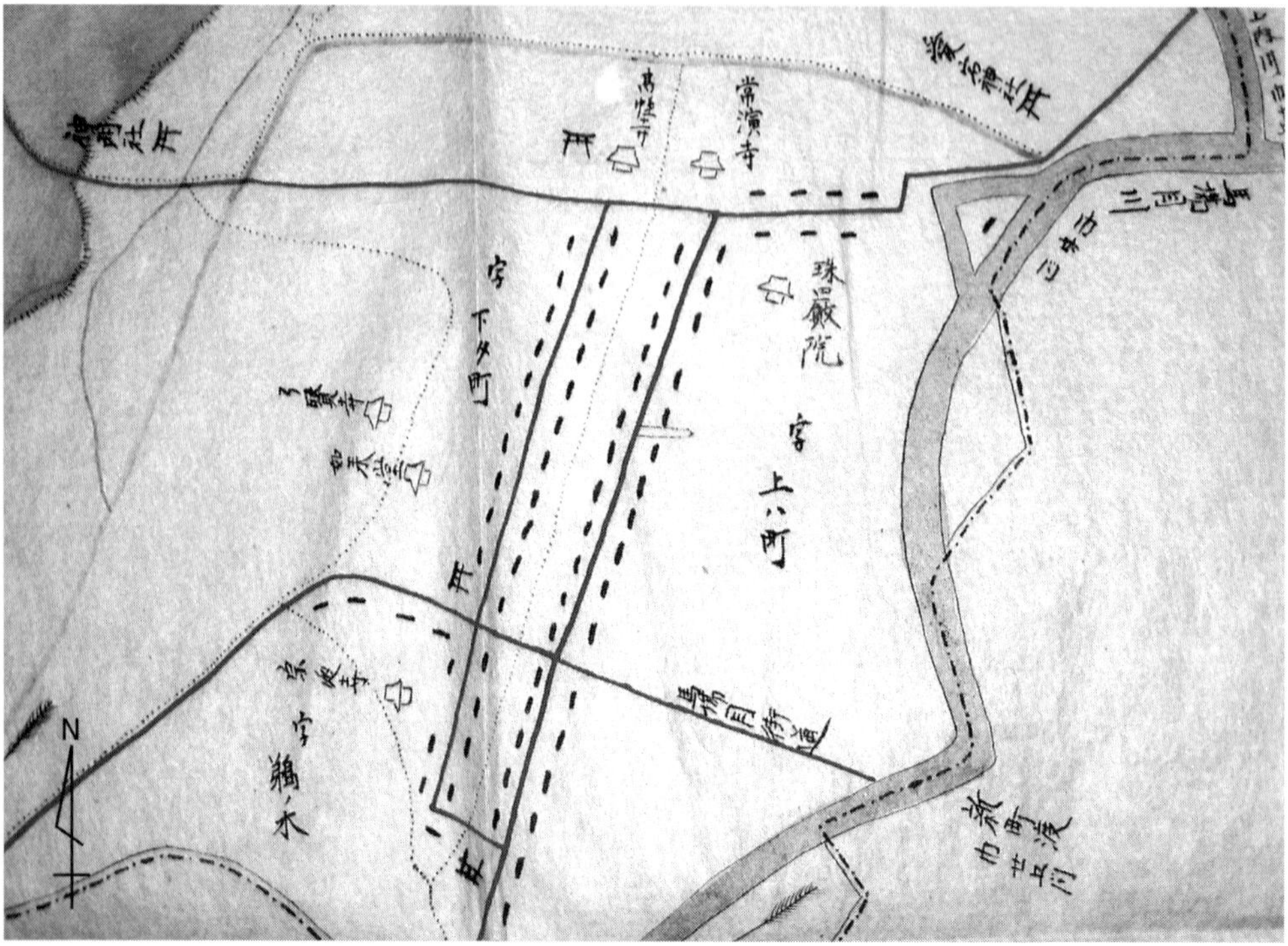

図36　明治16年「五城目村絵図」（秋田県公文書館蔵）

とあり、「慶長六年　御代官所之帳」（一六〇一、「秋田家文書」）に「一　八百四拾四石六斗六合　五十目庄之内　上町村、一　廿五石五斗六升　同　下町村」とある。この史料によれば、上町村は五十目氏の館下町として天正末年には形成されていた。その後の文禄から慶長初頭にかけて下町村が形成されたと思われる。つまり町の中核である五十目村は上町村と下町村の総称であった。

五城目の町割りは、上町の道をたどると砂山城に突き当たることから、上町通りを基軸にして、その道を延長すると城に当たるように設定されたと思われる。いわゆる山当てという設計手法である。

いま、下町で開催されている定期市は、その始まりが文禄の頃と言い伝えられているから、上町で始まり、下町ができてからは上町と下町が交互に開催されたと考えられる。藩政期の寛文四年（一六六四）には二と七の日の六斎市であった。二の日が下町、七の日が上町であった。

「羽後国南秋田郡五十目村絵図　明治十六年」（一八八三、秋田県公文書館蔵）は簡略な絵図で、町割

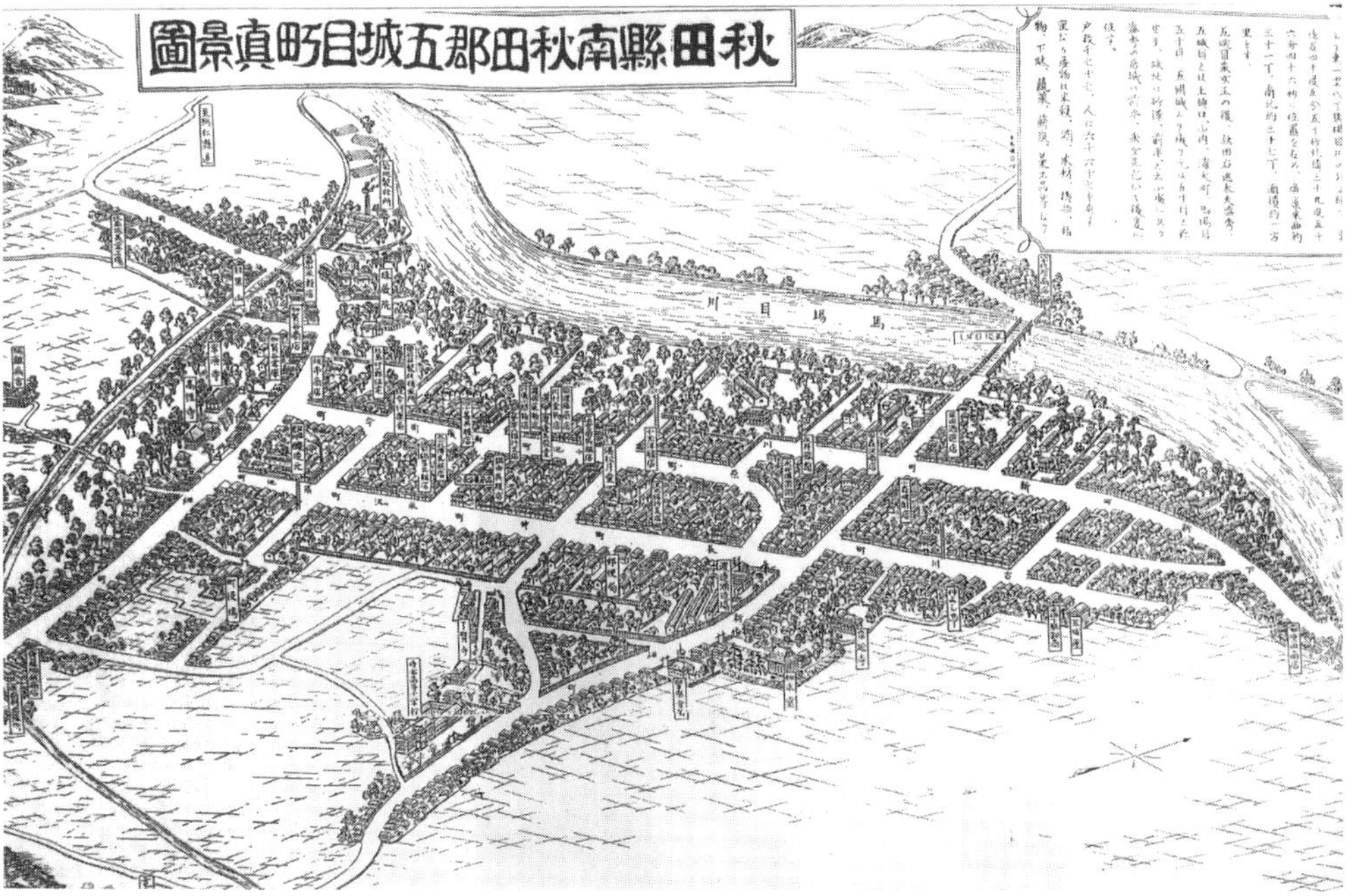

図37　大正６年頃「五城目町真景図」

りは南北筋の道路二筋が並行して走る上八町と下タ町しか記載がない。絵図によると、二筋の道路は北端が阿仁街道で区切られ、南方途中を馬場目街道が横断する。阿仁街道と上町・下町が交わる周辺に五か寺が建ち並ぶ。また、町の北東山麓の阿仁街道沿いには、五十目氏の鎮守に由来するという伊勢堂（神明社）が建つ。

藩政期の町の規模は、「六郡郡邑記」に「五十目村　二九八軒、市日六斎」とある。明治四〇年代の町割り図（『五城目町史』収載）や大正六年（一九一七）の「五城目町真景図」によると、上町は、北から今町・御蔵町・小池町・川原町・新町・下新町に割る。そして川原町で鍵型に折れ曲がるのが特徴的である。下町は、北から築地町・米沢町・仲町・長町・古川町に割る。そして、長町と古川町は馬場目街道と食違い十字路になる。北の阿仁街道沿いの町は田町と畑町、南寄りの馬場目街道沿いは新畑町である。そして上町と下町は町ごとに小路で結ばれていた。このような町割は藩政期に成立したと思われる。

一日市（八郎潟町）

町の南端を馬場目川が西流し、八郎潟承水路に注ぐ。しかし織豊時代は流路が異なり、現在の一日市の町並みを包むように、清源寺の西側まで北流してから西流したという。一日市は寛文二年（一六六二）に羽州街道の宿駅として整備された。馬場目川の渡しを挟んだ大川と半月交代の勤めであった。十か村を寄郷とする親郷を勤め、三斎市が開催された。宝暦元年（一七五一）には周辺村々の取り締まりに当たる郡方役所が置かれた。

街道は馬場目川に掛かる竜馬橋を渡ってすぐに北に向かうが、一日市の町並みは街道沿いの一筋で、南から上町・中町・下町の三町に分ける。中町の西側奥に清源寺があり、東側奥に一日市神社が建つ。清源寺は中世末期に当地の在地領主であった三浦氏の菩提寺と伝えられ、その当時は石頭寺と言ったらしい。

一日市の北方、田園の先に、なだらかな山稜が見える。その頂部が高岳山（標高二三一メートル）で、尾根続きの東側山稜の標高一七八メートルに、典型的な山城である浦城の城跡がある。浦城は戦国時代の築城で、永正九年（一五一二）頃といわれている。城主は三浦兵庫守盛永と伝えられている。

城跡は本丸・二の丸をはじめ、いくつかの曲輪で構成され、保存状態も良い。浦城の山麓には中世末期の館下町であると考えられる浦大町・浦横町の地名が残り、今は集落が形成されている。一説によれば、浦城は永禄一三年（一五七〇）、安東実季に攻められて落城したという。

また、一日市のメインストリート西端に堀などの遺構が残る平城の押切城が三浦氏に関係する城跡という話もある。一説によると、押切城は天正五年（一五七七）の築城で、その当時の城主は三浦五郎盛季という。

押切城の地番は一日市字中島である。押切城跡と伝えられる所を「羽後国南秋田郡一日市村絵図　明治十六年」（一八八三、秋田県公文書館蔵）で見ると、

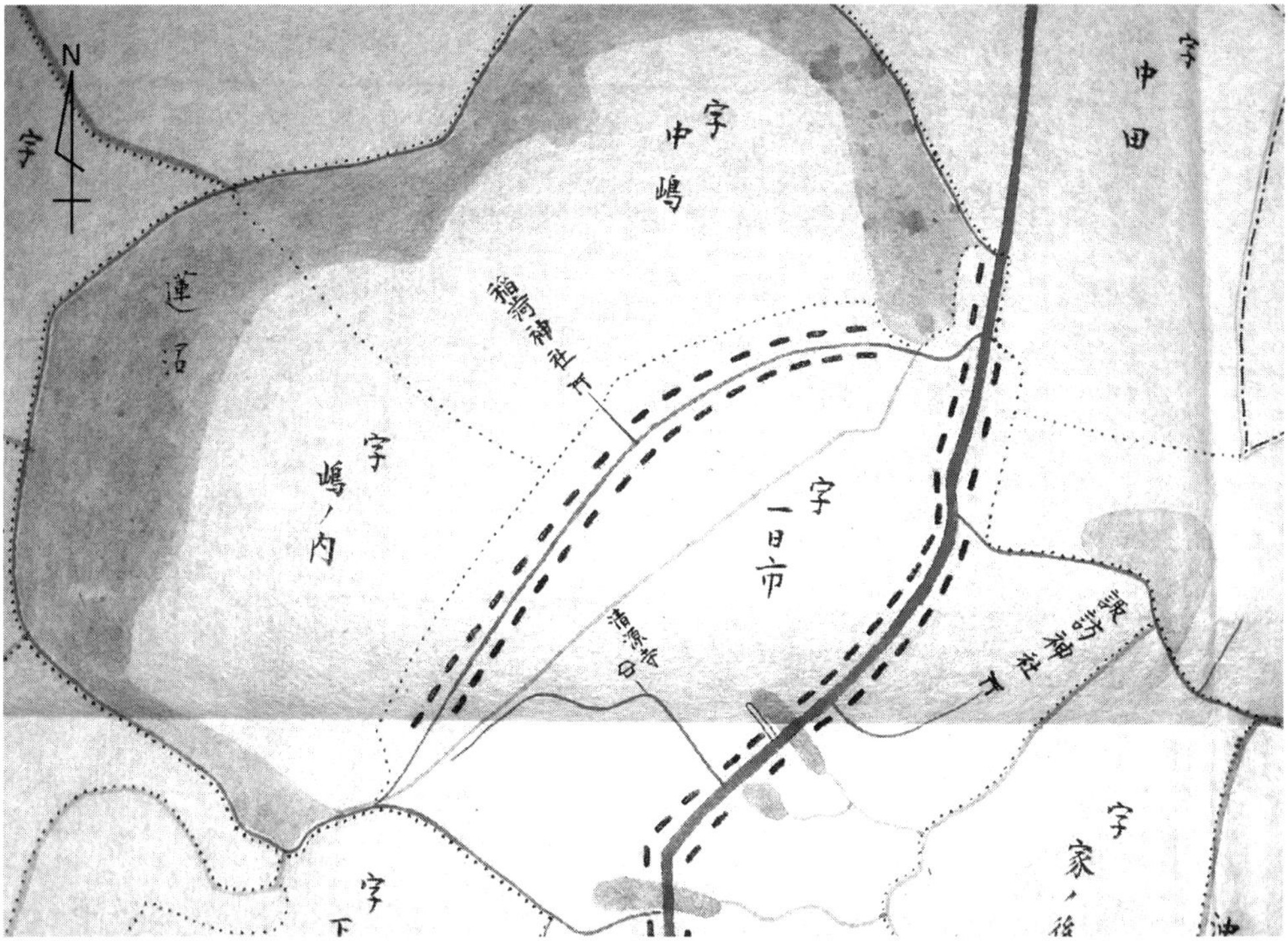

図38　明治16年「一日市村絵図」（秋田県公文書館蔵）

図39　一日市都市計画図（八郎潟町）

字一日市の西側に小路を挟んで、地番が字中嶋と字嶋ノ内という敷地がある。そして、この周囲に蓮沼が堀のように廻る。

蓮沼は、馬場目川の古い流路を利用したという押切城の堀跡かもしれない。そして、堀割りの南側に隣接して字押切がある。三浦氏が浦城から押切城に移った時に町も移動して、一日市の町の原型をなしたのではないかという想像も浮かんでくる。「六郡郡邑記」に「一日市村　一三三軒。駅馬」とある。

脇本（男鹿市）

男鹿半島のランドマークとして、頸部中央に聳える寒風山（標高三五五メートル）に連なる南頸部に、なだらかな丘陵が広がる。脇本城はその地形を巧みに利用して築かれている。脇本城は男鹿安東氏が中世に築いた城と考えられ、その後、天正五年（一五七七）には安東愛季が大規模に修築して居城にしたという。その後、秋田実季の甥、五郎友季の居城であったが、実季に対する反逆で、友季は滅ぼされたという。

城跡の標高は一〇〇メートルであり、脇本の町並みとの比高が九五メートルの山城である。脇本城はいくつかの郭群からなる。日本海に突き出した生鼻崎の断崖真上に築かれた内館から北側に各種の郭が連なる。その山麓城下に五か寺が建てられた。また、天神堂（今の菅原神社）が山城中腹にあり、「天正十九年辛卯年阿倍実季公御造立御棟札有」ということから、脇本城の鎮守であったのであろう。内館の南端に鎮座

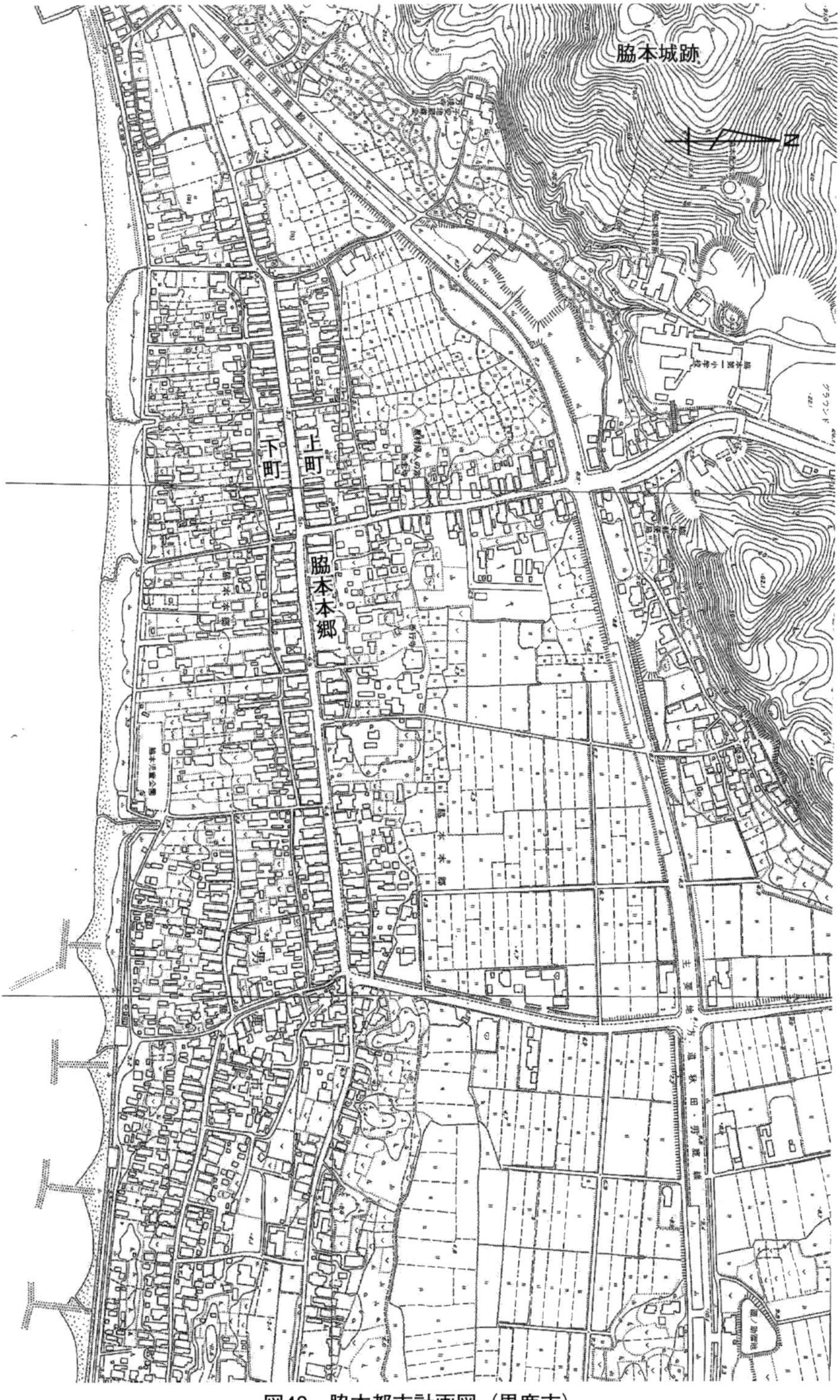

図40　脇本都市計画図（男鹿市）

していたが、承応二年（一六五三）に城の南端部が崩壊したために、翌年に真崎兵庫が現在地に再建したという（「絹篩」）。脇本城は慶長七年（一六〇二）に破却されたという（「柞山峯之嵐」）。

城下は、大手道に続いて横町があり、そこから東西に男鹿街道が通り、脇本本郷の町並みがある。

この町並みの形成は、戦国時代に脇本城の城下町として成立した。小字名に仲町・荒町・御札町・新町・浜町など、その当時の町名が今も残る。藩政期は駅場であり、節季市が開かれた。脇本城から太平山が真正面に見えることから太平城と呼ばれた、と菅江真澄が紹介している（「男鹿の秋風」）。

興味深いのは脇本本郷の屋敷割りである。筆者が昭和五十年代に訪れたときは、農家・漁家・商家が海岸沿いに短冊形の屋敷割りの中に建ち並んでいた。その多くは町家型の住宅が軒を連ねていたが、その後、急速に失われて、今は当時の面影はあまりない。街道を挟んで北側の上町と海寄りの下町に分かれ、間口四間前後の敷地が短冊状に並び、下町の裏行は海岸まで達する。屋敷の奥へ一四間ほど入った場所に、各屋敷を横断するナカケド（中間道）という小路を通すが、これは共通の歩行路である。街道からナカケドまでは主屋が建つ。

下町ではナカケドの奥は外便所・物置小屋・畑などである。ナカケドからの奥行は海岸までだから各家それぞれだが、概略六六間～九三間と深い奥行である。各家の屋敷をカグチというが、この言葉の意味は、垣内を示し、主に屋敷の裏口や屋敷内畑を意味したものらしい。

船越・天王（男鹿市・潟上市）

船越は男鹿街道沿いにあり、船越水道を挟んで天王と対峙する町である。藩政期は船越が親郷で天王がその寄郷であった。船越・天王の両村は駅場で、半月交代で維持していた。船越水道に橋が架けられたのは明治一一年（一八七八）で、それまでは渡船で往来していた。

「梅津政景日記」（元和6年3月9日条）によると、船越の山子から町移転の陳情を受け、政景が町割りの検使を派遣している。つまり、船越の町造りには、海寄りの一向から現在地に移るに際して政景がその当初から関わり、政景の意向が働いていたことが分かる。一向（俗称古屋敷）から船越に移転したのは元和六年（一六二〇）のことである。

船越村は「船渡の駅」に加え、「親郷　寄郷天王・大崎・払戸、右三か村。駅場。町名　荒町・中町・西町・新町・古新町・大新地・田町。家数二四一軒。神社　牛頭天王　当村、天王村両村鎮守宮。天王村にあり」（「絹篩」）とある。

船越の町並みは、正保四年「出羽国秋田小鹿之内船越村御検地野帳」（一六四七）に基づいて分析した『船越誌』によれば、屋敷の規模は、間口が八間から四間、奥行が一六間から二五間まで分布するという。秋田藩による久保田城下町の屋敷割りから推測すると、間口四間、奥行二五間が基準になったことも考えられる。しかし、明和三年（一七六六）頃には、正保期の屋敷間口が細分化され、大半が間口二間であったという。

明治期の地籍図から書き起したという「船越地割図」（明治二二年）を見ると、街路の折れ曲りが目立つが、町割りは一筋の両側町である。天王側から船越水道を渡ると、北向きに荒町で、さらに直進すれば新町である。一方、西に折れれば中町で、続いて突き当たって北に折れると西町、さらに突き当たって西に折れると新地である。新地は今の本町である。船越の町割りの中軸は中町と西町である。いずれにしてもどの町も概括的には間口が狭く奥行の長

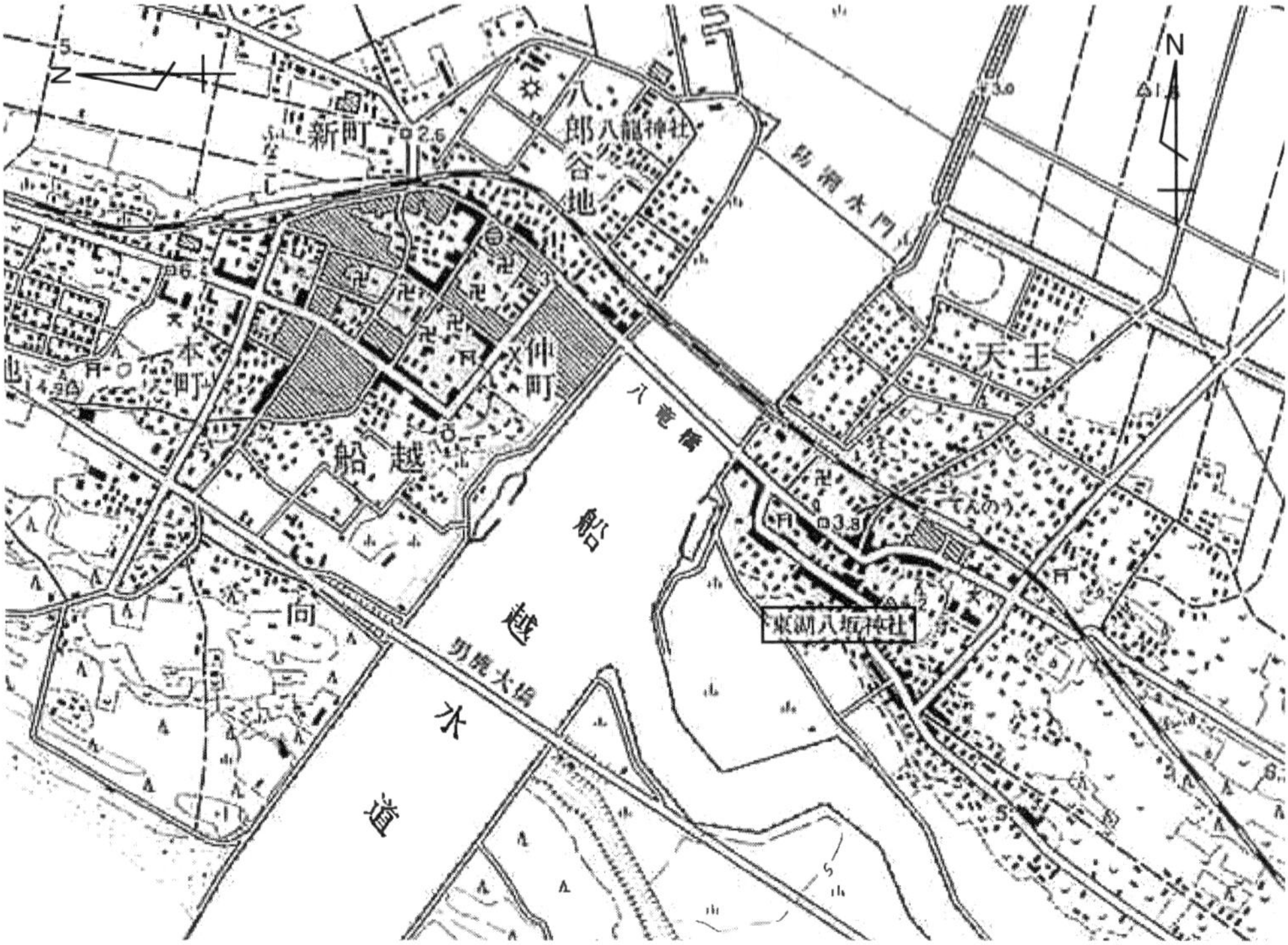

図41　船越・天王地形図（国土地理院地図）

い屋敷割りが櫛比している。その中で特徴的なのは中町北側には寺院がまとまって配置され、町屋敷も屋敷割りの間口が広いことがはっきり読み取れる。

天王本郷の東湖八坂神社が男鹿街道から分岐して参道をなすように船越と対峙する位置に配置されている。船越と天王の鎮守として、お互いに祭礼を行ってきた。遅くとも南北朝時代には祀られてきたことが境内の板碑などから推測される。今の神社名に変わったのは明治一七年（一八八四）である。藩政期までは牛頭天王宮といった。

秋田藩十二社で、宝永元年（一七〇四）の「覚」には船越天王とある。牛頭天王は神仏習合の神で、その神格についてはさまざまな説がある。それはともかく天王の村名は天王社に由来している。社殿の造営は藩の助成による藩営工事であった。大永・享禄年間の戦国時代から今に伝わる祭典神事が行われたといわれている。

新屋（秋田市）

新屋は雄物川河口左岸に位置する。藩政期は城下町久保田の向う岸にある「村」であった。久保田から由利郡そして庄内へとつながる日本海沿岸を通る北国街道の起点であって、秋田藩と亀田藩との藩領境に位置していた。江戸時代はこの街道を「秋田街道」あるいは「酒田街道」とも言ったらしいが、決まった呼び名はなかったようである。

「久保田領郡邑記」の筆者は、天龍寺からの眺望を「無双の梵地・新屋の大観」と絶賛している。これは新屋の地形のなせることで、新屋表町は西側の丘陵地から続く台地で、表町通りから少し東に入った天龍寺の辺りからは、雄物川沿いの湿地帯に向かって標高差で四、五メートルほど下るため、東方の見晴らしが実によくなる。

新屋は駅馬を勤める村であったが、江戸時代中期には伝馬屋敷が一〇〇軒を越え、北国街道筋の町場の様相を呈していたと思われる。醸造業を始め、舟運業や各種商業が盛んにおこなわれ、また、城下町久保田に行商や日雇いに行く住民も多くいたという。

「秋田県管轄第一大区四小区羽後国河辺郡百三段新屋村全図」という大区小区制絵図がある。筆者の手元にある当絵図は原図を明治七年（一八七四）に写したものである（『続新屋語り草』収載）。絵図は、町割・屋敷割・地番・所有者氏名が記載された詳細図であるが、町名と屋敷の規模や地代などの記載はない。

江戸時代に街道筋を中心に形成された町並みは、明治初頭に至っても維持されたことは絵図が明瞭に示している。そして今、新屋の町並みは当時に比べると、周辺域に広がっているが、街道筋の表町通りや、その西側海岸寄りを表町通りと並走する新町通りの二本の通りが藩政期から続く町割りの軸であり、これを数か所の小路によってつなぐ。

明治初頭の絵図と現代の都市計画図を比較検討すると、旧来の町割りと屋敷割りの変動が少ないことが分かる。町の南端に鎮守日吉神社が鎮座する。境

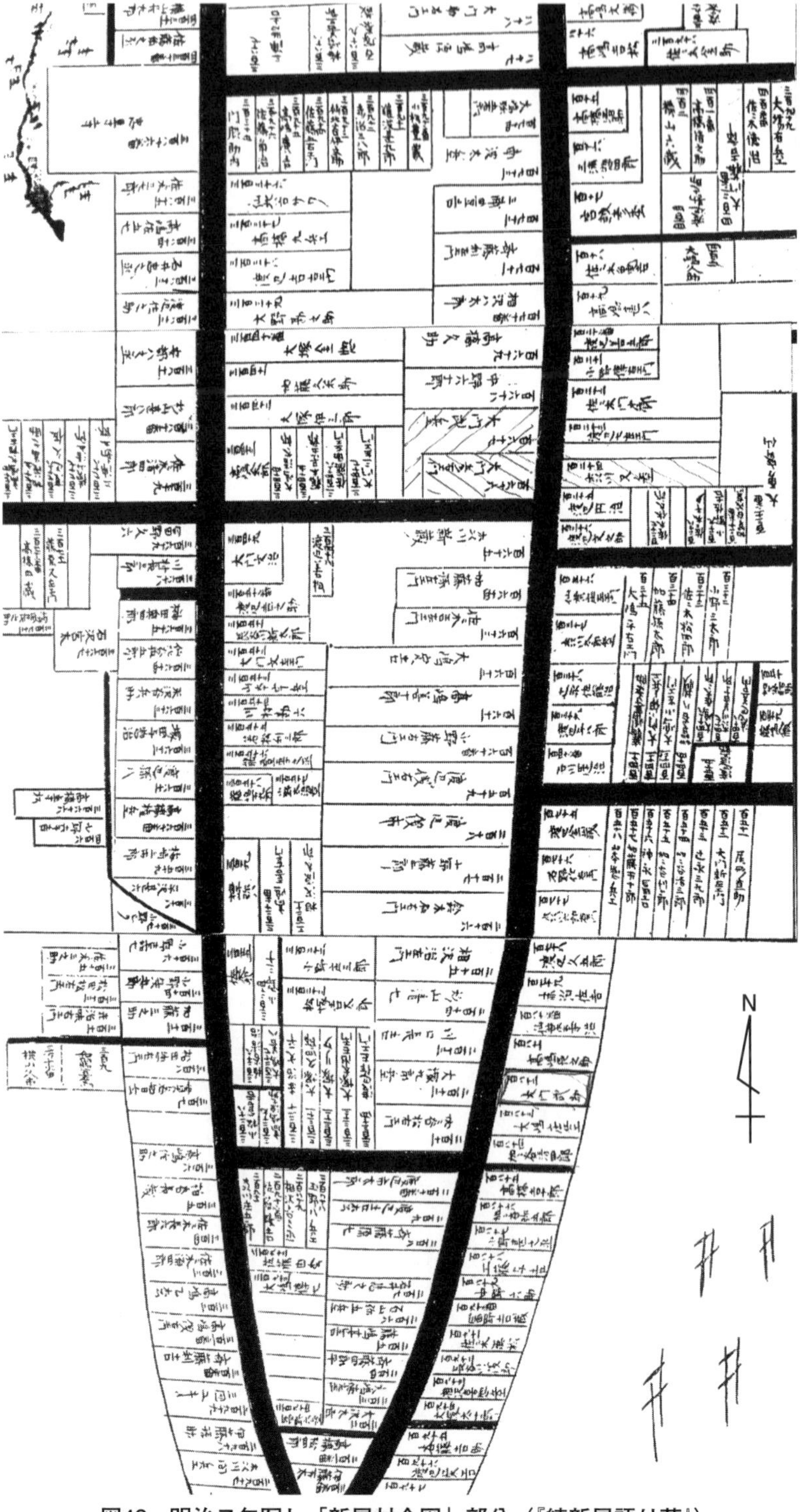

図42　明治７年写し「新屋村全図」部分（『続新屋語り草』）

図43　新屋都市計画図（秋田市）

内の東脇下の旧道を北にたどると間もなく、道分かれに愛宕町地蔵堂が建つ。ここで表町通りと新町通りに分かれる。メインストリートであった表町通りを北にたどると雄物川の川縁に着く。

現在の雄物川放水路が大正六年（一九一七）に完成する前は、新町通りがそのまま北に延びて、表町通りが雄物川新橋の手前で交わっていた。新町通りの雄物川放水路の土手近くに緑町地蔵堂が建つ。町の南端の愛宕町地蔵堂といい、町の北と南の両外れの境界に、道祖神の辻堂があることは興味深い。

このように新屋には歴史的遺構が少なくないが、とくに表町通りは近年まで町家や土蔵などの伝統建築が町通りの三百《メートル》前後の範囲に二十数棟が点在し、いずれも明治期から昭和初期の近代和風建築ながら、よく歴史的町並み景観を形成していた。筆者は、こうした新屋の伝統町家の実測調査を秋田市の依頼を受けて六件おこなったが、そのうち四件が酒の醸造、二軒が味噌・醤油の醸造の建物群であった。

前郷（由利本荘市）

前郷は由利地方の中央部で、子吉川の中流域右岸に位置する。町の周囲は標高三百《メートル》前後の高原台地で、その合間の子吉川によってつくられた沖積平野にコンパクトな町並みを形成する。江戸時代に子吉川を利用した舟運の渡し場があり、また矢島街道が通り、周辺農村部の物資の集散地として、また本荘と矢島を結ぶ中継地の駅場を務める交通の要衝でもあった。

戦国・織豊時代は、在地領主である由利十二頭の一人、滝沢兵庫頭の拠点として滝沢地区に城が築かれ、城下町もあったと思われるが、この時代はまだ前郷の地名は各種文献には見当たらない。関ヶ原戦後の慶長七年（一六〇二）に、由利地方は最上義光の領地として与えられる。最上氏に臣従した滝沢氏は「最上義光分限帳」によれば、滝沢領として一万石余を与えられている。そして城持ちとして滝沢城

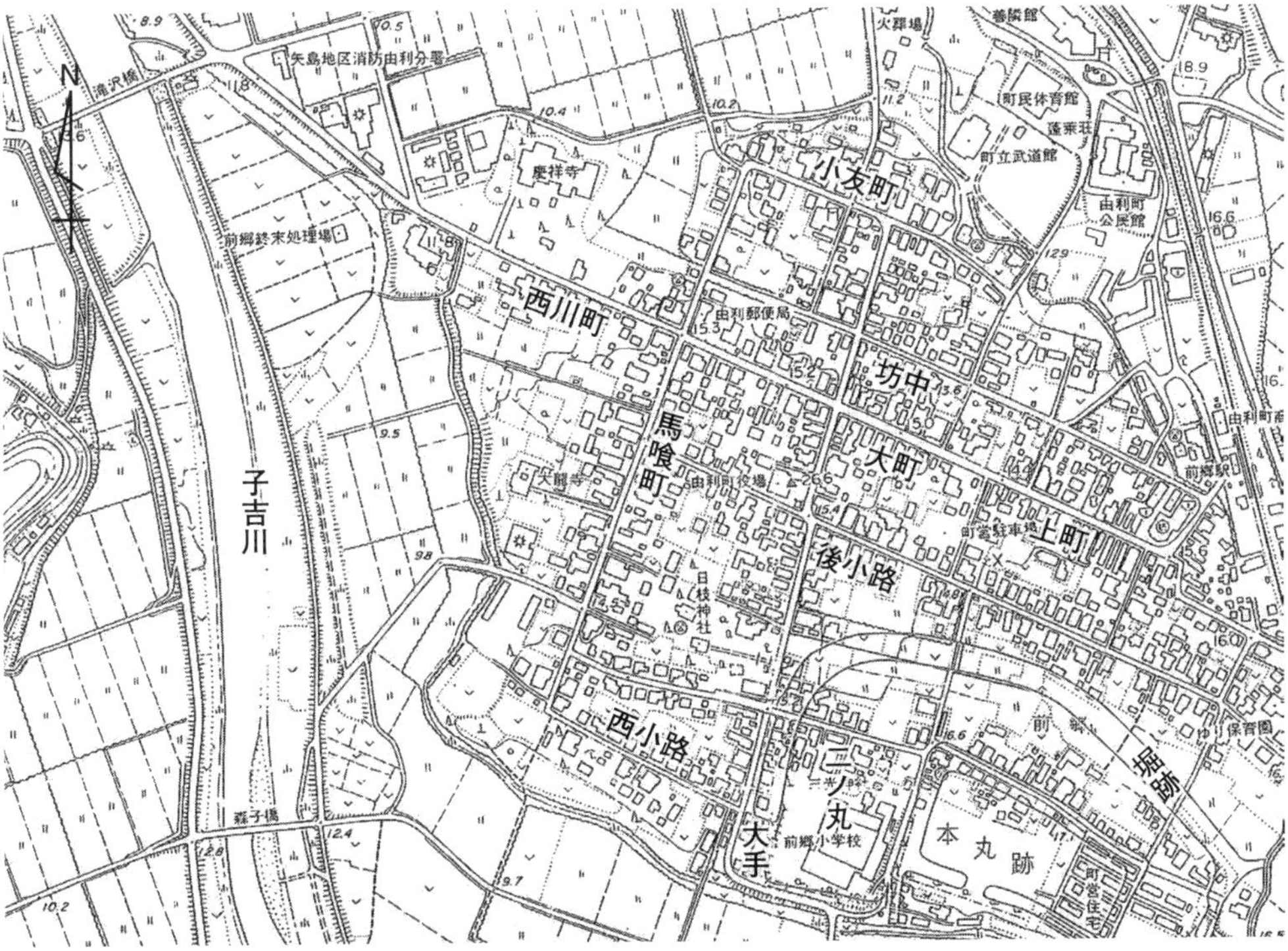

図44　滝沢城縄張図・前郷町割図（『滝沢城跡』）

を築城した。

滝沢城は慶長八年（一六〇三）に築城を開始し、同一一年（一六〇六）に完成したという。滝沢城は平城で、「出羽国最上記」（『由利町史』）によれば、郭などの主要部は、本丸・内堀・二の丸・外堀・三の丸・土居・冠木門数か所などである。築城と同時に城下の町づくりも並行して行い、城下については、侍屋敷八〇軒ほど、足軽屋敷九〇軒ほど、町屋百軒ほどと伝えられている。近隣から農民を移住させ、寺社も菩提寺など三か寺と山王権現（現在の日枝神社）を移建したという。

推測するに、本荘藩の検地帳に載っている滝沢町村が城下町の中核を成し、その周辺も含めた城下全体を前郷村と言ったのではないだろうか。「滝沢城周辺の小字名」（『滝沢城跡』）を見ると、滝沢城下町と思われる小字名が残る。たとえば、城郭跡と思われる小字は滝沢館・古堀であり、城下と思われるところは前郷・西川町・寺の下・御仮屋下などである。

元和八年（一六二二）に最上氏が改易されて、その後本荘藩領になったため、滝沢領が存続したのは江戸初期の一六年間である。いま滝沢城跡を訪れると、外堀と土塁の一部分が確認できる。「滝沢城下町復元図」(『由利町史』)によれば、町割りは子吉川が蛇行して北流する右岸の河岸台地に形成されている。城郭は台地南端に築かれ、その南は落差のある沼地(現在は水田)で、子吉川につながる防御の役目を担っている。

城郭は、崖地際に本丸を配置し、その三方を二の丸が取り巻き、縄張りは輪郭式の構えである。三の丸は明記されていないが外堀沿いの西小路・後小路を言ったものと思われる。その外側を取り巻くように、大町・上町・馬喰町・坊中・鍛冶町・小友町や子吉川の船着場がある西川町などの町人屋敷が格子状の町割を形成する。

滝沢城跡の三の丸あたりに滝沢氏の氏神であった前郷の鎮守日枝神社が広い境内を構える。境内に由利氏の崇敬社であった大日霊神社も祀られており、同社殿には元久二年(一二〇五)の棟札が保存されていて、それには「大日霊神社草創勧請棟札　大旦那　由理仲八郎御武運長久　大工　藤原左源太(後略)」(未見)と記載されているという。境内に嘉永七年(一八五四)に建てられた神楽殿がある。

平沢（にかほ市）

信州小笠原氏の流れをくむ大井氏の子孫が室町中期の応仁元年（一四六七）に入部して、由利郡の郷村に在地領主として定着していった。その後、戦国時代には由利十二党といわれた国衆が群雄割拠していった。その中で、仁賀保には大井伯耆守友挙《ちかきよ》が入部して、由利氏の居城であった古城、山根館を本拠にして、仁賀保氏を名乗った。

山根館はにかほ市院内の東奥山中に築かれた山城で、標高二〇三㍍、麓との比高一五〇㍍である。主郭からは平沢や日本海を見渡す眺望のきく台地である。そして、主郭の殿舎跡には二〇〇個もの礎石が整然と並ぶ。院内は仁賀保氏の居城山根館からだいぶ離れてはいるが、中世の館下集落であったと思われる。院内の高台に中世仁賀保郷の総鎮守であった七高神社が祀られ、その麓には仁賀保氏の菩提寺であった禅林寺が現存する。

山根館は友挙以来、挙誠《きよしげ》の常陸へ転封に至るまでの七代一三五年間にわたって居城したという。菅江真澄は、「由利十二頭の筆頭を仁賀保氏といい、院内に城をかまえて、慶長七年までここにいた。その領内は平沢・金浦・象潟・院内・上郷・上浜にわたっていた」（「あきたのかりね」）と記している。

中世の平沢は地理的な観点からは、山根館及び院内集落の外港として重要な物資の集散地に位置付けられる。ただ、山根館は金浦港から矢島領に至る道の中継地として交通の要衝であった（『中世の秋田』）というから、山根館の外港としては金浦港の方が重要視されたとも考えられる。

仁賀保氏は、関ヶ原戦後の処置で、慶長七年（一六〇二）常陸国武田に移封され、元和九年（一六二三）、本多正純の大沢遷移のあとを受けて、仁賀保兵庫頭挙誠《きよしげ》が旧領に還封されて一万石を給され、象潟塩越に本拠を置いた。その所領は平沢・院内以南、由利と庄内との境に至る。

寛永元年（一六二四）、兵庫頭挙誠が死去し、平沢・院内は仁賀保家の分知に際し内膳誠政（二千石家）

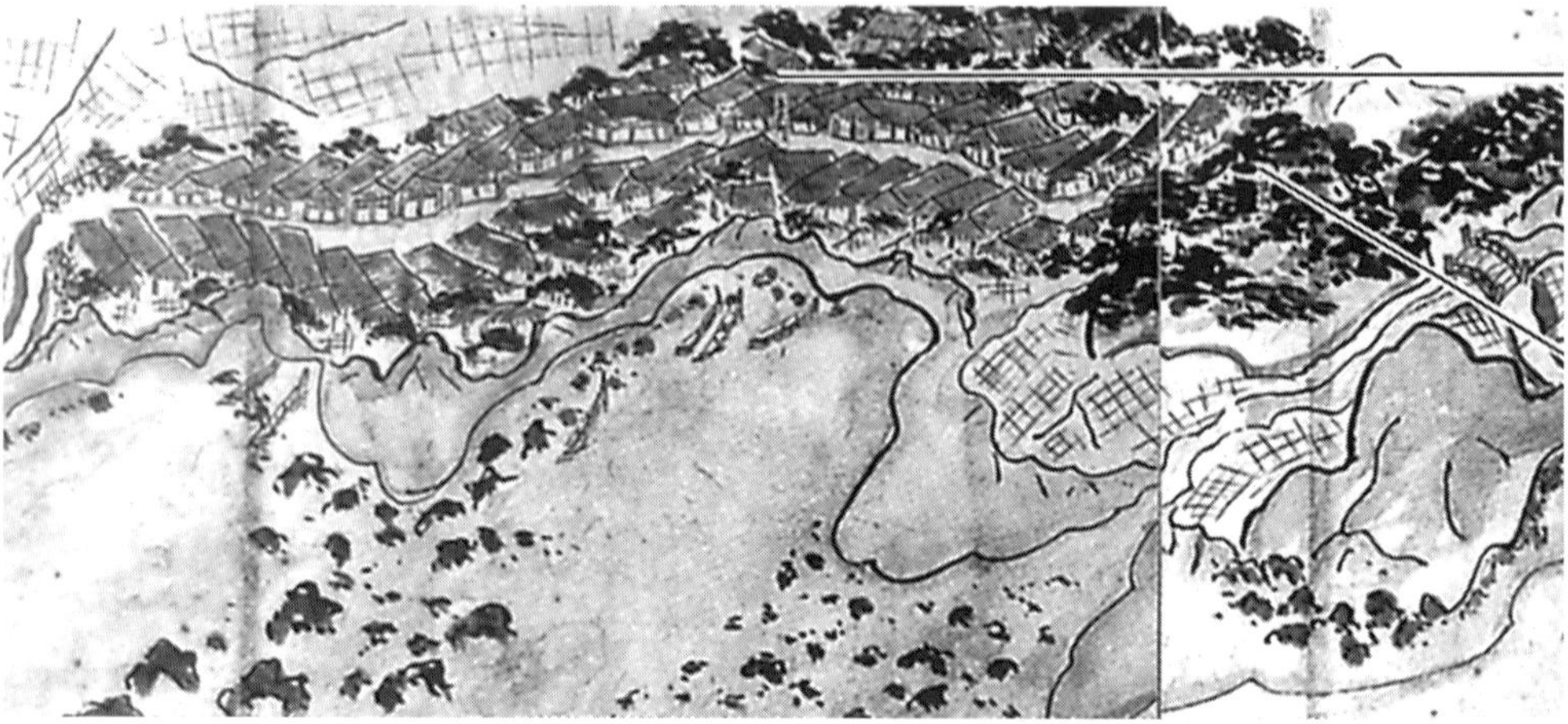

図45　江戸後期「平沢湊図」（『仁賀保町史』）

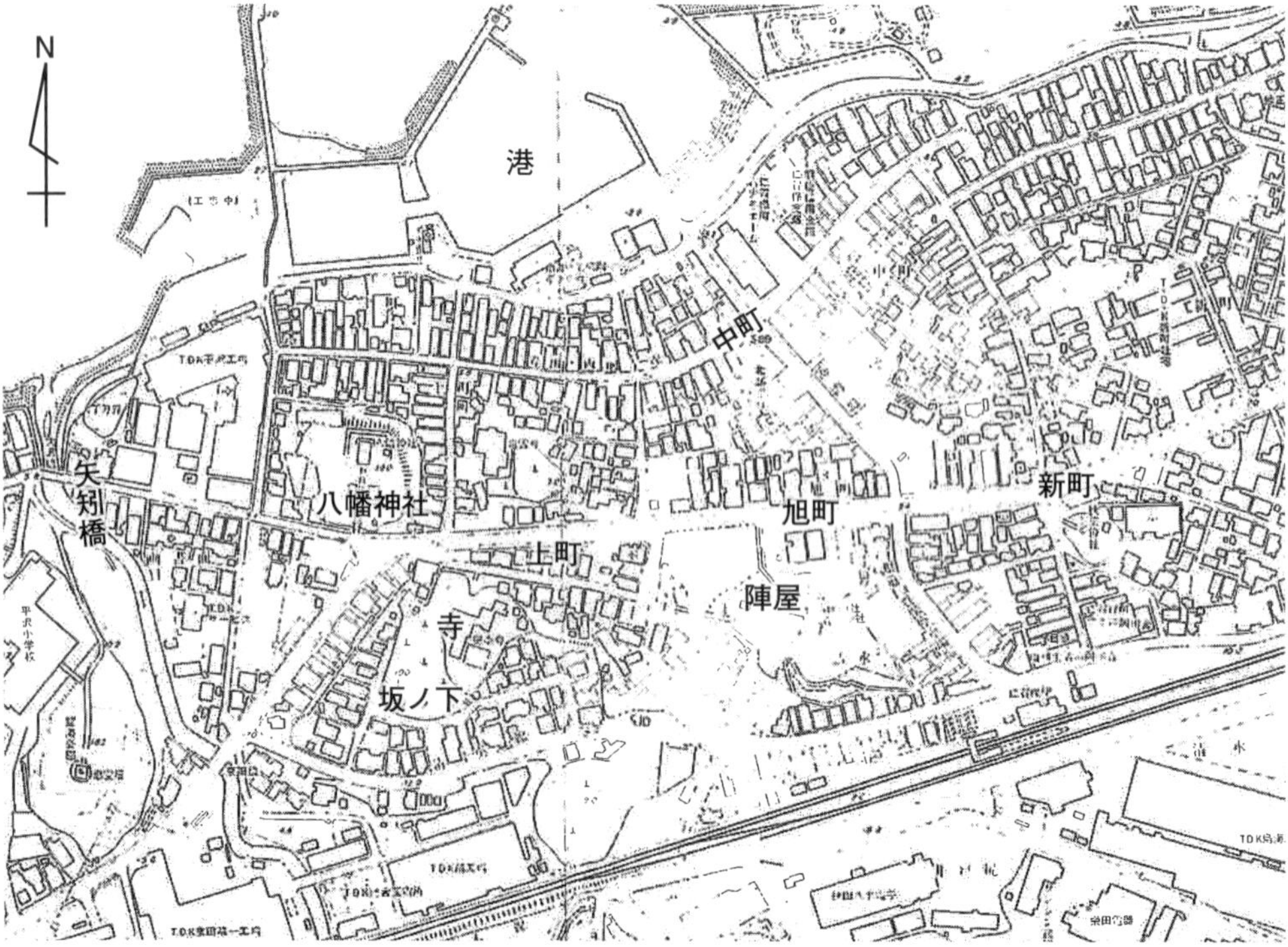

図46　平沢都市計画図（にかほ市）

領になった。高山彦九郎は寛政二年（一七九〇）に、「鈴村を経て平沢町入口板橋有り、是を矢矧橋といふ。（中略）渡りて左り高き所に八幡の宮有り。祭礼也とて芝居あり。町に入りて右に仁賀保内膳殿三千石の陣屋有り」（「北行日記」）と、酒田側から北国街道を平沢に入った眺めを記している。平沢の町は北国街道が本荘側の北東から南西の方角にかけて市街地の中央部を縦断するように、新町・中町・上町と続くが、現在は街道に平行して、その両側にも新道が通る。

一九世紀前半から半ばにかけて描かれたと思われる「由利南部海岸図絵巻（平沢）」（『仁賀保町史』収載）には、平沢湊沿岸の街道沿いに、茅葺き屋根と板葺き屋根が混在した妻入りの町家が、両側町を形成する町並みが描かれている。絵巻は海岸沿い一筋の街村集落に焦点が当てられた表現で、陣屋などの奥まった建物は見えない。その中に平沢町、八幡神などの少ない書き込みがある。

仁賀保氏の代官陣屋は現在の仁賀保公園下庭の所に建てられていた。藩校久徴館《きゅうちょうかん》は文政年間（一八一八～三〇）、平沢陣屋内に漢籍教授所として開校（「羽陰温故誌」）とある。上町《うわ》の八幡神社は「元和五年己未八月勧請ス、本庄豊前守満茂ノ信仰ニ仍《より》テナリ」と伝え（「羽陰温故誌」）、仁賀保家も代々崇敬した。八幡神社の現社殿は明治四年（一八七一）の再建である。

平沢港については、「出羽国風土記」に「当湾の開港せる年月詳かならず。一説に寛文年中より回船問屋ありといふ。港外は巌石並立して波濤を遮るに宜し。然れとも港内狭隘にして衆多の船を容ること能はず。故に一箇年出入りの船は千石積より百石積まで百艘に足らず」とある。

金浦（にかほ市）

金浦は、にかほ市の平沢と塩越のほぼ中間に位置する港町である。開港が貞観元年（一二三二）と伝え、山根館の外港であったとも考えられている。戦国・織豊時代は由利十二党の一人である仁賀保氏領で、木の浦という村名であったが、最上氏時代の慶長七、八年頃に金浦になったという（「出羽国風土略記」）。

最上氏領の後は元和九年（一六二三）に仁賀保氏領、寛永一七年（一六四〇）に一時的に生駒氏領となり、同年に本荘藩六郷氏と村替えにより、以後は明治維新まで六郷氏領である。

村の家数は、「金浦年代記」に戦国時代の永禄年間（一五五八～七〇）に二〇軒とあり、小漁村の趣きだったと思われる一方で、文禄年中（一五九二～九六）の記録に「このうら」の名があり、戦国時代から港として知られていたようである（「津軽一統志」）。

江戸時代になると、幕府巡見使への返答書控には、宝永七年（一七一〇）に家数五〇軒、田地不足の在所のため沖漁を営むとある。港には船役番所と唐船番所があり、近在から出た米を保管する蔵が何棟かあった。一九世紀前半から半ばにかけて描かれたと思われる「由利南部海岸図絵巻」（『金浦町史』収載）には、そうした金浦港の有様が描かれている。

港には金浦御役所があって、金浦の漁船や出入りの廻船を取り締まる浦役人が本荘藩から派遣され常駐していた。御役所は潮見山の一角を切り崩して石垣を巡らした敷地に建てられた。役所の設置は元禄四年（一六九一）頃と考えられている。唐船番所は金浦湾の南側に位置する日和山の一角に建てられていた。御役所の後ろの山を今は半鐘山と呼ぶが、江戸時代は潮見山と呼んだ。

金浦の町並みは、古くからの町名は上町、片町、北向である。当時片町の人家は山側ばかりで、山裾に石垣を積み、町の西側は砂浜であった。片町は文化年間以後には海側にもだんだん人家が建つように

図47　江戸後期「金浦湊図」(『金浦町史』)

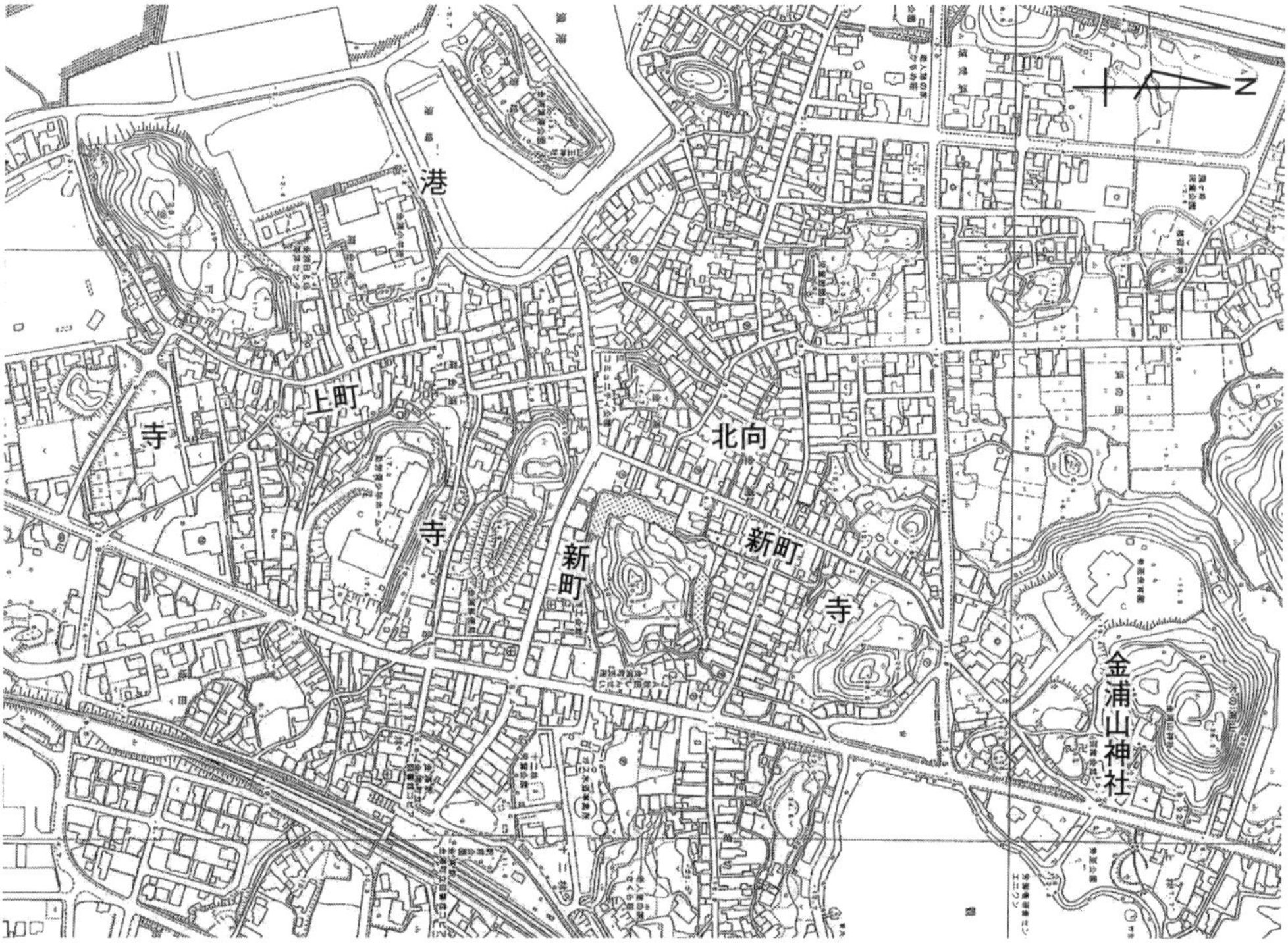

図48　金浦都市計画図（にかほ市）

なった。新町は村の発展につれて人口が増加したため、それまで、片町から北向に通ずる細道のほかは、いくらかの田や苗代があるに過ぎなかったのを、通称ポッコリ山の裾を深く削って石垣を組み、宅地造成したのが享保一七年（一七三二）である。北向は上町とともに最も古い町名で、上町の北の方に位置した町であることから北向と呼んだものであろう。江戸時代以前に、小出境の中山の里から金浦村に移るに当たって、農家は上町、漁業者は港にのぞむ北向に住み、集落が形成されたと考えられる。

文化元年（一八〇四）の象潟地震で、地面が一・八㍍《メートル》近く隆起し、被害は潰れ家一〇〇軒、半潰れ家八六軒とある。港も大きな被害を受けた。現在の港の位置まで海岸が後退したために、文化年間以後に現在の港に通ずる山王小路ができている。同七年（一八一〇）頃に修築され、文政七年（一八二四）には山王島で七百石積の新造船の竣工を見るほど復興したという（「金浦年代記」）。

以上は金浦の町並みに関する事柄を『金浦町史』の所々から参考にしたものだが、実際、金浦の町並みを歩いてみると、象潟地震により土地が各所で隆起した痕跡が見られる。港の東側に小路が複雑に通り、坂の多い町並みを形成している。

塩越（象潟）（にかほ市）

秋田県南端部の在方町で、象潟海岸に面する漁港でもある。戦国・織豊時代は、由利十二党の一人であった仁賀保氏が、由利院内の根城館を居城にして、仁賀保郷一帯を領有していた。関ヶ原戦後に仁賀保氏は常陸に国替になり領地を離れるが、仁賀保挙誠《きよしげ》が元和九年（一六二三）に二三年ぶりで旧領地仁賀保郷に一万石の領主として転封された。五千石から一万石への加増の転封であった。領地は現在のにかほ市のほぼ全域に該当する。

　仁賀保挙誠は塩越に城を築いて居城とした。塩越城は、現在の小字地名が二の丸とあるから、本丸と二の丸があり、郭の周囲に土塁と堀を巡らして構成する輪郭式の城だったと思われる。明治初年の『羽後国由利郡村誌』に「古館（塩越城）は本村の東北、元象潟の浜にあり。東西三町南北二町、其内小丘あり、方三十間許。石垣を畳む高一丈五尺。館跡今尚存セリ。外廓は家僕郎党の住所、其外濠渠を環らす、今は総て畑地となれり」とある。

　つまり、侍屋敷町の外郭も含めた城郭全体の規模は東西二町（二二〇メートル）、南北三町（三三〇メートル）、そのうち本丸は方三〇間（五五メートル四方）、高さ一丈二尺（三・六メートル）の丘城だったと推定される。外郭も囲む外堀が巡らされていたようである。城跡の向かい側の高台にタブの老樹と熊野神社がある。

　塩越城の城主である仁賀保兵庫頭挙誠は寛永元年（一六二四）に死去し、所領は遺言によって三人の子供に分知され、嫡男蔵人良俊が七千石を受け、兵庫頭挙誠の後を継いで塩越城主となった。しかし蔵人良俊も寛永八年（一六三一）に死去し、嗣子なく断絶した。その後、天領を経て矢島の生駒氏領となるが、寛永一七年（一六四〇）に領地交換により本荘藩主六郷氏領となる。塩越はわずか九年間であったが仁賀保氏の城下町でもあった。

　慶長一七年（一六一二）の「由利郡中検地帳」には仁賀保郷塩越村とあり、その後、明治二九年（一八九六）に塩越村が町制施行・改称して象潟町にな

図49　江戸期「羽州象潟之図」（秋田県公文書館）

るまで、塩越村であった。本荘藩は塩越城の一角に塩越奉行所を置き、北西の象潟港に面した高台が物見山で、唐船番所もあった。古川古松軒は天明八年（一七八八）に、「潮越という処は、六郷佐渡守侯の御領分にて、世人普《あまね》く知る象潟の勝景はこの地なり。市中五百軒、商家、漁家交りて大概の町なり」（『東遊雑記』）と記す。

　このように、塩越は本荘藩では本荘城下町に次いで第二の規模の町ながら、表向きは村であった。しかし、その実態は、塩越奉行がいて、その下に町名主、丁代、組頭がいて、最下部の町人までピラミッドを構成して町政が運営されていた。

　塩越村の町割りは、中心部が大町、横町、小浜町で、その南に荒屋町、冠石町、新小屋町、北に中塩越、大塩越があった。湾や舟着場を澗《ま》と呼ぶ地方もあるが、塩越は大澗、小澗と呼ぶ二つの港があり、町の中心とも近かった。商港でもあり漁港でもあった。港に面して唐船番所を置き、港の北西には今も物見山と呼ぶ高台がある。横町には近世初期に市場が開かれたが、寛政一一年（一七九九）の火災で焼

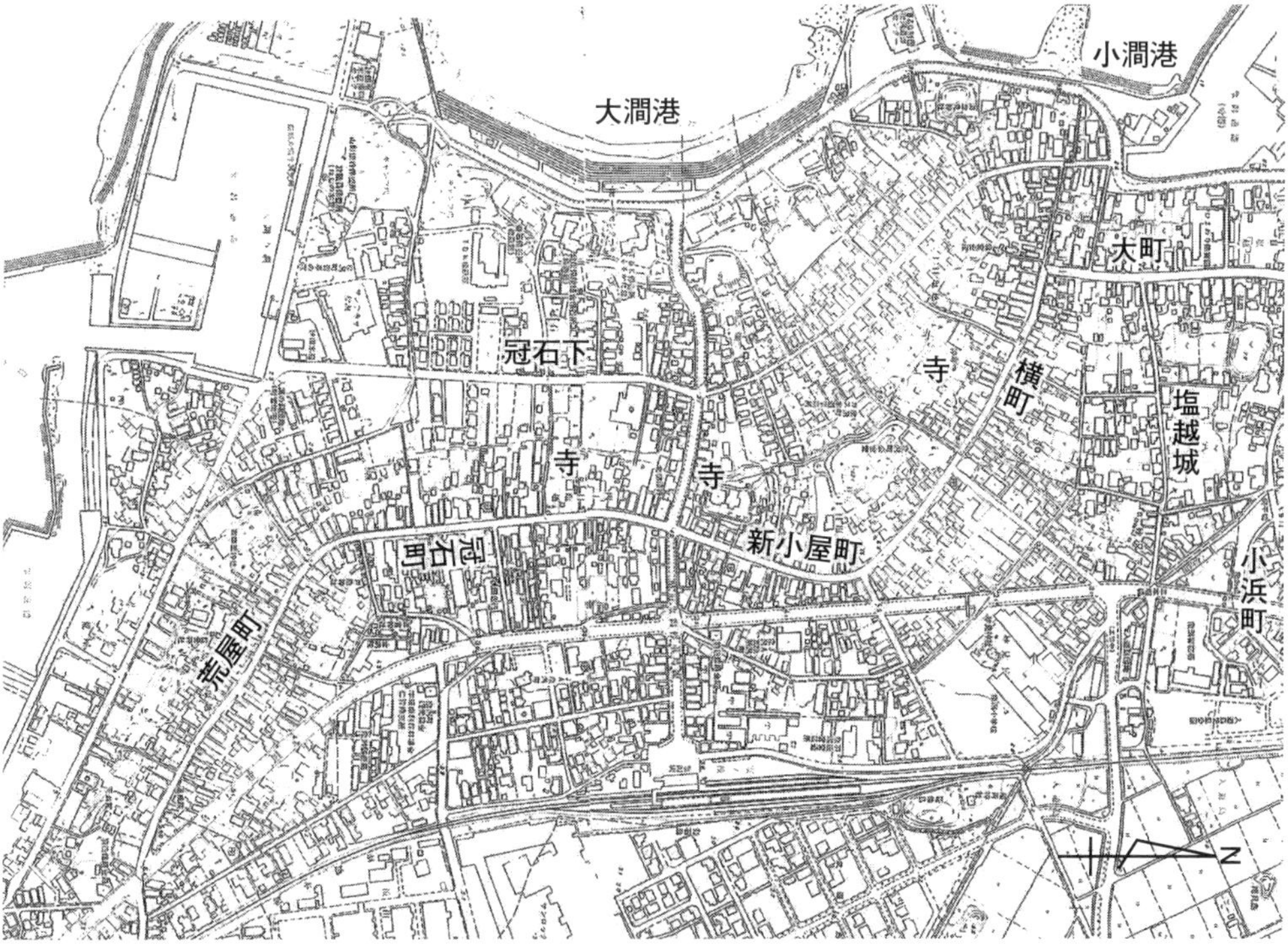

図50　象潟都市計画図（にかほ市）

け、新小屋町に移ったという。冠石町には矢島藩との境界を示す木戸境があった（『象潟町郷土誌』）。「羽州象潟之図」（江戸中期頃、秋田県公文書館蔵）は、絵画の表現技法で、象潟のみならず、塩越の町並みが街村的に描かれている。文化元年の象潟地震で土地が隆起する前の象潟景勝地に加え、塩越の町並みも、大町などの町名を表記している。ちなみに、象潟の九十九島や八十八潟は景勝地として古来から知られていたが、文化元年（一八〇四）の象潟地震で象潟一帯が隆起して、潟は陸地と化した。今は水田が広がり、所々に小丘が点在している風景が望まれる。

境・上淀川（大仙市）

境は河辺郡と仙北郡の境目に位置する。南北に通る羽州街道沿いに面して、南に続く上淀川と連続して長く連なる街村の町並みを形成している。東からは角館と境を結ぶ繋街道が荒川鉱山を経て羽州街道と交わる要衝であった。また、河川は船岡川と荒川が合流して淀川になり、南西に下り雄物川に合流する。水運の要でもあった。街道の両側は一五〇メートル前後の山並みが望まれる。

　このように、久保田城下町と仙北・平鹿・雄勝三郡の諸都市とを結ぶ中間の要所に立地することや、荒川鉱山の開発などから、住民の増加も見られた。宿駅として、本陣を始め、問屋・旅籠屋などが街道沿いに建ち並んでいた。南隣り村の上淀川とは一五日交代で駅場を勤めた。

　羽州街道を上淀川から境に入って間もなく、集落の街道沿いの西側に唐松神社に向かう参道があり、見事な杉並木を通って本殿に至る。唐松神社は古社で、戦国時代は秋田氏と小野寺氏がこの唐松付近で戦ったとある（「奥羽永慶軍記」）。境は郡境であったが、また戦国時代、秋田実季と戸沢盛安の領地の境でもあった。

　明治初年の戊辰戦争で戦場となり、境の藩政期の建物は本陣を含め、あらかた焼失した。筆者は、昭和五〇年代に明治二年（一八六九）に建築された旅籠屋を調査して、間取りを採取したことがあった。屋敷は間口が四間前後、奥行は三〇間前後で、主屋の背後は畑にしていた。このように街道沿いに短冊状の屋敷割りが連なっていた。主屋は茅葺き寄棟屋根の妻入型で、間取りは通り土間形式の町家型であった。当時でも宿場の旅籠宿が残っているのはきわめて珍しいことであった。

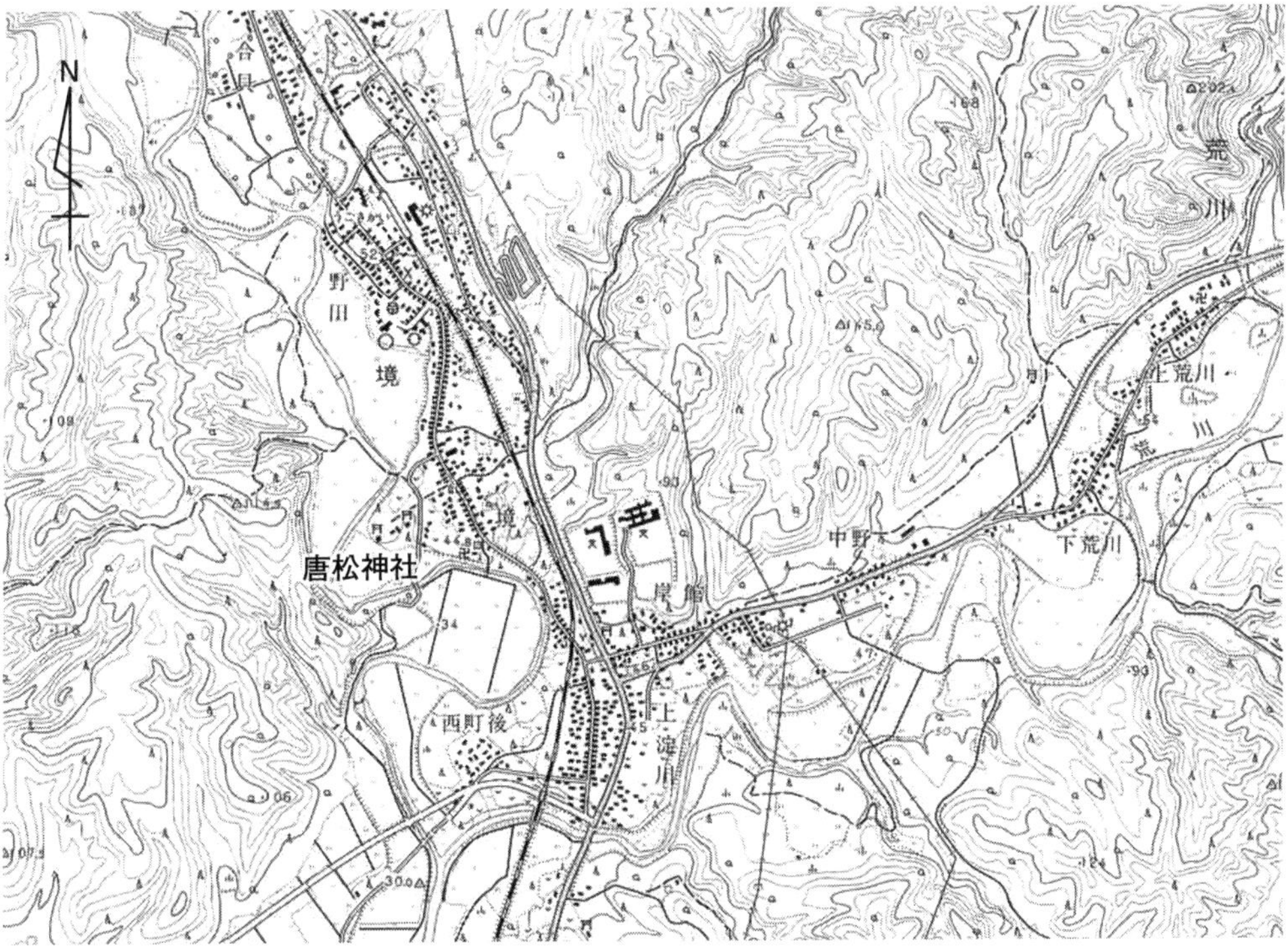

図51　境・上淀川地形図（国土地理院地図）

刈和野（大仙市）

佐竹義宣が入封する慶長七年（一六〇二）以前の刈和野が、どのような集落を形成していたかは不明である。佐竹氏は入封早々、仙北郡一帯の治安維持のため苅和野に給人を配置した。刈和野は藩政期当初は在方では数少ない公称の町であったが、後に村に改められた。しかし、定期市も開かれる在郷の中核町であることに変わりなかった。また、羽州街道の宿駅でもあり、雄物川舟運の船着場として物流の中継地でもあった。

　享保一三年「刈和野一圓御絵図」（一七二八）に見られる町並みが形成されたのは、絵図の中央に位置する藩主の本陣「御休」が建てられたと思われる天和二年（一六八二）以降と推測されている（『西仙北町史』）。「刈和野一圓御絵図」は、藩領内の給人町の一斉調査により、藩が調整した官製図である。

　刈和野は羽州街道と角館及び由利に通じる街道が

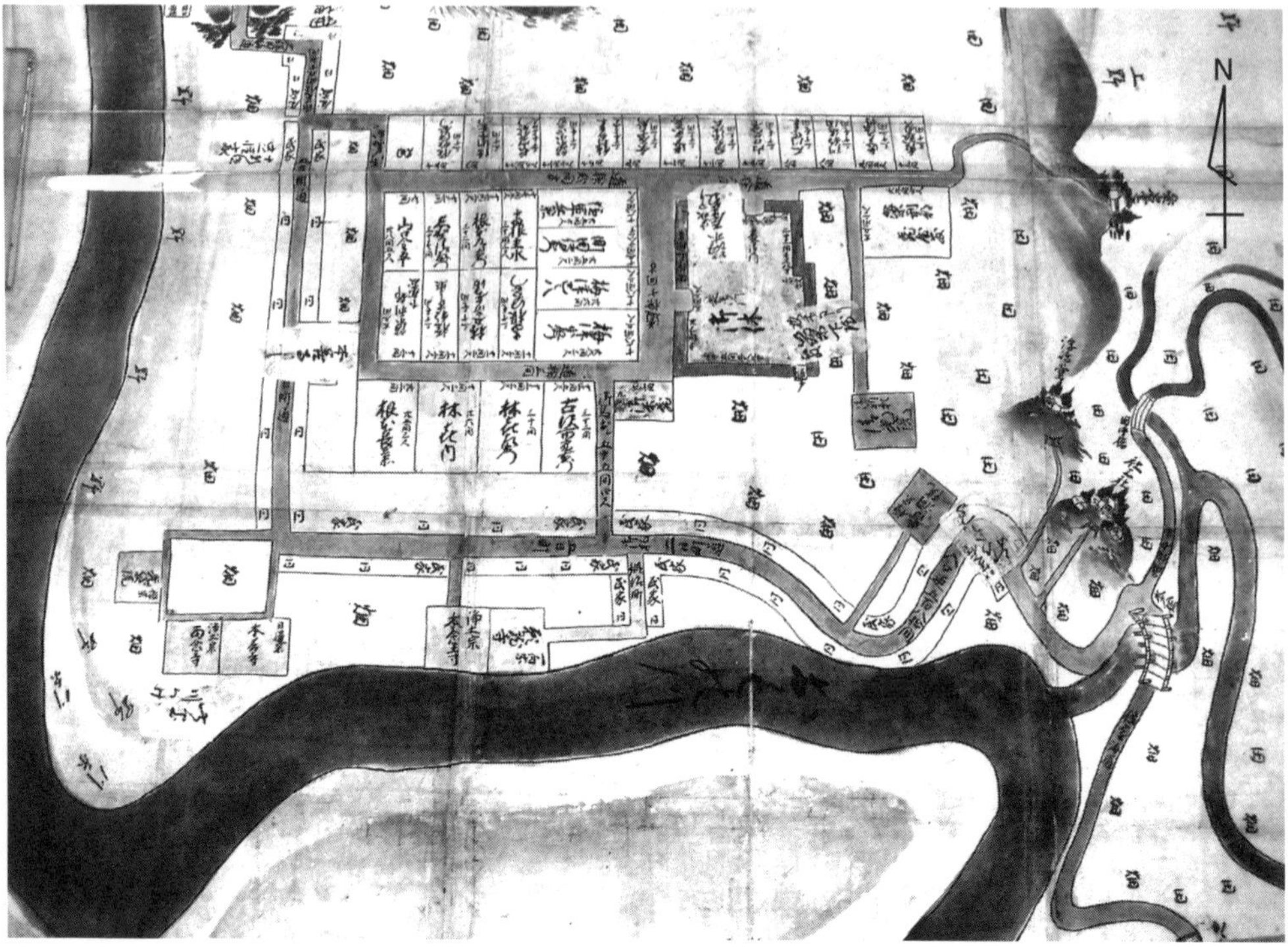

図52　享保13年「刈和野一圓御絵図」（秋田県公文書館蔵）

交わる要所で、領内統治の重点地域であった。義宣は、治安維持のために渋江氏とその組下を置いて、小城下町に準ずる町割りを行った。「御本陣は内町にあり」（「久保田領郡邑記」）とあるから、武家町と町人町をそれぞれ内町、外町と呼称していたことが分かる。絵図上の町の形態としては、内町と外町が明確に分割された町割りは見られないが、一応は秋田藩領内の内町外町型の町割りである。

「刈和野一圓御絵図」の一番の特徴は、内町である侍屋敷の氏名、屋敷の間口と奥行、道幅が克明に記載されている一方で、外町の町人町が極端に簡略化されて、屋敷割りも記載されていない。つまり、他の在方城下町絵図と同様に、内町である侍屋敷の配置を重点視して描かれている。

雄物川が町並み全体を包み込むように、町の南端になる東側かどと西側かどの二か所で大きく蛇行して北に向かって流れ下る。町はこの雄物川の東北に当たる懐に形成されている。雄物川に沿うように通る羽州街道に外町の町屋敷が建ち並ぶ。街道が町に入る両端二か所に足軽町を配置している。

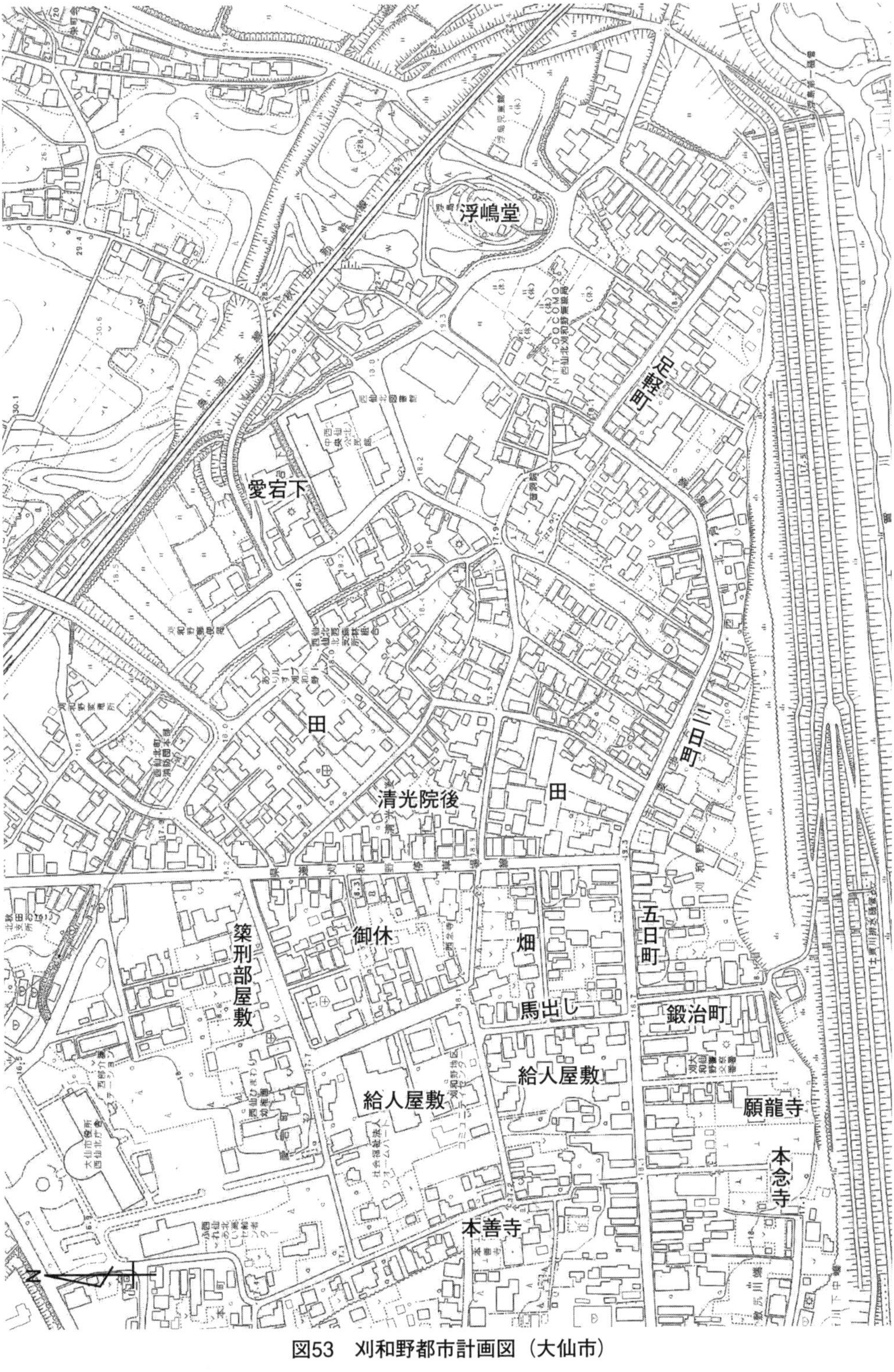

図53　刈和野都市計画図（大仙市）

堀を巡らした藩主の本陣「御休」を中心にして、その周囲に給人屋敷を配置して内町を形成し、その外側に外町に当たる町人町の二日町と五日町を羽州街道沿いに配置する。その外側、雄物川との間に寺五か寺を配置する。この寺屋敷と町屋敷に当たる所がいわゆる外町と呼ぶところであろう。五日町の街道沿いの南と北西の二か所から馬出道が町奥に通じて内町に至る。

内町外町ということからいえば、町の内部に配置された侍町は郭内であり、その外周に配置された町人町は郭外という解釈もできる。内町は「御休」(本陣)の西側に口の字型の街路を通し、その内側と外側に、また、北側の街路に面しても、給人屋敷を配置する。

いずれにしても、羽州街道の宿駅でもあった外町は雄物川の蛇行に沿って折れ曲がり、小城下町の防衛形態を擬した在方給人町である。また、角館街道と由利街道も交差し、なおかつ雄物川の舟場でもあって、交通の要衝である。町割りの全体形は、コンパクトながら特徴的な町割りである。

「御休」の表門が面する西側は内町の給人屋敷が並ぶ敷地の境界とは道幅十間半の広小路を介して、堀をめぐらした屋敷を構える。「御休」の東側向い角地に簗刑部蔵屋敷がある。簗氏は渋江氏の下で刈和野給人組頭役であった。江戸後期には「御休」屋敷内に簗家の居宅も建てられたが、天保五年(一八三四)に簗氏が久保田に移った後は郷校崇文館として活用された。

角間川（大仙市）

雄物川と横手川が合流する三角形状の土地に町並みが形成されている。角間川が町並みを形成し始める契機は、佐竹義宣が小野寺氏の旧臣七〇余人を梅津半右衛門の組下に配属して、当時は野谷地であった角間川の新田開発を指示したのが始まりと言われる。秋田県南部を北流する中心河川の川沿いに面し、いわば平鹿郡と仙北郡の結節点に位置し、舟運による物資の集散地としての役割が大きかった。

「六郡郡邑記」に「家員一九一軒、角間川給人七三人、屋敷七三軒。給人町は上村町・四ツ村町・大館町・裏町・中村町・同裏町・下村町・新町の八町。町人町は上町・中町・本町の三町。市日六斎」とある。ちなみに町人町を外町、給人町を内町と言い習わしていたようである。

藩政期の角間川の町割りを知る絵図として、「角間川絵図」（年未詳、秋田県公文書館蔵）がある。絵図には内川の洪水による川欠けで新町が天明年中に、また中村町の裏が寛文年中（一六六一～七二）や文化年中（一八〇四～一七）に、それぞれの川欠で、屋敷を引き移っていることが貼紙で示されている。貼紙の記載内容と絵図に描かれた空き屋敷から推定すると、絵図は文化年間頃に作成されたと思われる。ちなみに内川は今の横手川で、町並みの東側を流れる。新町は「国土地理院地図」によると、内町にあった新町が外町の西側に移転して集落を形成していることが分かる。

「角間川絵図」は彩色されていないが、享保一三年（一七二八）に作成された一連の「秋田領給人町絵図」と図法は酷似している。つまり給人町は屋敷割りして氏名を明記しているが、町人町は、町名のみで町の範囲も不明である。このように、給人町絵図ではあるが、給人屋敷の規模は書いていない。

現在の町割りは、浅舞道の本通りを基軸にしてその東西に屋敷割りされているが、藩政後期の「角間川絵図」では、内町が中心にして描かれていることもあって、町の起点も基軸も判然としない。町割

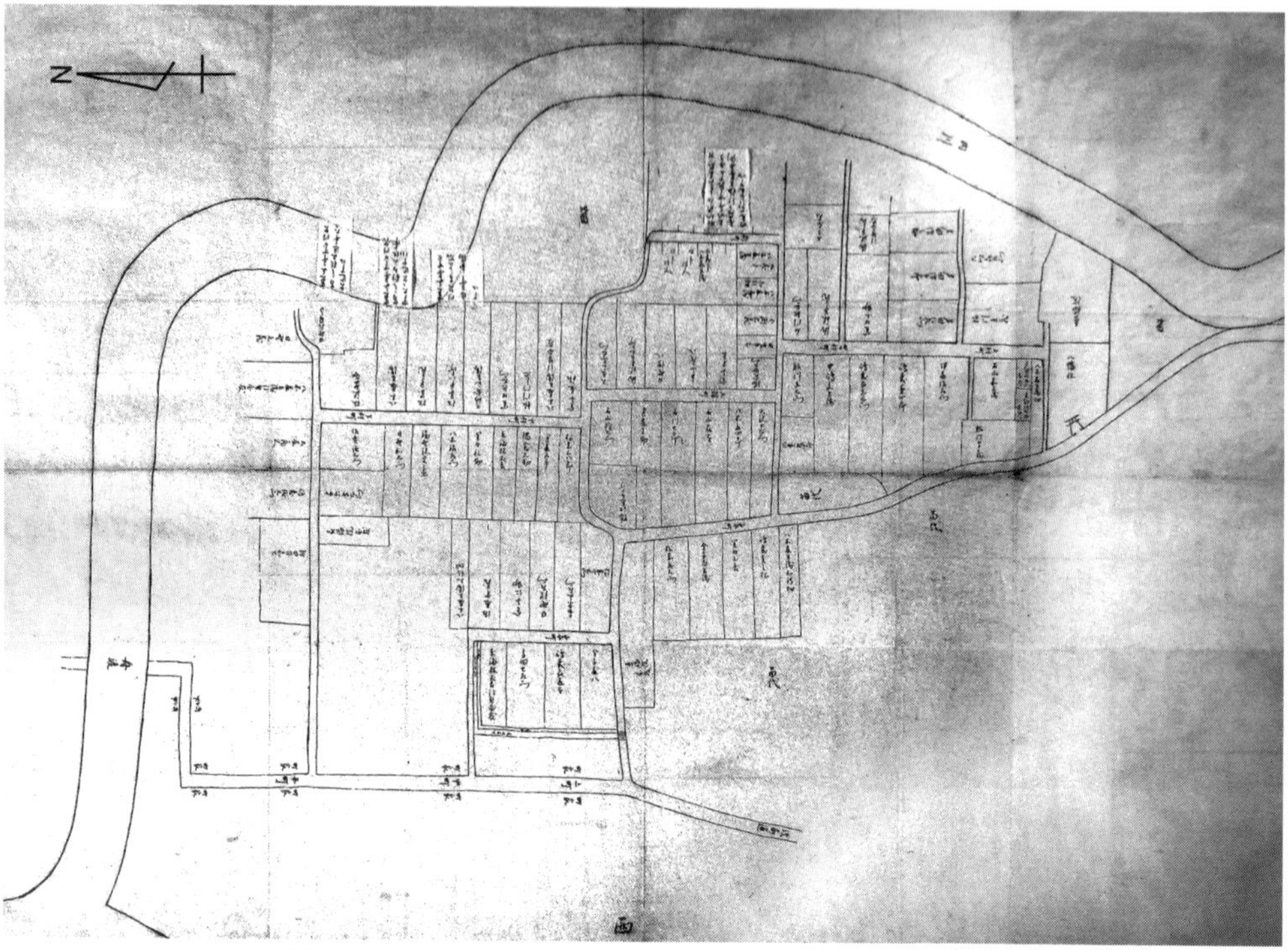

図54　文化年間頃「角間川絵図」（秋田県公文書館蔵）

りでいえることは、街路は南北に通り、途中の二か所で枡形状に食違い、その街路に沿って短冊状の給人屋敷が配置される。内町の街路はT字路、食違い十字路、行止りが多く、十字路がほとんどないことが上げられる。

その後の内町は今に至るまで大きな変更は認められない。「角間川絵図」には記載されていなかった浄蓮寺と長応寺が内町のほぼ中央に境内地を占めることが特筆されるくらいである。一方、外町は藩政期には南北に通る浅舞道が本通りで、それが北端の横手川に突き当たるところの川沿いに、明治五年（一八七二）建築の浜蔵が二棟現存する。本通りの西中上町には、在方商人から明治期の大地主に発展した本郷・北島・荒川の旧三家が広大な屋敷を構え道路境に塀を連ねる。

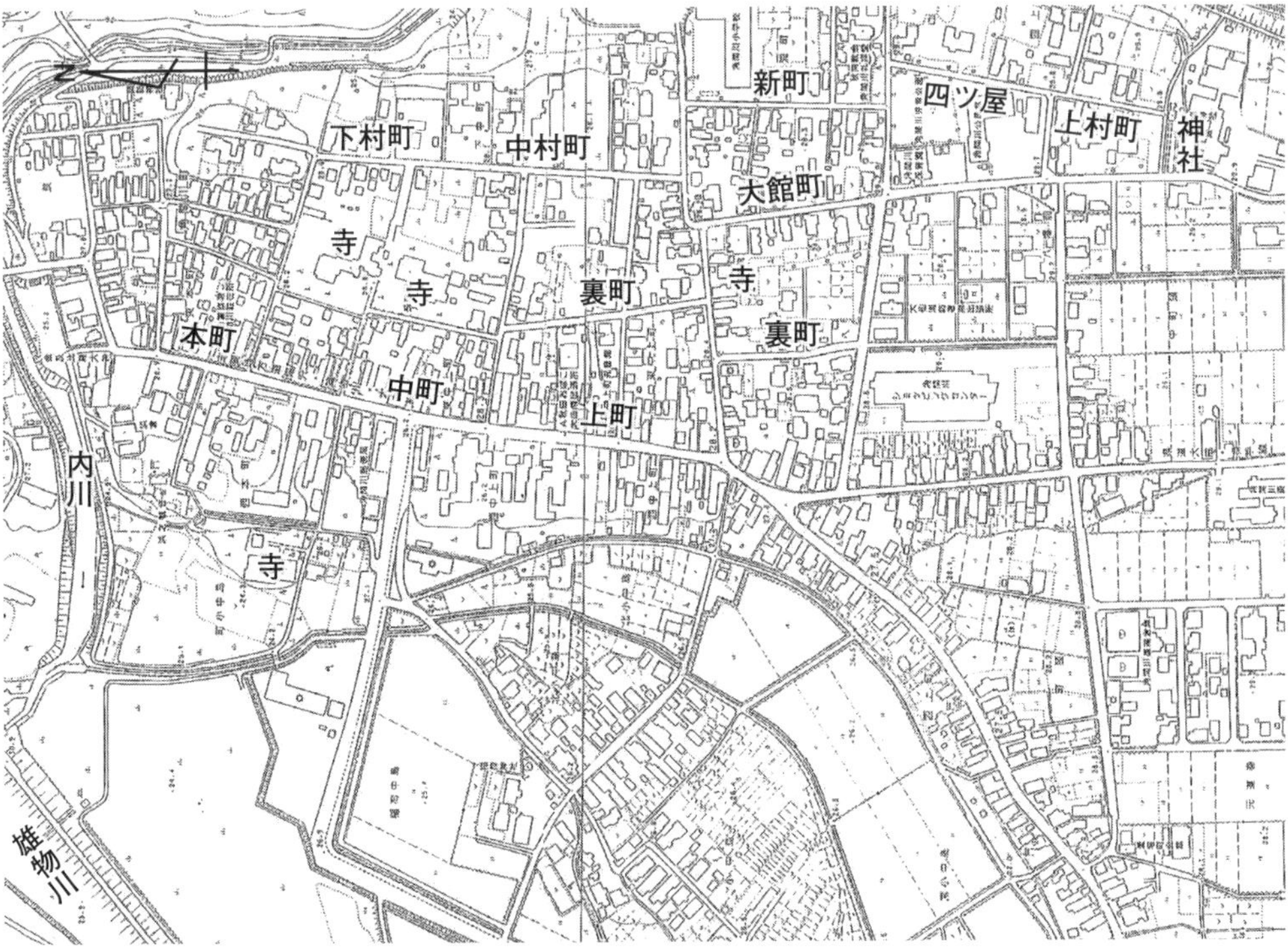

図55　角間川都市計画図（大仙市）

神宮寺（大仙市）

神宮寺の来歴をたどると、町の北東の本郷野という所に、南北朝時代に富樫氏の城館があったと伝える。富樫氏はその後の永正五年（一五〇八）に大曲の土屋舘に移って、戸沢氏に従属したという。藩政期に羽州街道が整備されると、街道沿いに街村集落を形成した。今、神宮寺の町並みは国道の西側背後に、南から上町・中町・下町・本郷町と続く。羽州街道の東側裏手に裏町、新丁がある。

雄物川と玉川が合流する川岸に標高二八一メートルの独立峰神宮寺嶽が富士形に起立して、優美な姿を見せている。その川向いの北東に神宮寺の町並みが形成されている。町の羽州街道北端から南を振り返ると神宮寺嶽が真正面である。雄物川が神宮寺嶽の裾を洗うように湾曲しながら流れ下るが、安永六年（一七七七）の豪雨によって対岸の神宮寺村が洪水によって川欠けになり、川欠けの地を北に移転した。それが今に伝わる新道・新丁である。

両側町の町並みを通る羽州街道が、江戸後期の川欠によって一部が移転されたが、街道を整備した江戸前期の計画は、神宮寺嶽を目指した山当ての方向に道が作られたと思われる。町の南端に八幡神社が広く境内を構える。また、上町の西側裏手には宝蔵寺が広く境内を構える。宝蔵寺は富樫氏の創建と伝える。

菅江真澄によれば、神宮寺の村名は、式内社「副川神社」の別当神宮寺華蔵院が所在したことに由来するという（「月の出羽路」）。延享五年（一七四八）に六斎市が認められたが、大曲村と刈和野村の反対で中止になったという。神宮寺は宿駅で、街道沿いに伝馬役所があった。また、雄物川の舟運の重要な中継地で、舟着き場があり、米などの物資の集散地で、それらを一時的に保管する御役屋蔵が街道裏の川端にあった。

秋田藩十二社であった神宮寺八幡神社は安永六年（一七七七）から天明元年（一七八一）に度々の洪水で社地が欠けて、現在地に移転している。「神宮寺八幡宮棟札之事」によれば、天明元年に家跡という字地を拝領して宮殿《くうでん》を新社地に移したとある。さらに、享和三年（一八〇三）に佐竹義和建替え、棟札有とある。

神宮寺八幡神社は現在、正応三年（一二九〇）、元応元年（一三一九）、長享三年（一四八九）の三枚の古棟札を所蔵している。古川古松軒の「東遊雑記」（天明八年、一七八八）によれば、当神社は巡見使の巡見所で、古棟札などの宝物を見る習わしがあった。

神宮寺八幡神社の本殿は三間社流造という形式で、江戸後期の建立だが、秋田県内に現存する三間社流造では最大級の規模である。先に挙げた鎌倉後期の棟札に「三間一面社」とあることから、中世以来の古形式を継承してきたものと思われる。しかも庇が前室の造りで、関東以北では非常に珍しい形式である。

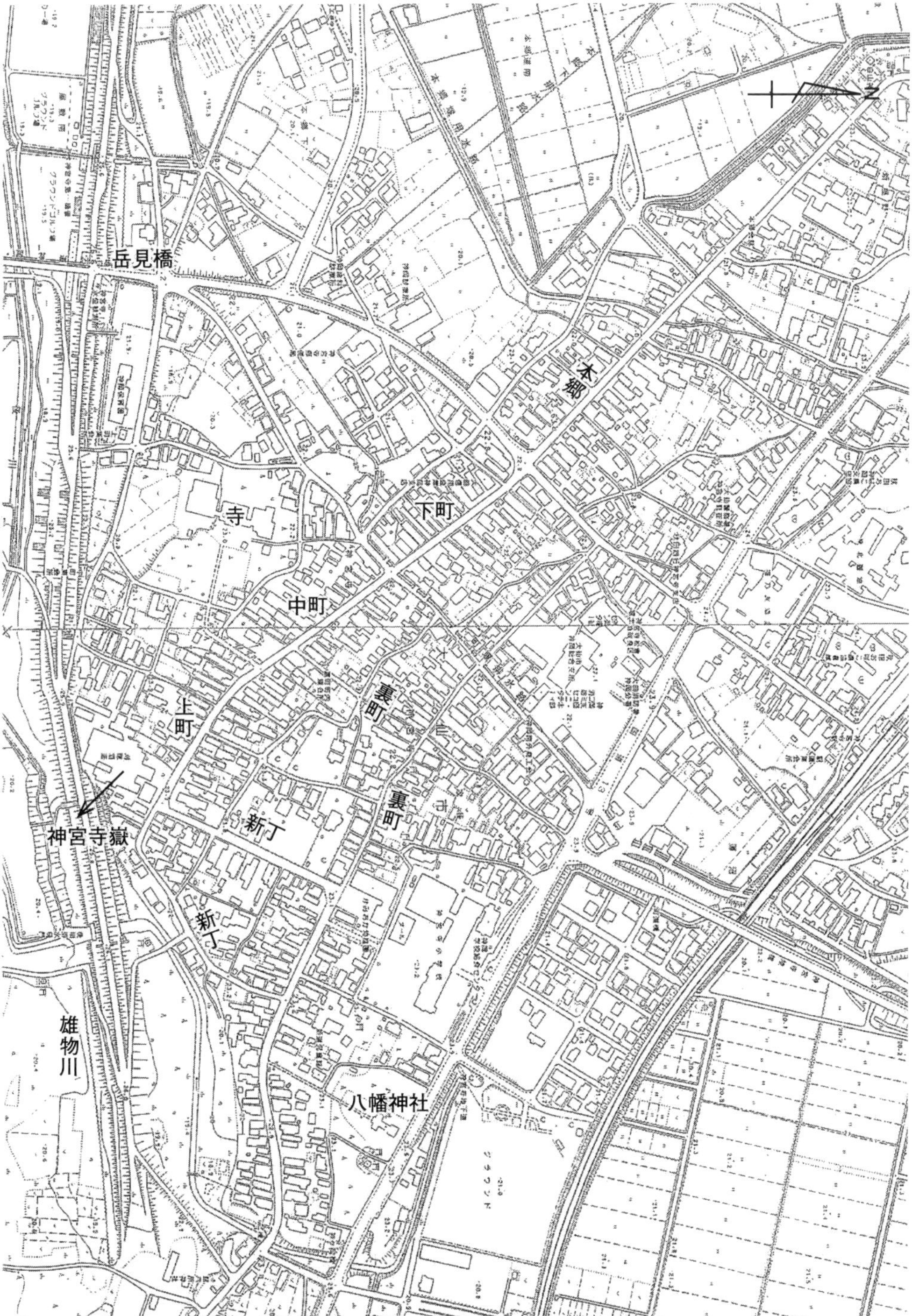

図56　神宮寺都市計画図（大仙市）

大曲・花館（大仙市）

大曲の中世は不明な点が少なくない。言い伝えによれば、富樫氏が神宮寺本郷野の館から、戦国時代の永正五年（一五〇八）に大曲に移り、丸子川の畔に土屋館を築いたという。富樫氏は、天文五年（一五三六）に角館城主戸沢氏の配下になったという。その後、小野寺氏の家臣前田左衛門尉の居城大曲城が築かれたというが、その場所は不明である。天正一八年（一五九〇）に豊臣秀吉の城割の命により、戸沢氏支配下の大曲城を含む三五の城が破却されたという（『秋田県の地名』）。

羽州街道が寛文四年（一六六四）までに新たな順路が開通して後、大曲が宿駅であった。しかし、玉川の川渡しなどもあり、大曲だけでは維持できず、のちに高関下郷村つまり花館を大曲の加駅にした。大曲は秋田藩主の本陣が設けられ、花館は津軽藩主の参勤交代時の休憩所として利用されることが多か

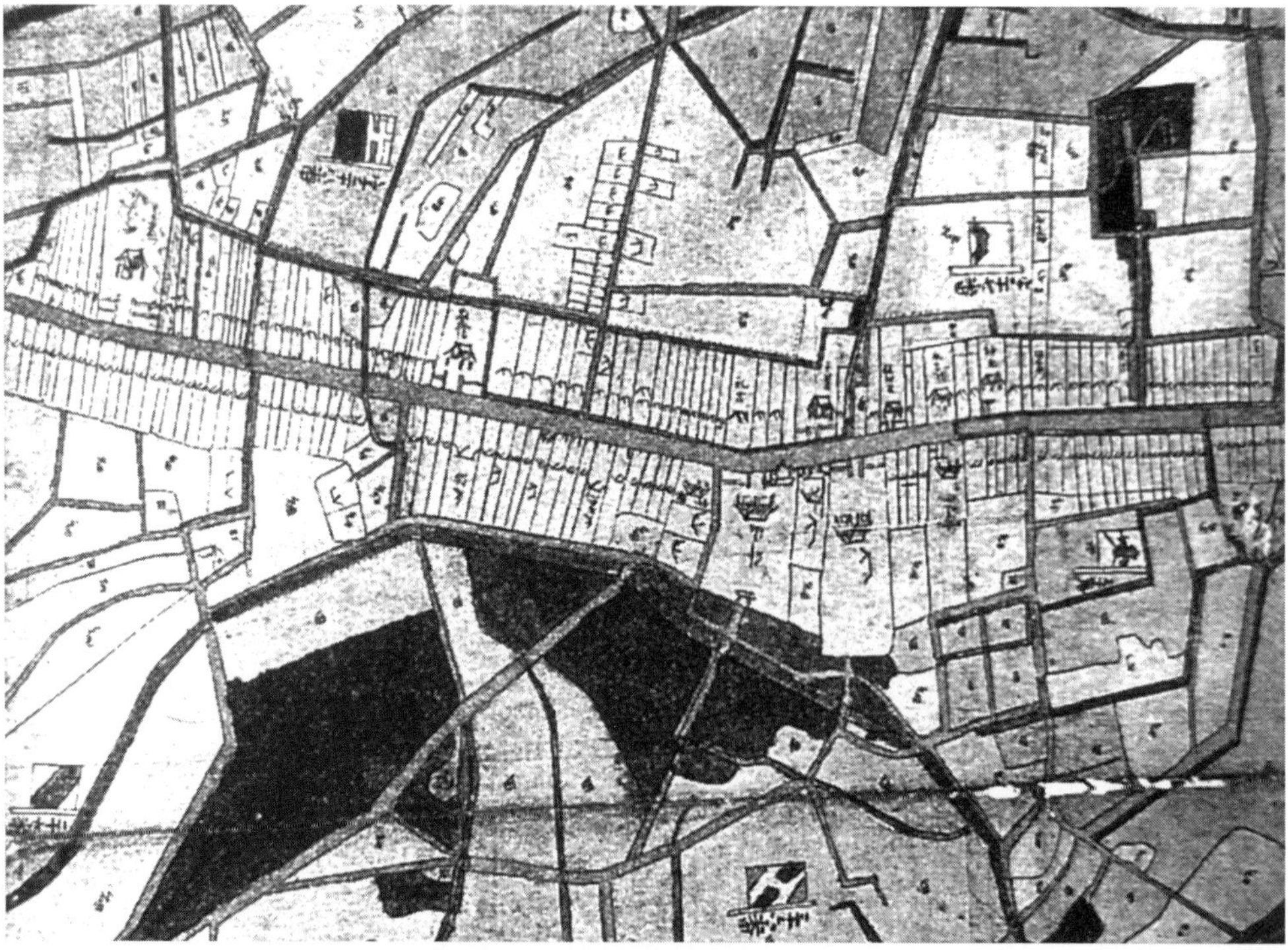

図57　明治前期頃「花館村屋敷割図」（『大曲市史』）

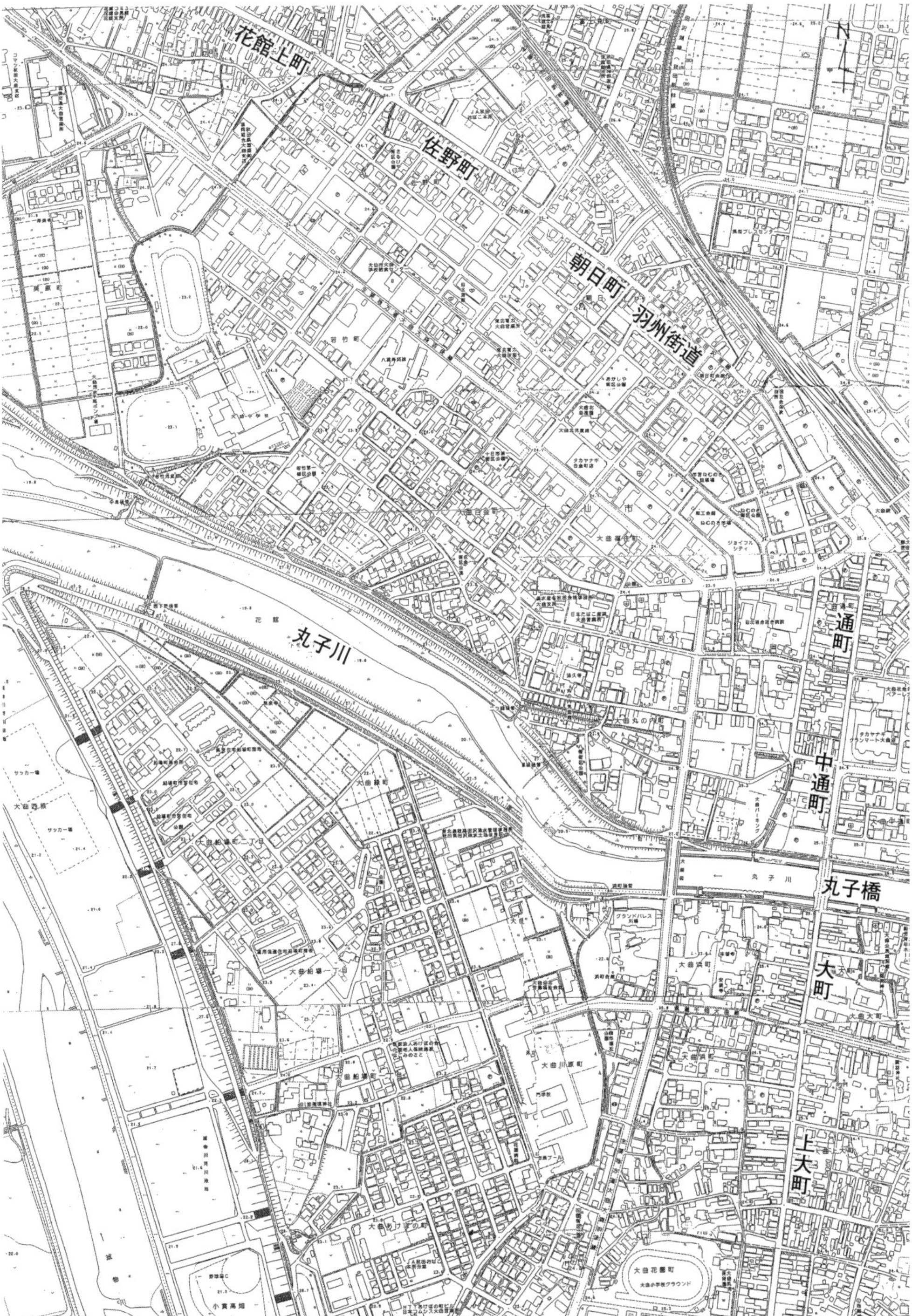

図58　大曲都市計画図（大仙市）

ったという。丸子川に橋が架けられ、伝馬役所もこの頃に設置されたという（『大曲市史』）。

藩政期の大曲と花館はそれぞれ村であったが、ごく近い位置に隣り合う羽州街道の宿駅であった。そのため、伝馬は半月交代で勤めた。大曲は交通の要衝でもあったから、近世初頭から近在集落の中核的町場で、六斎市も開催された。花館は雄物川と玉川の合流点の南に位置し、川向いは神宮寺である。いずれにしても、大曲と花館はきわめて近い位置関係にあり、今、旧羽州街道を歩くと、江戸時代は両村の街村集落がほとんど途切れることなく連なっていたのではないかと思わせる。

羽州街道は神宮寺を南下すると間倉集落を経て玉川を舟で渡り、宿駅花館に入った。花館は街村集落で、北から柳町・中町・上町と続いた。現在の町割りでは、その先の佐野町・朝日町まで含まれ、そして大曲の羽州街道に続く。中町に駅馬があり、上町に津軽藩主が参勤交代時の休泊所があった。

寛政六年（一七九四）の「高関下郷村願書」によれば、花館駅場は屋敷割りを表間口四間に裏行二五間の土地を五石と算定して伝馬役負担の基準にしたという。寛文一三年（一六七三）の「花館駅場検地帳」に記載された伝馬屋敷は大部分が間口八間に奥行二五間であるという（『大曲市史』）。

このように、伝馬役負担の町屋敷の基準が、間口四間、奥行二五間というのは久保田城下大町をはじめ、他の在方町などでも少なくなかった。これは藩の意向が働いた結果だと推測される。筆者仮称の「羽州街道沿い花館村屋敷割図」（『大曲市史』収載）がある。間口四間か、それより狭いと思われる伝馬役負担の一軒屋敷や半在屋敷が短冊状にびっしり並び、両側町を形成している。広い寺屋敷などには地番が付けられてあることから、作図年代は明治前期頃と推定される。

藩政期の大曲は、土屋舘・大町・中町・柳町・米町の各町に加え、寺町の一部が含まれていたという。現代の旧羽州街道沿いの町を拾うと、通町・中通町・大町・上大町・栄町・上栄町・日の出町と続く。大曲の市街地が藩政期の羽州街道を中軸にして派生的に広がっていったことが読み取れる。

大曲の羽州街道沿いの町割りを描いた「第五大区六小区仙北郡大曲村通道絵図面」(『大曲市史』収載)がある。大区小区制絵図であることから作成年代は明治六年(一八七三)頃と推定される。図法は実に簡略な表現である。花館から引き続く羽州街道沿いの家並みが、中通町から丸子川の橋を越え、大町・上大町と続き、六郷へ抜ける。つまり羽州街道は町割りの基軸であるが、それに対して、上栄町から羽州街道と直交する街村集落型の家並みが角館街道で、横軸の道である。

六郷(美郷町)

六郷の町並みが成立した経緯について、菅江真澄が旧記を参考にして、「建久(一一九〇~九九)年中に、鎌倉から二階堂帯刀という二階堂氏の庶流が仙北に下向して、当地を支配した。その末裔が六郷兵庫頭範義といい、この郷の城主として七代居住した」(「月の出羽路」)と記している。そして在所の六郷を名字に名乗るのが豊臣時代の天正年間である。

六郷館は、正徳二年(一七一二)「仙北郡六郷本館村地形御絵図」(美郷町学友館蔵)に描かれている。この絵図によると、六郷館は本丸と二の丸の二郭から構成されている。この二つの郭はそれぞれに堀を回して東西に並べた連郭式である。東側を正面にして、二の丸、そして堀を介して本丸に続く。六郷館は中世の山城とは異なり、平地に築かれた城館であるから、館周辺の地勢が要害の地であるかといえばそうではない。そうすると、むしろ周辺農村の支配

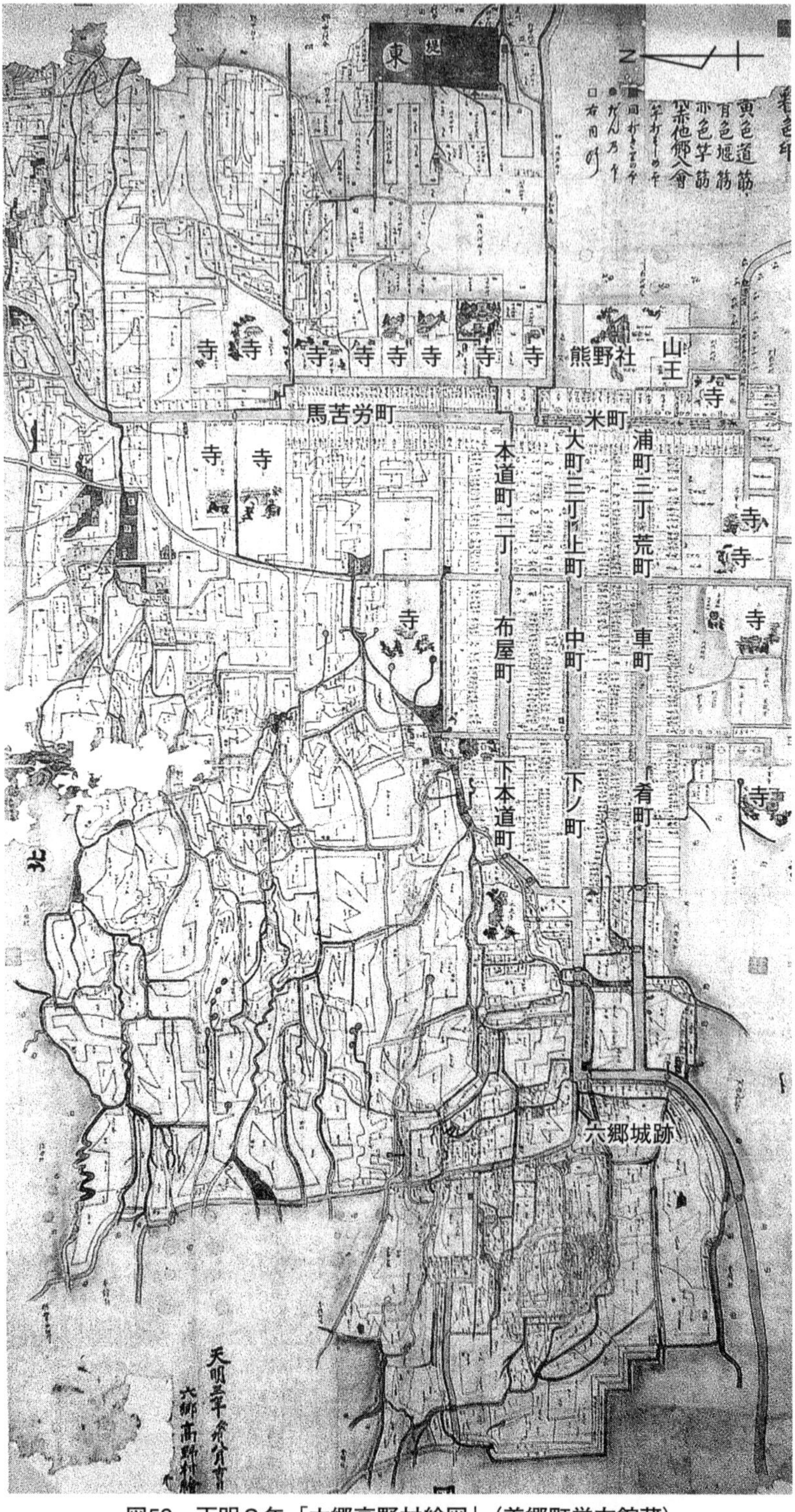

図59　天明３年「六郷高野村絵図」（美郷町学友館蔵）

などを含む政略的要地の城館としての位置付けが当てはまる。

町の形成期を知り得る手掛かりとしては、江戸初期に模写されたという「六郷草創絵図」三点がある。その中の「伝永禄初期六郷草創絵図」は現在の六郷の街路網を重ね合わせると、基本的街路がこの絵図の道路と重なることから、永禄期当時（一五五八〜六九）には六郷の町割りの中軸が成立していたことを窺わせる。つまり、江戸時代に羽州街道となる東西筋と、脇街道の角六街道（角館―六郷）の南北筋によるT字形の街道が基本軸である。このように、中世末期の六郷館に従属する城下の町並みの中核は、角六街道と、それとT字路で交わる東西三筋である。これが藩政期初頭の佐竹義重時代に受け継がれ、現代まで中核を成してきた。

六郷旧市街には現在、寺院が一八か所あり、町の規模に比べると際立って多い。それが、藩政前期には塔頭《たっちゅう》も含めると二九か寺あったともいわれており、その数は久保田城下に次ぐものであった。しかも、秋田藩領全体では曹洞宗が圧倒的に多かったのに対して、六郷は浄土真宗が多い。六郷町全体の防禦体制としては、寺院群が城下町の東側縁辺の角六街道沿いに重点的に配置されていることを挙げることができる。佐竹義重とその家臣は、六郷の町割りに当たって、六郷政乗の城下町の中核をそのまま継続した。一方で、政乗が慶長七年（一六〇二）に常陸へ移封されるときには一三か寺であったが、さらに寺院招致を進め、この当時の寺院数は先述の通りであった。

慶長一七年（一六一二）に義重が死去したことによって、六郷城は廃城になった。その後の六郷は羽州街道の宿駅として、また、周辺農村の商業市町の役割を担った在方町として存在した。六郷の町割りの基本構成は、先述したように、中世末期につくられている。藩政期に至っては、宿駅の役割を担い、十二斎の定期市を開催する在方町として発展した。

天明三年（一七八三）八月「六郷高野村絵図」（美郷町学友館蔵）によると、大町三丁（上町・中町・下ノ丁）、浦町三丁（荒町・車町・肴町）、本道町二丁（上町・下町）が南北に切る小路によって矩形の町割りを形成し、それに脇街道（角館―六郷）筋を米町と馬町に分割している。

街路網に注目すると、大町三丁・浦町三丁・本道町二丁は、食違いなどのない、明瞭な十字路構成であり、街路沿いに水路を通している。こうした六郷の町割りの基本は、久保田城下外町との類似性を指摘することもできる。寺院を町の外縁部に配置して、寺町を形成した町割りは、秋田藩領では先駆けであったと思われる。

天明三年「六郷高野村絵図」（一七八三）は、町割りに加え、各屋敷割りと地主名が書き込まれた貴重な絵図である。この絵図で特徴的なことは、屋敷の上部に一あるいは二というような漢数字の表示がある屋敷と、ない屋敷がある。「一」は一軒屋敷、「二」は二軒屋敷を示している。この数字の記載のない屋敷は半在屋敷といって、屋敷間口が一軒屋敷よりも小さいということを示している。この屋敷間口が伝馬勤め方の負担割合の基準になった。

明治六年頃の「六郷高野村絵図」（表題「秋田県管下第五大区七小区羽後国仙北郡六郷高野村絵図」

（美郷町学友館蔵）がある。絵図は、道路を赤色に塗り、町ごとの背割りに水路を通して、町割りを明示する。短冊状にびっしり屋敷割りされた中のすべてに所有者氏名と屋敷の面積が書き込まれた、いわゆる沽券図に類似した大区小区制時代の絵図である。

金沢本町（横手市）

　横手城跡から旧羽州街道を北に七キロ余たどると、根小屋という地名があり、その間を厨川が西流する。厨川の南東一帯が山地の連なりで、その一画が「後三年合戦」の金澤柵跡の推定地とされている。そして中世には金沢柵跡を含む一帯が小野寺氏の金沢城であったという。

　現状の金沢城跡は、菅江真澄が道幅一丈余（三メートル余）の追手口と書いた坂道を上がると二の丸があり、その東南奥に本丸、南方奥に西ノ丸（安本館）、北東に北の丸などの郭が、二の丸を中軸にして、放射状の連郭に連なっている。源義家が石清水八幡宮を勧請したという金沢山八幡宮は、金沢城二の丸にあり、標高一七二メートル、比高約九〇メートルに社殿がある。金沢城及び金沢八幡宮は、金沢本町の南東部山地に位置する。金沢城跡を「寛政三年　金沢古城図」（一七九一、秋田県公文書館蔵）と比較しながら歩いてみても、郭の縄張りなどには違いがほとんどないように思える。

　金沢本町村は厨川の北側に位置する羽州街道沿いの村である。中世には小野寺氏の根小屋集落であったと思われる。菅江真澄は、「金沢本町は南北に通う二道あり。それに新小屋町、本町、荒町あり。こは東の筋也。西は田町あり、田町に湊氏の住家あり。また南の端に榊の住家あり。八幡宮の神官三浦氏也。地は前郷村に属すといへり。細小路は、もとも細き小路なればいにしえより名ぞありける。かしこくも大江戸に上下給うとき、国司この小路をわたらせ給いて、前郷の田町なる湊氏の御旅館に御入り昼の御中宿ありて、御茶、菓子献事は旧き吉例也ければ、此の細小路も殿小路、また御前小路ととなう人あるうべなること也。金沢七騎といえるは本間越前、今は仮苗にて湊新三郎某とて梅津の家臣にして、前郷の田町に住めり」（「月の出羽路」）と記す。

　筆者が昭和五六年（一九八一）に秋田県全域の民家調査を行ったときに、横手市金沢字田町の本間家を実測調査している。最初の出会いは、何気なく小

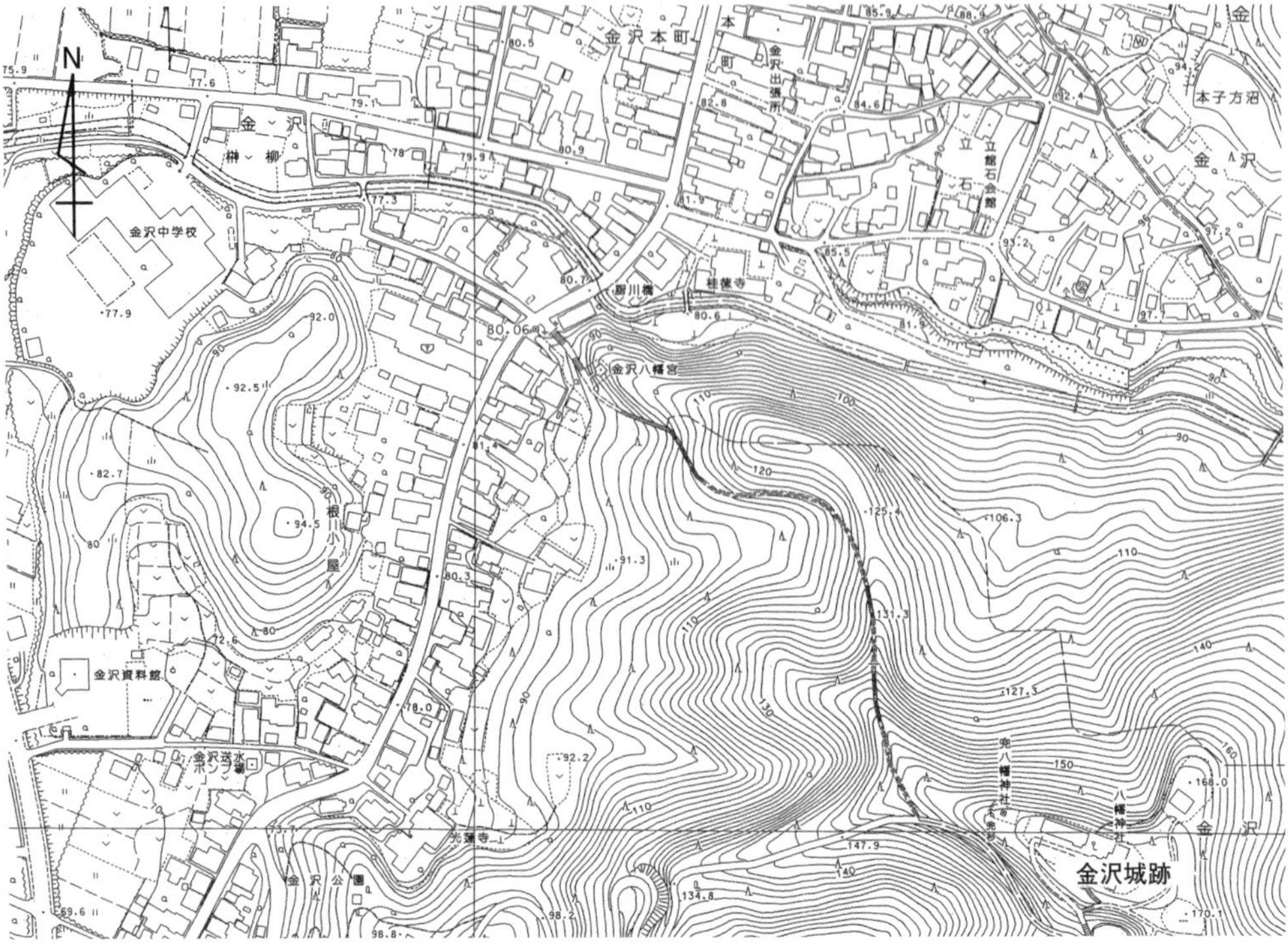

図60　金沢本町都市計画図（横手市）

路を歩いていて、茅葺きの古風な造りの民家に出会い、価値がありそうだという印象から内部の見学と調査をお願いしたのであった。蛇足になるが、この調査の成果も含めて『秋田の民家―風雪を耐えぬく先人の遺産―』を発刊している。

本間家の調査では、ご当主から当家の来歴を伺った。それは菅江真澄が書いていることと同様の内容で、さらに当家所蔵の古文書を拝見した。「本間氏歴代過去帳」、享保三年「当家の代々」（一七一八）、享保三年「当家之覚」、天明七年～寛政九年「御屋敷御用留書」（一七八九～九七）、享保十二年「検地秘伝書」（一七二七）などに加え、菅江真澄も触れている飛騨守維久筆「後三年絵巻十幅」である。

本間家は、秋田藩主が参勤交代の途次に休憩するいわゆる休憩本陣で、秋田藩では「小休所」という。藩主は羽州街道から狭い小路をたどるが、藩主が通ることから、この細道を殿小路と呼び習わした。藩主は小路から直接、本間家の庭園「何求園」を通って、座敷上段に入った。藩主のために造られた座敷は数寄屋風書院座敷で、洒落て繊細である。藩主のための座敷は前後に二間で、奥座敷が上段の造りである。これに鍵座敷が続き、家老・用人の座になる。藩主のための上段がある座敷は外には天徳寺書院があるだけである。主屋の建築年代は一八世紀中頃と推定した。

浅舞（横手市）

浅舞は戦国末期、小野寺氏の支城があった。浅舞小野寺氏の菩提寺である龍泉寺の寺伝によると、寺の開創は永禄年間（一五五八〜七〇）で、開基は浅舞城主小野寺左京亮友光とある。浅舞城は、佐竹氏の遷封後、元和六年（一六二〇）に支城破却令によって取り壊されている。浅舞城は平城で、町の西外れ、宿館の水田地帯の中に城跡がある。城跡は主郭と二の郭で構成される。二の郭は小野寺氏時代の家中屋敷町と伝えられている。浅舞小野寺氏は文禄年中（一五九二〜九五）に最上氏に攻め滅ぼされたという言い伝えがある。

菅江真澄によれば、浅舞城跡は、寺館といい、龍泉寺の跡地という。この古城の旧跡に近い町を宿館といい、小野寺氏城郭の二の郭であったという。浅舞の町の名は覚《がく》町、六日町、本ト町也とあり、覚町は戦国時代の明応六年（一四九七）に成立したとい

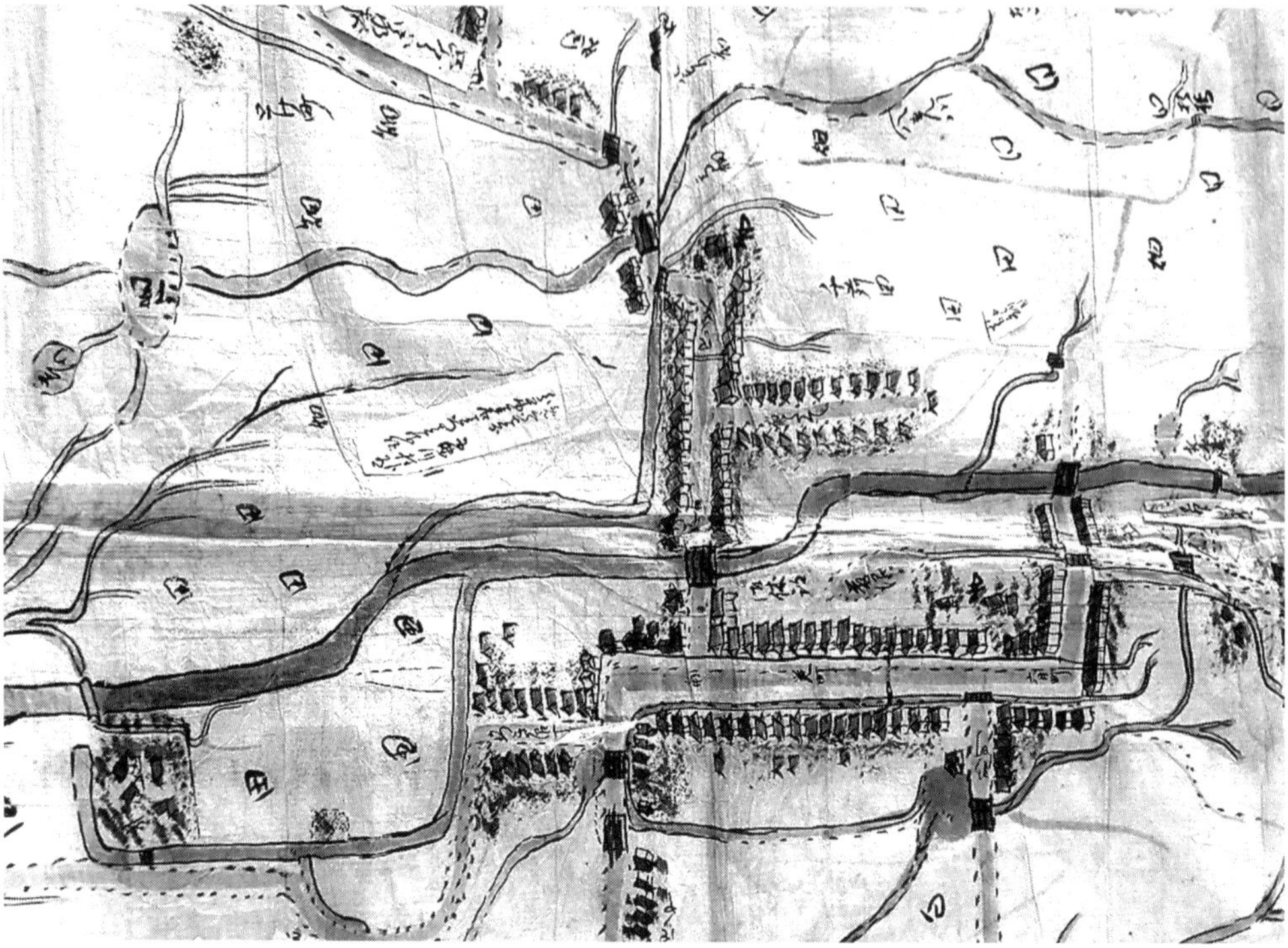

図61　元禄年間頃「浅舞村絵図」（平鹿図書館蔵）

う（「雪の出羽路」）。

覚町は町の中央部を南北に通る中軸道で、今は北の仲町、中央部の覚町、南の栄町の三町に分割する。仲町北端に東西道で交差するのが六日町である。また、栄町に東西道で交差するのが本ト町である。本ト町は慶長一三年（一六〇八）に始まったが、菅江真澄が記録するまでには町が移転して、その後は田地になったとある。今の本ト町は新本ト町である。六日町は元和三年（一六一七）に成立したという。

浅舞の町並みは、覚町、大町、六日町、宿館の各通りによってロの字の道筋を形成し、これが町並みの中核を成す。このロの字型囲いの中には、大宮川が大きく蛇行しながら流れ、北方に浅舞小野寺氏菩提寺龍泉寺が境内を構える。南方には藩政期当初は佐竹義宣が本陣を構え、寛政七年（一七九五）からは本陣の跡地に郡方御役屋が建てられ、農村の治安・行政などの支配に当たった。今は御役屋の遺構である門が現存し、部材に残る墨書には寛政一一年（一七九九）建立とある。

浅舞は清水や水流の豊かな町でもあり、地名に小

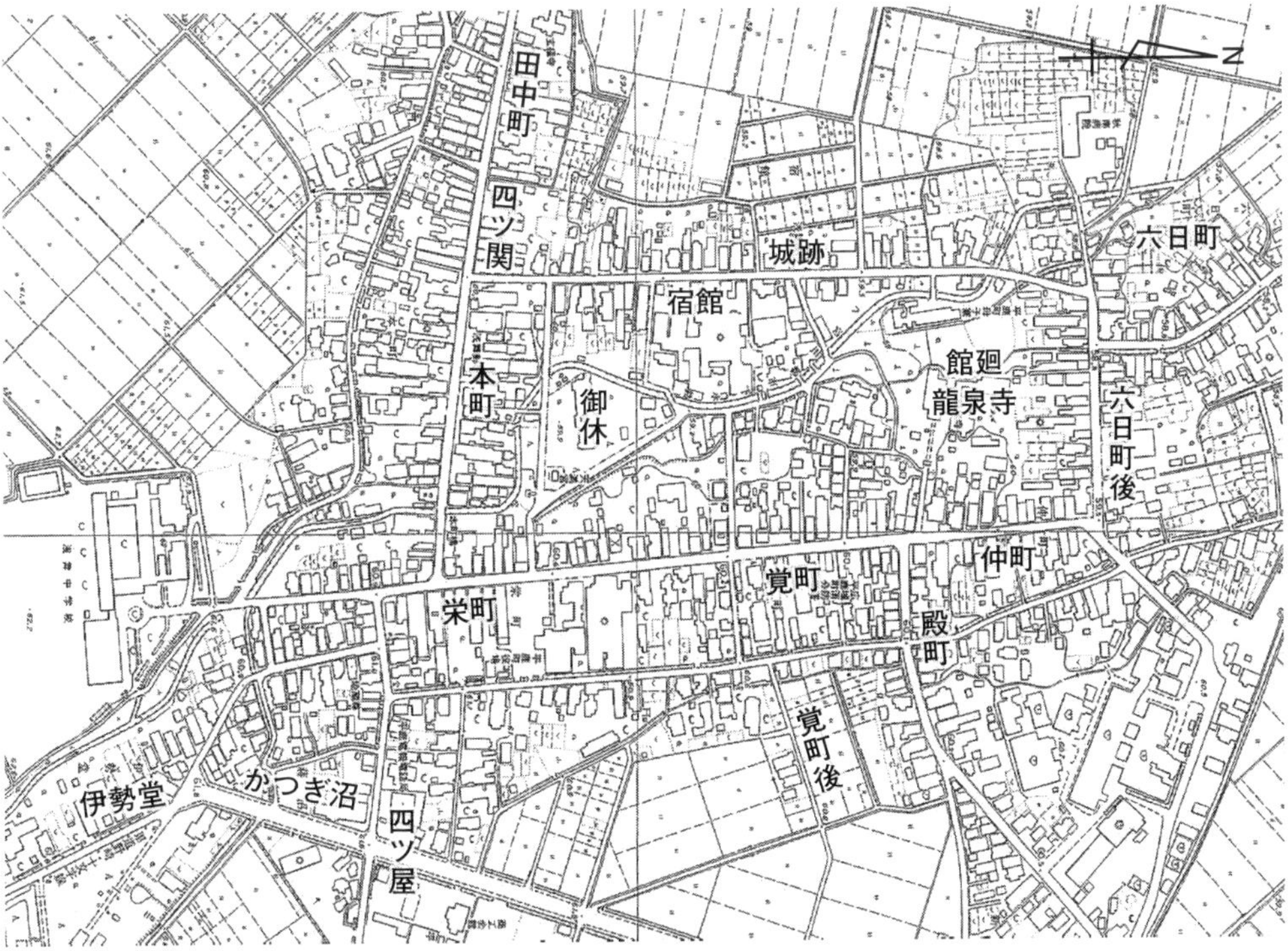

図62　浅舞都市計画図（横手市）

中嶋、本ト町川（大宮川）、藤沼、十二清水、琵琶清水、蒋沼《がつぎぬま》、四関（四堰）などの地名が残る。

元禄頃の作成と伝える「浅舞村絵図」（一七〇〇年前後、平鹿図書館蔵）から、江戸中期の浅舞の町割りを見ると、南北に通る覚町を中軸にして、その北端から六日町、南端から本町が、それぞれ西向きに町並みを形成する。覚町から食違いに折れ曲がって南に向かう道が蒋沼《がつぎぬま》丁、本町の先、西寄りに四ツ関、さらに田中町があり、北向きに宿館がある。覚町の北寄りの途中、東向きに殿町がある。これらの道路に囲まれた内側に「御休所」、「寺」の記載がある。つまりこの当時は町割りがほとんど完成していることが分かる。

このように浅舞の町並みの推移を勘案すると、戦国時代にすでに城下町として町場を形成していたことが推定される。そして、「郡邑記」による江戸中期から後期にかけての家数の増加や、人口、横駅の駅場などから考えると、羽州街道から外れるとはいえ、脇街道としての交通の要衝であったことが窺われ、町の規模も平鹿郡の中核の一村であったと思われる。菅江真澄によれば、元和二年（一六一六）に本ト町川の堀リ替えがあり、その後は本町川の名を大宮川と呼ぶことになった。六日町の中に市神の石があった（「雪の出羽路」）。

「明治期浅舞の地割」という大判の絵図がある（平鹿図書館蔵）。この絵図は道路を赤線で表すことによって町割りを明示する。町割りは江戸後期以降、現代につながる町並みの形態をよく示している。町割りにおいては「浅舞都市計画図　縮尺二五〇〇分の一」と大差がないことが分かる。この絵図の特徴は各町々の短冊状に連なる屋敷割りである。そして屋敷ごとに地番がふられる。こうした図法から、この絵図は明治六年（一八七三）に設定された大区小区制により作成された絵図と思われる。

長野（大仙市）

長野の町並みは、玉川に斉内川が合流して三角状の懐を成す平野部で、玉川の対岸に標高二四九メートルの長野山があり、その西側には丘陵が連なる。東側一帯は水田が広がる。佐竹義宣が秋田に転封された慶長七年（一六〇二）、長野には一族の北義廉が配置された。長野は佐竹氏が入部する以前は戸沢氏に従属した土豪、長野氏の領地で、その城館を紫島城と言った。紫島城は平城で、その場所は町並から離れた東方で、今は水田に埋もれ、城郭の痕跡は見当たらず、標柱がその位置を示している。

六日町の善法寺（真宗大谷派）は享禄元年（一五二八）の創建と伝えるから、戦国時代の町場の位置は今とほとんど変わらなかったと思われる。つまり、長野城下町は城と城下の町場が離れていて、中世的城下町を示している。北義廉は中世の城下町を受け継ぎ、紫島城に居住している。その後、北義隣が明

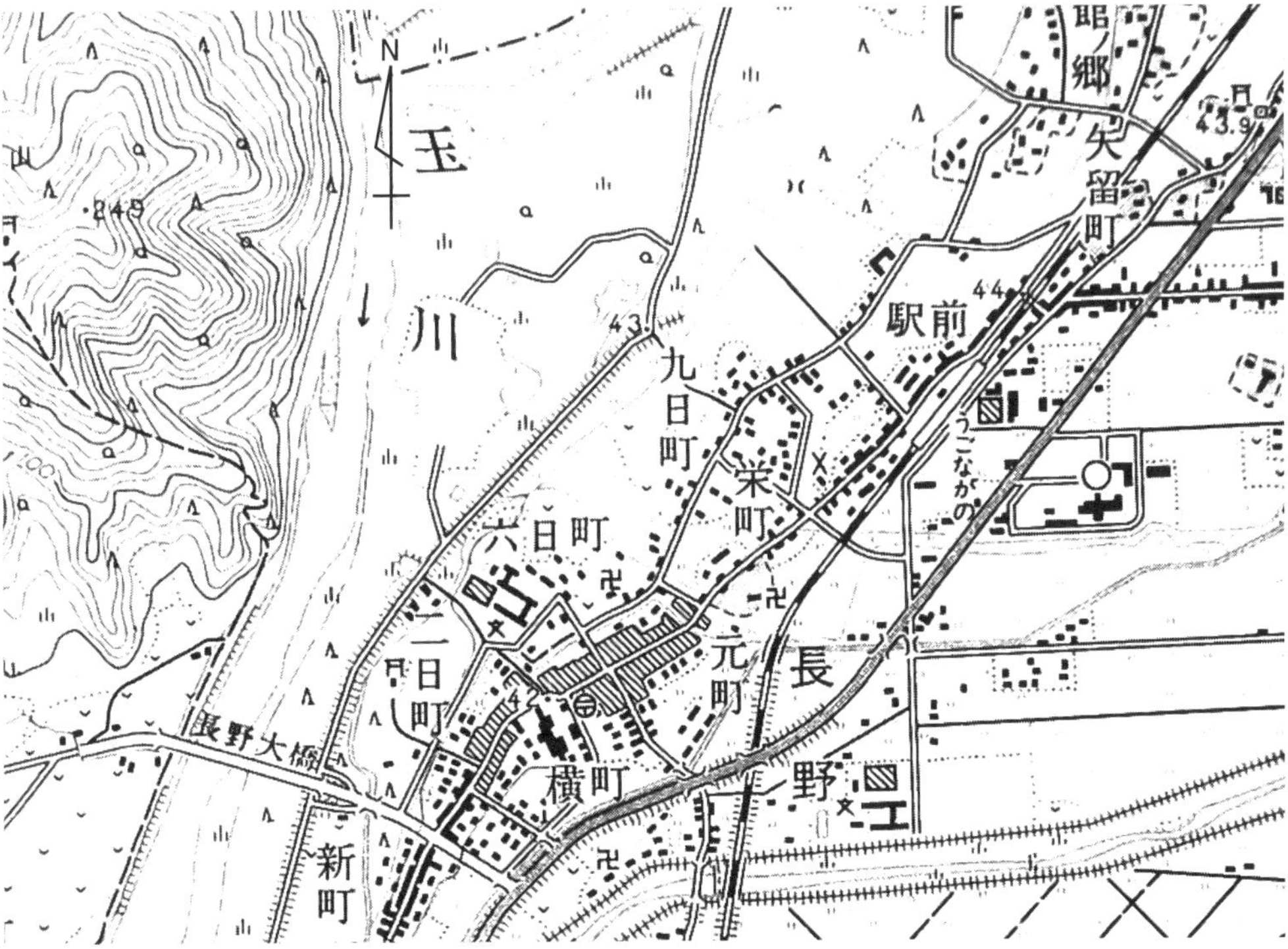

図63　長野地形図（国土地理院地図）

暦二年（一六五六）に家臣とともに角館に移り、よって紫島城は破却された。佐竹北家の居城は五十四年間であった。

長野は藩政当初は支城や所預に準ずる在方城下町であったが、佐竹北家が角館に移転したため、周辺農村の在方町場として存続した。つまり、長野は玉川中流域の角館街道沿いの在方町として維持された。

江戸時代の長野村は、角館街道沿いに南から新町・二日町・六日町・横町・元町と続き、街村の町並みを形成していた。その当時は別村であった九日町・栄町が街道に沿った北の外れにある。この町並みから少し離れた北方向に館郷・矢留町・登町・谷地中などの地名が地図から読み取れる。

寛政十二年（一八〇〇）に、それまでの九斎の市立てが、今なし、とあるのは、佐竹北家が角館に移ったことによると思われる。菅江真澄によれば、文政九年（一八二六）までには、栄町以外の町は成立していた（「月の出羽路」）。また、昔の市の日は六斎と言っているから、九日町の市日を数えていないのかもしれない。

新町は十字路を西に向かうと渡し舟場に至る。二日町は長野の中心部で、大型町家や造酒屋が目立つ。寛政七年（一七九五）に、六日町に郡方御役屋が置かれたが、今は当時の門が二日町の街道沿いに移設されて残る。六日町の小路を東奥に行くと柳田の曹渓寺で、佐竹北家御霊屋があり、墓石が六基並んでいる。二日町の横小路奥突き当りに祀られてある長野神社は長野山頂に建っていた古社で、宝永六年（一七〇九）に蔵王権現堂を建てた記録があることから、山岳信仰と関係があったのであろう。

沼館・今宿（横手市）

沼館と今宿は、江戸時代から現在まで、あまり変化なく、雄物川の右岸段丘上に位置する。湯沢～大曲道の街道沿いに、街村集落として家並みが連続して、一続きの集落のようになっている。この街道は南から今宿を通って沼館に入り、沼館城跡の蔵光院を街道の西側に見て、さらに進むと横手と由利郡をつなぐ東西の街道に突き当たる。

この突き当り奥の広い境内が、菅江真澄が「雪の出羽路」で「沼柵八幡宮の由来」という一節で詳しく記述した古社沼館八幡宮である。神社は室町後期に矢神から沼館城内に遷された。境内地は沼館城の三の丸に位置し、城からはやや北寄り東の方角で、つまり鬼門の守護神であったと考えられる。街道はここのT字路を東に下っていき、二度折れ曲って北の大曲方面に向かう。

沼館城は「郡邑記」や「柞山峯之嵐」によれば、

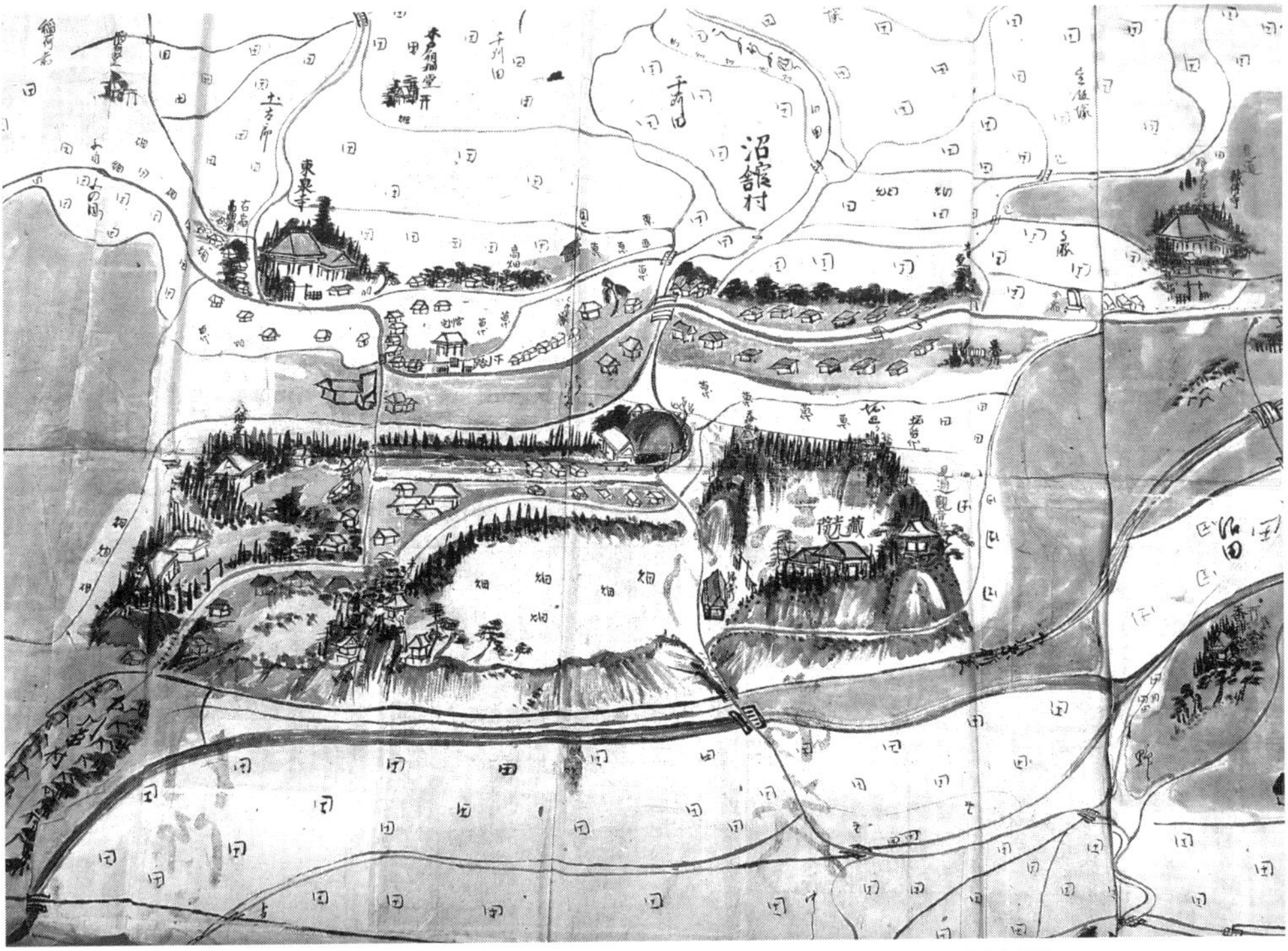

図64　弘化２年「平鹿郡沼館村打直絵図」（秋田県公文書館蔵）

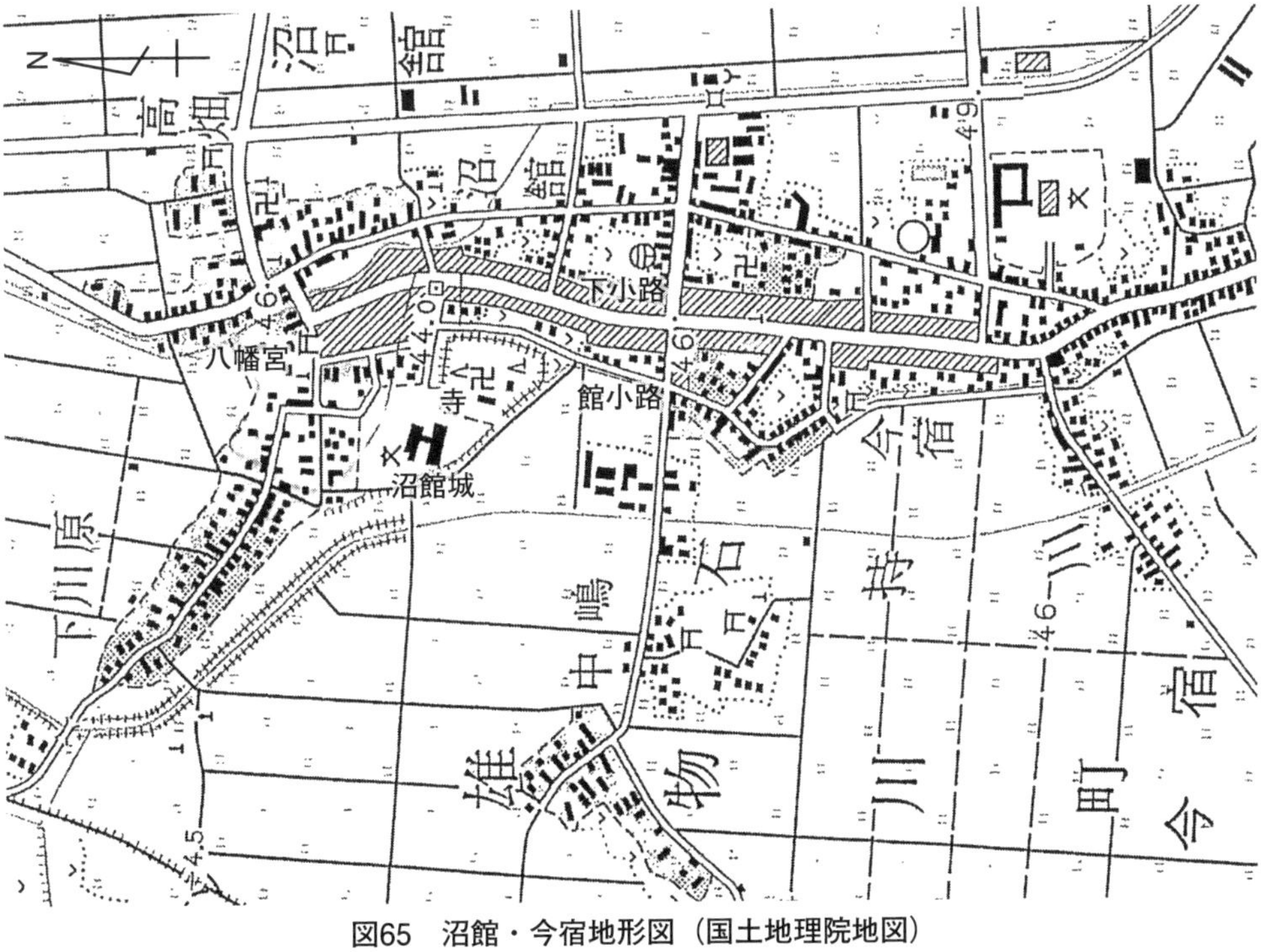

図65　沼館・今宿地形図（国土地理院地図）

次のようなことが推測される。戦国時代までは沼館庄次郎という在地領主の居城であった。年代は不明確だが、小野寺氏が沼館氏を攻め滅ぼし、支城にした。小野寺稚道が大永年間（一五二一～二八）に稲庭城から沼館城に本拠を移したという説や、小野寺輝道もしくは義道が天正年中（一五七三～一五九二）に攻め滅ぼして、一族を配置したという説などがある。そして、沼館城は最上氏の攻撃によって慶長五年（一六〇〇）に落城、翌六年には小野寺氏が配流される。

　時代がずっと遡るが、沼館城は後三年合戦（一〇八三～八七）の沼柵に比定する説が江戸時代からあったことを付け加えておく。たとえば、菅江真澄「雪の出羽路」には、沼館に深さの分からない沼があり、また柵戸があり、それで沼柵とも沼館とも言われたとある。柵は四周を濠に守られた水柵であったと言われ、これが地名の由来になっている。現状の沼館城跡は、雄物川右岸に位置する平城である。蔵光院という真言宗寺院の境内が本丸跡と伝えている。

　江戸後期の沼館村の町割りは、南の入口を荒町と言い、ここから北に向かって、左に行けば館小路、中通りが下小路、右に行けば高畑と言った。当時は十ヶ村の親郷であったという。

　今宿村は街道沿いの街村が上ミ、中カ、下モに分かれていたという。寛文四年（一六六四）の記録に「沼館之内今宿村立」とあるが、遅くともそれ以前の正保四年（一六四七）の「出羽一国絵図」には村名が見える。

　「久保田領郡邑記」の、沼館と今宿を比較すると、家数、人口、馬の頭数のいずれも似たり寄ったりで、大差がない。そして、沼館と今宿の距離は約七三〇メートルとあるが、町尻では連続しているとみなせる。沼館村は沼館城廻村という呼び名であったのを後に改めたとある。

　今宿は駅で、六斎市とあるが、沼館は記載がない。しかし、菅江真澄が「雪の出羽路」に、今宿は宿駅であり、今宿の地名の由来は古宿という今は田地になっている字名であるという。駅馬は上二十日は沼館が加伝馬で、下十日は今宿が勤めている。

　弘化二年「平鹿郡沼館村打直絵図」（一八四五年、

秋田県公文書館蔵）という幕末の今宿村と沼館村の家並み、寺、神社など、集落の景観が描かれた彩色絵図がある。これによれば、街道沿いの今宿村の家並みに続いて、沼館村に入り、街道から二手、そして三手に道分かれしている様子が描かれている。「打直絵図」とは再製絵図のことであろう。

増田（横手市）

増田の町並みは、江戸時代は増田街道が羽州街道と十文字で交わる所から東の田子内（東成瀬村）方面に向かう街道や小安街道、横手道などの中継地として栄えた。雄物川の支流である成瀬川と皆瀬川が合流する地点の北に位置する。江戸時代は成瀬川の船着場であった南端の縫殿村から北に通る南北道が町並みの中軸である。脇街道の駅場を示す横駅があった。町並みは、南から北に上町・七日町・中町と続き、本町・新町の東西道と交差して、さらに北に田町がある。

藩政期から明治期にかけての町割り絵図が数枚現存する。元禄一六年頃の「増田村古城絵図」（一七〇三年頃、個人所蔵）は増田城（土肥館）を中央に大きく配置して、それに隣接して町並みを描く。古城と記載された主郭は方形を成し、周囲に土塁を廻し、西北隅に堀が残存する。

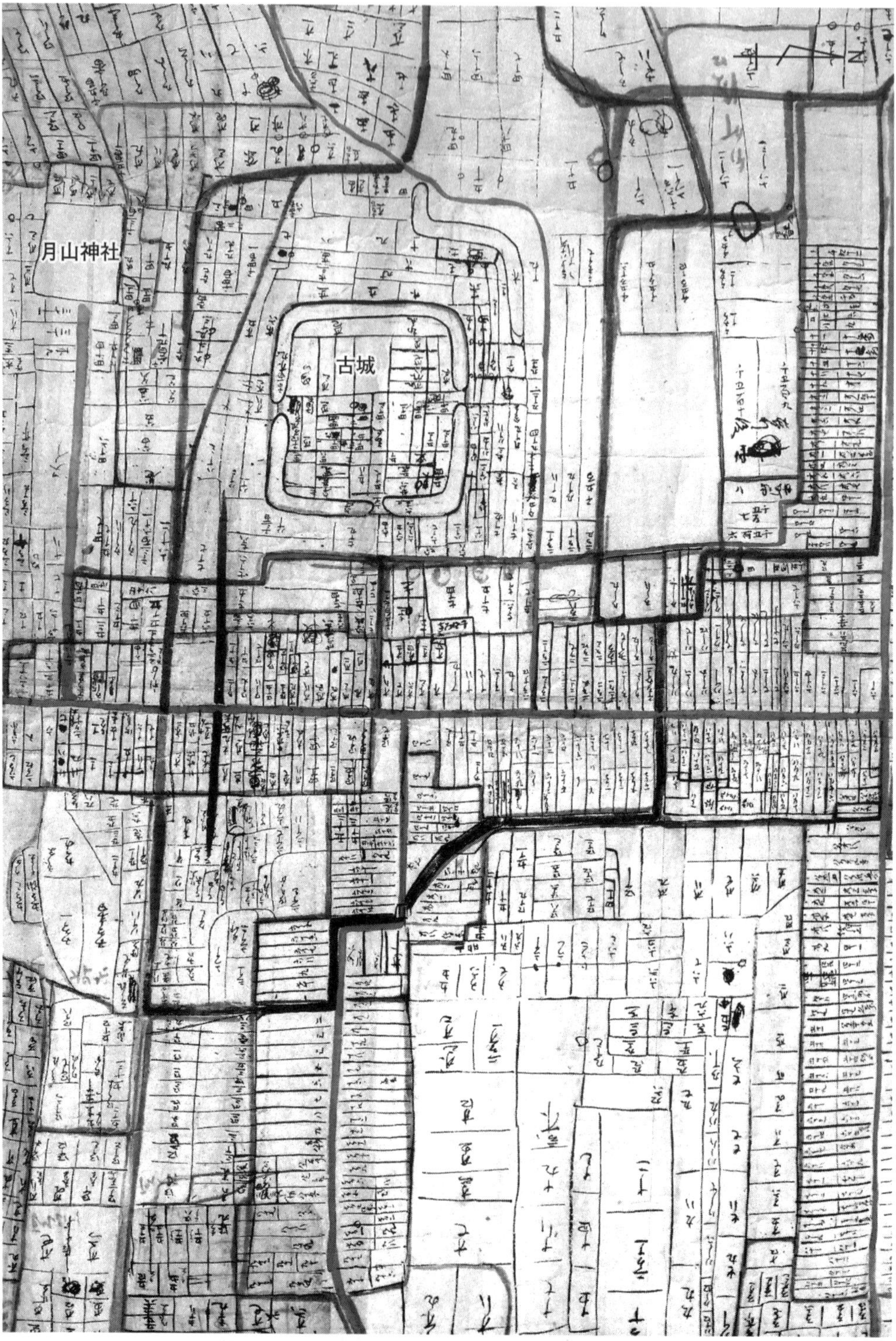

図66　明治30年頃「増田町割絵図」（増田図書館蔵）

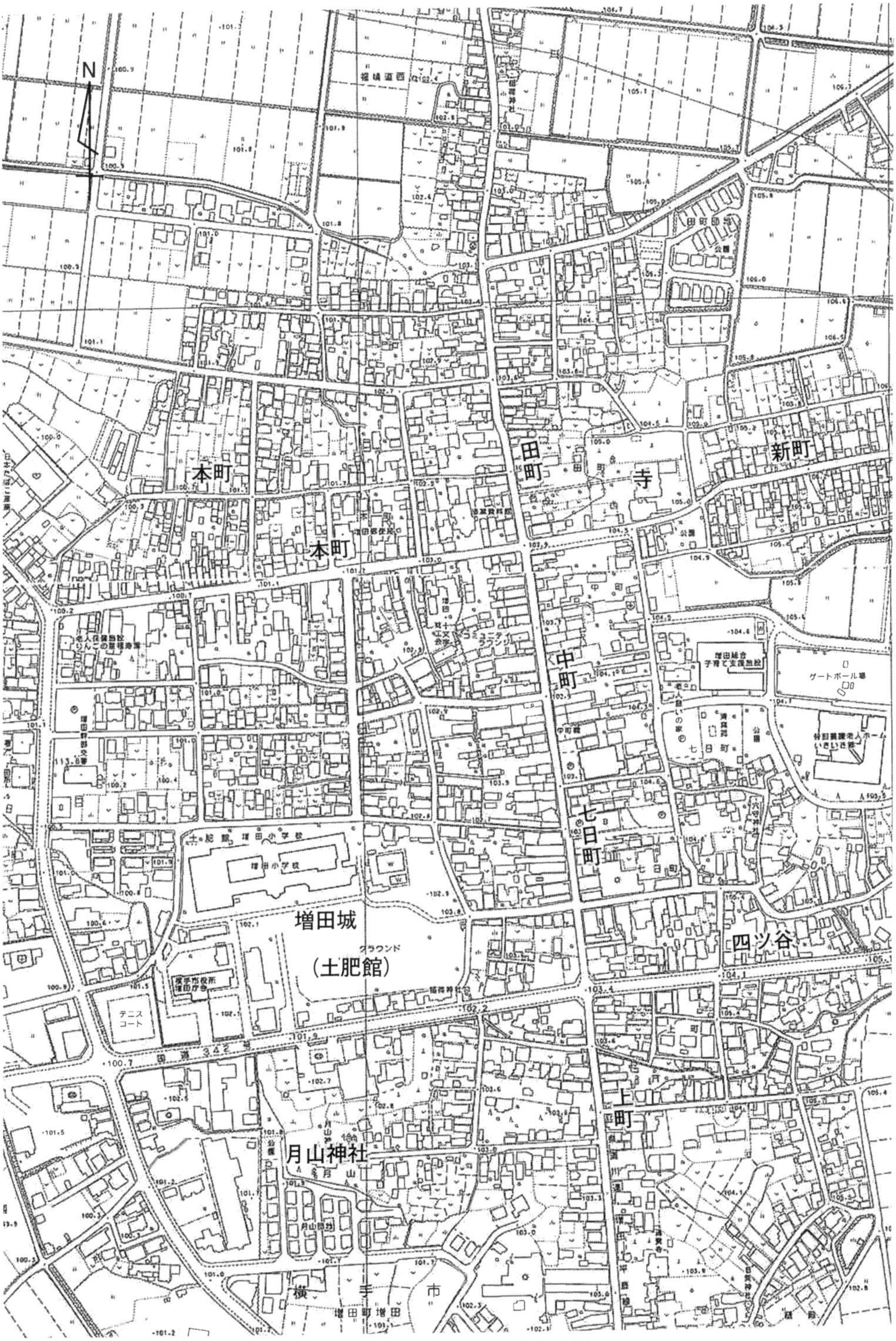

図67　増田都市計画図（横手市）

「宝暦二年絵図」（一七五二、増田図書館蔵）は、広範囲な絵図で、簡略な町割に加え、道路と川や堰が書き込まれており、さらに古城や月山神社などの重要史跡も描かれている。絵図には成瀬川から引いた下関・新関・関ノ口・内堰などが記載され、それが今も町家と町家の狭間を滔々と流れている。横手道から田町への入口には御門口の記載がある。御門口は北門の小字名で今に伝わる。

明治三十年（一八九七）頃の作成という「明治三〇年町割絵図」（増田図書館蔵）を見ると、上町から田町に至る中軸と、本町から新町にかけては、短冊状の屋敷割りがびっしり続き、屋敷の奥行は水路を背割りにして区切られる。一九〇×二〇二センチの大判絵図には町屋敷や田畑など、あらゆる土地に地番がふられた、いわゆる地籍図と同類の絵図である。絵図の表示内容を考慮すると、明治六年（一八七三）制定の大区小区制の絵図と類似している。

この絵図には土肥館の古城が、方形主郭の土塁の地割を明瞭に表し、その結果、城郭の全体形を浮彫にしている。さらに二郭の土塁と思われる地割が、主郭からやや離れた西北に表れている。

菅江真澄は、「土肥の城はいといと古き城にこそあらめ。古柵（フルキ）の東に土手あり、その土手上に神社あり。稲荷社也。増田の肆坊（イチグラマチ・市座）は本ト町、田町、新町、中町、七日町、四屋小路、上ミ町是を七町という也。市日、古は三七の日に立しが、今は二五九に定まれり。本ト町・田町・中町・七日町・上町、此五町ぞ立ちぬ。七月五日は止みて、七日に本町に立こそ古へざまならめ。月山社は増田一郷の産土の御神とて人皆尊み人群り」（「雪の出羽路」）と記す。

増田の市日は昔は六斎市であったが、今は九斎市と言っている。天和二年（一六一六）の「市日口上書之覚」によれば、売り場の形態に、見世（常設）、内見世（常設）、掛け見世（仮店舗）、平見せ（板を並べる）、前戸平（板に並べる）、立売（立って売る）などがあった。小見世あるいは小店の名称はまだなかったと思われる。実際、久保田外町に関する史料に「小見世」が見られるのは寛文三年（一六六三）である。

増田城跡は現在、小学校の敷地で、わずかに土塁の痕跡などがグラウンド北西隅に確認できる。平城であった。増田城は土肥城あるいは土肥館とも呼称され、城の主郭は東西約二百《メートル》、南北約三百《メートル》というが、現在、土肥館と言う小字名が残る地域は、南は上町の月山神社隣りまで及び、主郭の周辺も小字名が残ることから、かなり広範囲に城郭を形成していたと思われる。

伝承では、増田城の築城は成瀬川向う岸の三又城城主小笠原氏の分流によるという。貞治年間（一三六二～六七）と伝えられるから、室町前期の南北朝時代である。小笠原氏は小野寺氏に滅ぼされ、その後の戦国期には土肥氏が城主となり、最上氏に降る天正年間まで支配が続いた。慶長年中、佐竹義宣が遷封の時、増田一万石城主として岩城貞隆を任じ、その次に東将監義堅を支城主としたが、元和六年（一六二〇）に城を破却して、東家は久保田城下に移った。

増田町は平成二五年（二〇一三）に「重要伝統的建造物群保存地区」に選定された。選定理由は、「保存地区は、近世期に整備された地割や水路をよく残し、近代になって意匠的に発展した当地方特有の切妻造妻入の町家形式の主屋に加え、鞘付土蔵等の特徴的な伝統的建造物がよく残り、近世末期から近代にかけて繁栄した在郷町の歴史的風致をよく伝え、わが国にとって価値が高い」ことが主な点である。

大森（横手市）

大森は横手盆地の西部に位置して、市街地の東部を雄物川が流れ、出羽丘陵から流れ下った上溝川と大納川が町の東北部で雄物川に合流する。つまり、市街地の北端は出羽丘陵から連なる河岸段丘の裾に沿って大納川が流れ、また市街地の南端を上溝川が流れて町並みを区切る。

大納川の河岸段丘上に、今は大森公園となっている大森城跡がある。大森城は山城で、標高一二一メートルの山頂に本丸を築く。町並みとの比高八五メートルである。本丸の南側には段丘面に沿って帯郭が三段に築かれている。また、本丸から南東に降った所に二の丸がある。本丸は縦横一〇〇メートル前後の広さがあり、それに付随する郭群によって城郭全体がより広大な印象を受ける。

大森城は文明年中（一四六九〜八七）、小野寺長門守道高が「岩渕城」を築城したのが始めとされ、その後の変遷を経て一五八〇年頃、小野寺孫五郎康道（大森五郎）が入城して「大森城」と号したという（『大森町郷土史』）。その後、大森城は関ヶ原の戦では上杉方に付いたため、最上方の安東実季や由利諸将の軍に攻められ落城したという。

町並みの道路は中世以来と思われ、城との位置関係からすると、大手口は町人町と城郭をつなぐ南側であろう。大納川が当時から流路を変えずに維持されてきたなら、内堀の役目を果たしたものと思われる。菅江真澄によれば、江戸後期には大森の町は八日町・五日町・横町・大町・峠《とうげ》町があった。市日は二五八の九斎市であった。大町が二の日、五日町は五日、横町は一五日、二五日、八日町は八の日であったという（『雪の出羽路』）。

大森城跡の大手道を下って大納川を公園橋で渡ると、大森の町並みが東西に通る。大手口から西へ五日市・五日町・八日町・上八日町と続く。五日市と五日町の町境で南北道の大町が十字路交差する。大町通りを北に向かい、大納川を渡ると、言わば搦手口のような道が城郭に続く。主要な町通りが交差す

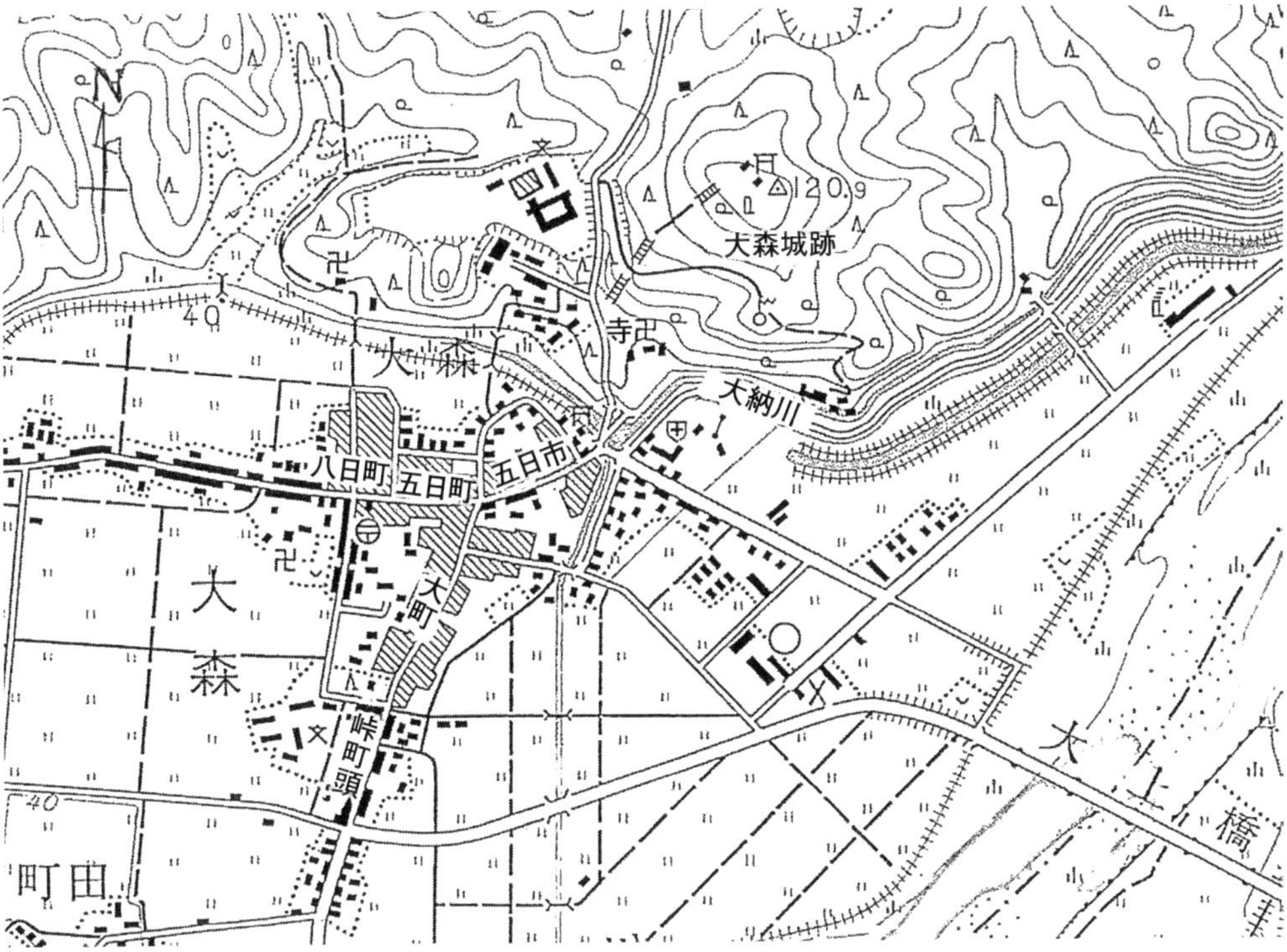

図68　大森地形図（国土地理院地図）

る四つ辻は人々の出会いの場であったであろう。今は角地にレンガ造の商家、赤川家住宅・蔵が建ち、近現代の町なかランドマークになっている。大町の南端の交差点が峠町頭で、峠町が続く。

大森城跡南側の下に境内を構える大慈寺は、元々は今宿にあったと言い、何度か移転の後に巨海寺という古寺跡である現在地に移転したのが宝永元年（一七〇四）のことで、佐竹山城（東家）の菩提寺である。

稲庭（川連）（湯沢市）

北流する皆瀬川の両側は標高四、五百メートルの奥深い山並みが続き、河岸の低地は谷間の沖積平野を形成して、各集落がとぎれとぎれに続いている。集落をつなぐ街道に沿うように、中世の山城や平城が築かれて、その城跡が今に残る。南から、稲庭城・新城館・栄花館・三梨城・大館城・平城・川連城・古館（八幡館）がそれぞれの間隔を置いて東の山際に築かれている。

稲庭城は皆瀬川の右岸、枩集落の上に聳える山城である。大手口は北側と推定され、尾根筋に沿って小郭群が連続し、続いて西側斜面に面した二の郭（二の丸、標高二九九メートル）からは平野部が一望できる。二の郭には模擬天守が建つ。さらにその東奥に空堀を挟んで標高三五二メートル、比高一七〇メートルの主郭（本丸）がある。その東奥に三郭（三の丸）がある。城郭は本丸と二の丸、三の丸の中核が尾根筋につながり、それに腰郭や小郭がやはり尾根筋に沿って取り巻く連郭式の山城である。

稲庭城は鎌倉後期の築城という。鎌倉時代に下野国の小野寺氏庶流が移り住んだと伝え、当地方では最初に築いた本拠城である。その後、小野寺氏は戦国時代の大永年間（一五二一～二八）に小野寺稙道《たねみち》が稲庭城を出て、沼館城を本拠地と定め横手盆地に進出する。稲庭城は二男晴道に譲ったといい、これが稲庭系小野寺氏と呼称される。最後は、文禄・慶長頃に最上氏の攻撃を受けて落城した（『横手市史』）。

また、川連の東南山麓には連郭式の川連城が比高八〇メートルくらいの所に築かれている。南北朝時代の貞和五年（一三四九）には「かわつら殿」が文献にあり、一六世紀中頃の小野寺氏系図には晴道四男道俊が川連氏を名乗ったと伝える。川連城は稲庭城の支城の存在であったと思われる。同様に、川連城の南西に位置する大館城は詳しいことははっきりしない。やはり小野寺氏の支城ではないかと思われる。平城である。なお、中世小野寺氏の系図に示された氏名が諸資料によって異なることを付記しておく。

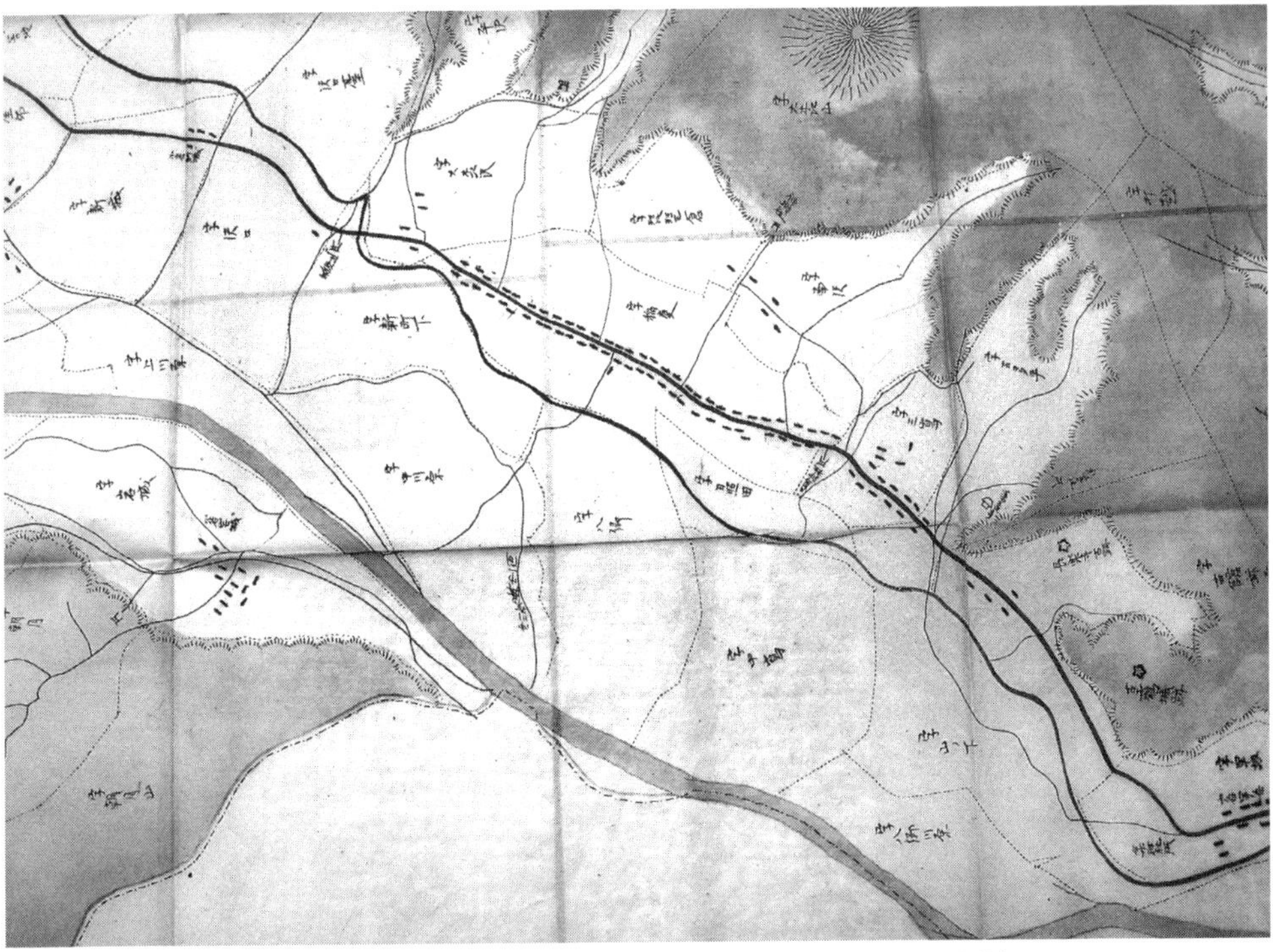

図69　明治18年「雄勝郡稲庭村絵図」（秋田県公文書館蔵）

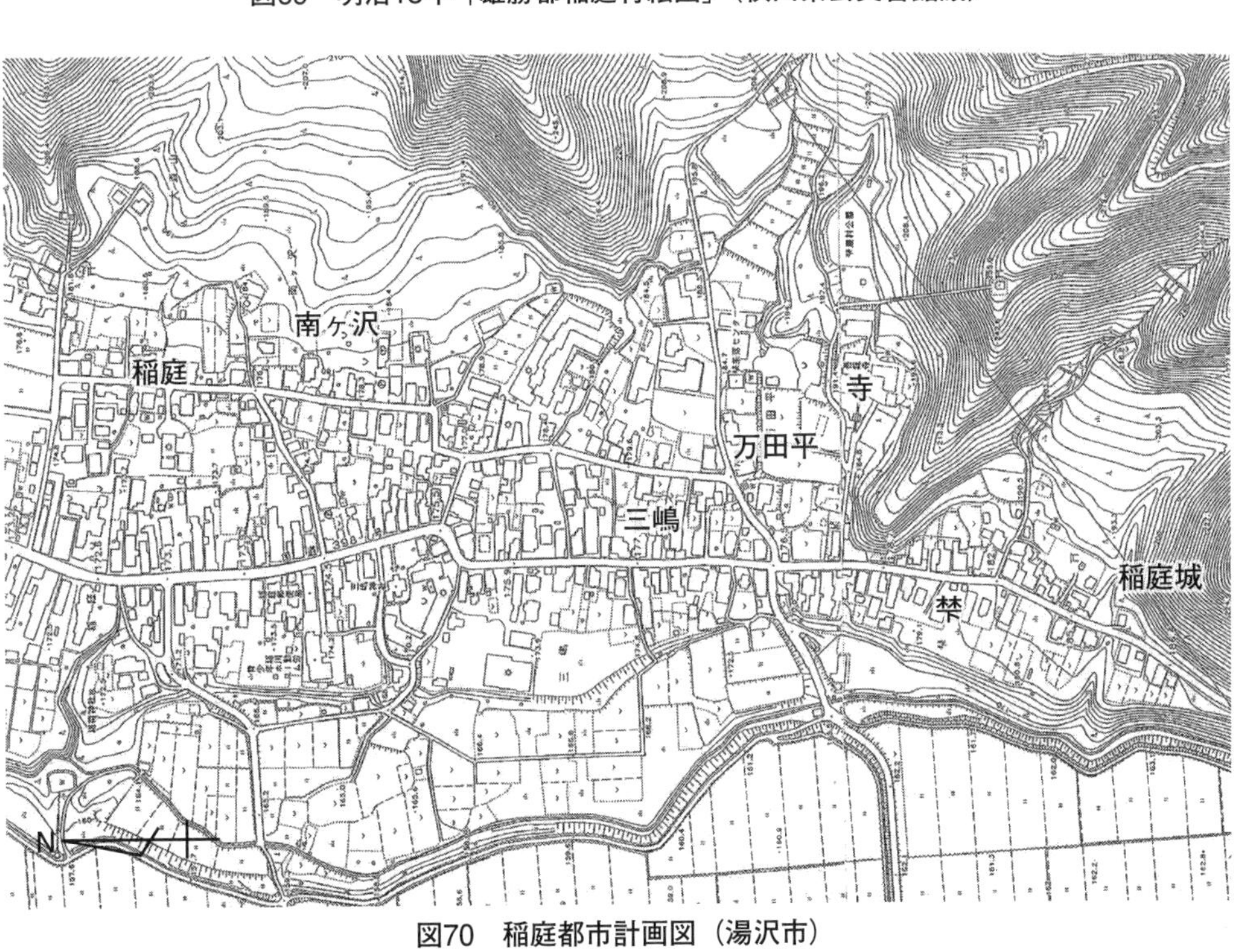

図70　稲庭都市計画図（湯沢市）

寛永一八年（一六四一）の大飢饉で、稲庭の市が取りやめになった。しかし、延宝四年（一六七六）には五町内（本町・中町・新町・梺《ふもと》横町・三嶋）の市場が繁昌した。それで火災鎮護のため秋葉神社の社殿を再建、同年四月六日、市場再建のとき湯立神楽を奏して祭祀したという（「稲庭古今事蹟史」）。菅江真澄は、稲庭の市について、一と六の日の六斎市が、本町・中町・新町と、かわるがわる立ち、郷のにぎわうところといい、延宝四年（一六七六）に市がたったという。神明社は稲庭一郷の鎮守たりとある（「雪の出羽路」）。

稲庭は古来から東西物資交流の中継の町として発展し、問屋が建ち並び、四百年前から市町が存在したほどの発展ぶりであった。湯沢の商人は稲庭で商品を仕入れ主に院内銀山で販売したという（『稲川町史』）。稲庭は湯沢から小安街道を経て仙台へ通ずる脇街道に沿い、街村をなしていた。つまり、湯沢から皆瀬川を渡り、大館村を通り、小安街道を南に向かうと稲庭で、新町・中町・本町・梺の各町屋敷が街道沿いに建ち並ぶ。

「羽後国雄勝郡稲庭村絵図　明治十八年六月」（一八八五、秋田県公文書館蔵）は、皆瀬川と小安街道が一定の間隔を取って並走する。小安街道は地元では稲庭街道ともいう脇街道である。街道沿いには稲庭村の街村を簡略に描く。稲庭村の家並みは善龍寺辺りから、新町下辺りまで続く。

絵図には街道の東側山中に点在する稲庭城関連の史跡を表示する。街道を稲庭の南に向かうと梺の集落がある。麓の東側山中奥に標高七四〇《メートル》の大森山を描く。大森山の西山腹に、平地に張り出すように「古靏城跡」、「字古館前平」、「長楽寺跡」などの地名が記載されている。古靏城跡が稲庭城である。街道沿いの平地は「字山の下」とある。

岩崎（湯沢）

岩崎は戊辰戦争後の明治三年（一八七〇）二月に、佐竹壱岐守家が太政官達により岩崎藩知事を命じられて、新たに岩崎藩二万石の城下町となった。明治期の城下町成立は特異な例であろう。岩崎は急遽、城下町らしい町づくりに着手している。しかし明治四年（一八七一）七月に廃藩置県により岩崎県を経て同年十一月に秋田県に併合されているから、岩崎が城下町であったのはわずか二年足らずである。

岩崎は中世も城下町で、岩崎城の築城は鎌倉中期との伝承があるが定かでない。岩崎氏は戦国時代に小野寺氏の有力家臣であった。天正二年（一五七四）に岩崎城内の水神社を再建した時の記録に、靈符城主岩崎河内守藤原道高、嫡男岩崎三郎藤原義高とある。靈符城とは霊験あらたかな城という意味が込められているのであろう。

安土桃山時代も小野寺氏の支城であったが、文禄四年（一五九五）、最上氏の軍勢に攻められ湯沢城に続いて落城した。その後の数年間は最上氏の領地であったが、改易により、佐竹氏領となり、羽州街道の舟渡中継地として街村集落を成していた。羽州街道は集落の中を南北に通る。

岩崎城は、主郭が皆瀬川の河岸段丘に面する東北端に位置する。標高一一〇《メートル》、比高三〇《メートル》の平山城である。主郭の西に二の郭、南に三の郭がそれぞれ位置する。これらの郭の西南下段が帯郭で、八幡神社が建つが、中世以来の古社と思われる。江戸時代の岩崎村は羽州街道筋の街村で、皆瀬川で雄勝郡と平鹿郡をつなぐ重要な舟渡場の集落であった。

明治三年（一八七〇）に二万石大名佐竹壱岐守家が岩崎に領地を授けられ、岩崎藩になってからは城の南側下に学館や藩庁を造り、藩の領内に決まった村々から人を集め、大急ぎで武家町造りに取り組んだという。そして明治四年四月に竣工したというから、いかに突貫工事だったかが推し量られる。

明治初頭の藩政の頃から明治中期頃に作成された「羽後国雄勝郡岩崎切画図」、「岩崎絵図」、「岩崎町

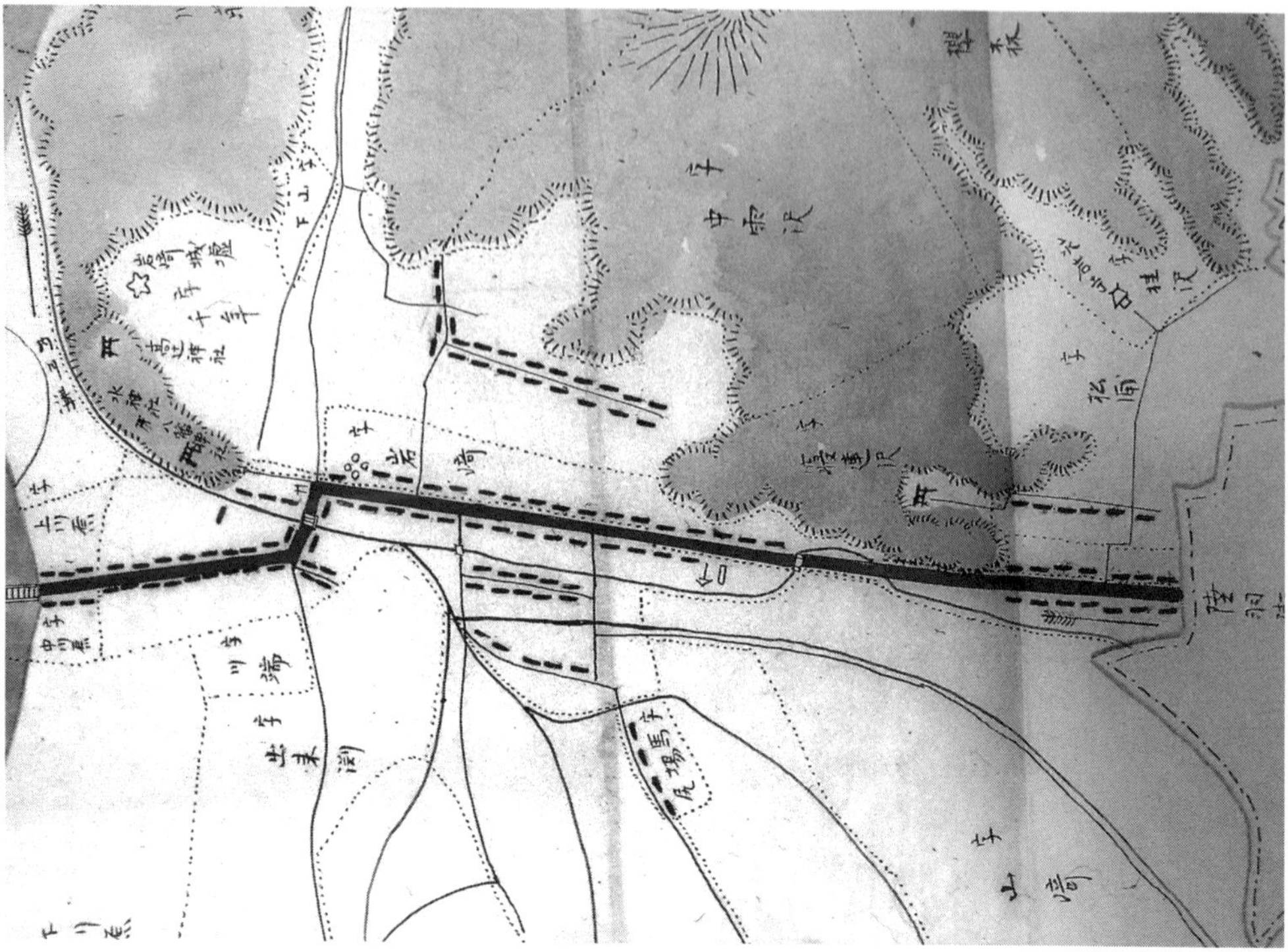

図71　明治18年「羽後国雄勝郡岩崎町絵図」（秋田県公文書館蔵）

全地絵図」（表題「秋田県第七大区二小区羽後国雄勝郡岩崎町全地」）（以上は岩崎資料館蔵）、明治一八年頃の「羽後国雄勝郡岩崎町絵図」（秋田県公文書館蔵）などによれば、武家屋敷は、それぞれの町の戸数は少ないながら、千年町、小松町、常盤町、獅子小路、二葉町、桃小路、東畑小路、南畑小路、朝日町、泉町、仲町、八幡町などがあり、いわゆる内町であった。内町は外町の東側裏手の山際に配置された。

外町の町人町は羽州街道沿いに両側町を形成し、その途中一部の西側裏手に二筋の町人屋敷小路が通る。絵図には外町の町名の記載はない。羽州街道沿いの街村の形成は戦国時代まで遡ると思われる。明治初頭の成立である武家町は街道東裏の山際の狭間になる所に配置するしかなかったと思われる。藩庁は岩崎氏時代の城跡で、字名が千年である。今は千年公園になっている。ちなみに明治四年（一八七一）での藩士の戸数は、士族一〇七戸、卒九一戸であった。

当時の面影を伝えると思われる遺構に岩崎八幡神

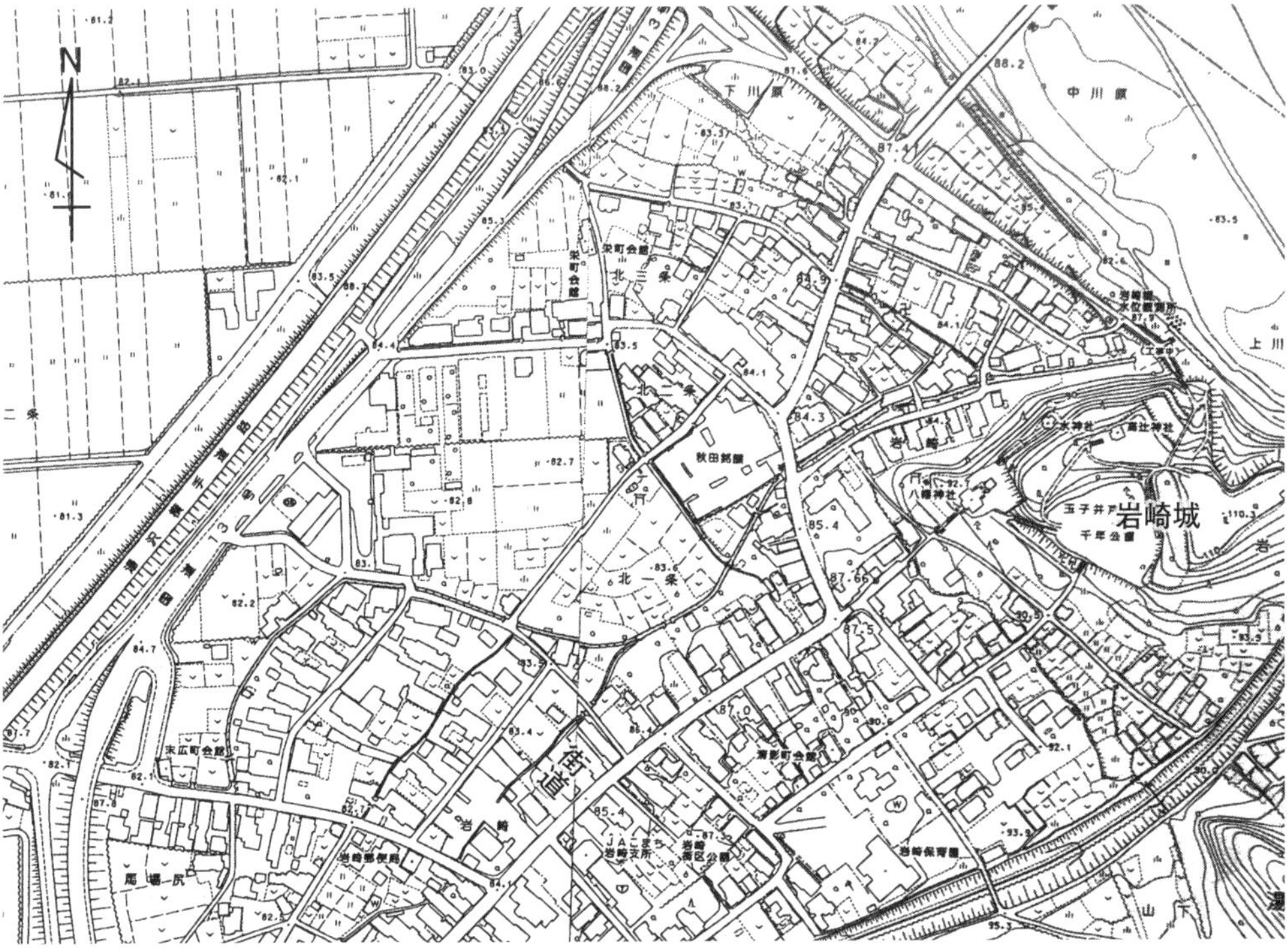

図72　岩崎都市計画図（湯沢市）

社の拝殿に付く向拝《ごはい》の唐破風《からはふ》がある。伸びやかな曲線は藩庁の玄関を移築したと思われる。破風の兎の毛通しの中央に佐竹家の家紋である五本骨扇に月丸紋が彫られていることもそれを示している。

西馬音内（羽後町）

西馬音内は出羽山地の東側山麓で、横手盆地の南端に位置する。西馬音内川谷口の扇状地である。西馬音内は、湯沢・本荘・矢島・大沢など、四方からの脇街道が通る中継地で、交通の要衝であった。そして、周辺の村々の中核的在方町としても賑わいを見せ、中世にはすでに市立てが行われていたという。

江戸時代前期の西馬音内村は、村高では西馬音内前郷村とその西に接する堀廻村を合わせて西馬音内村と言った。しかし、宝永二年（一七〇五）村高帳では両村を分けて、西馬音内前郷村、西馬音内堀回村と記している。本荘藩と亀田藩は藩政期に参勤交代の道を脇街道から西馬音内を経由して湯沢で羽州街道入った。こうしたことから、両藩の本陣があり、駅場であった。

西馬音内堀廻にある西馬音内古城は、鎌倉中期頃に稲庭城を拠点にした小野寺経道の二男、道直が横手盆地南部の押さえとして西馬音内城を築き、自らは西馬音内の名字を名乗ったと伝えられる。戦国時代には西馬音内氏は小野寺氏を助け、由利十二頭や最上氏に対峙する重要拠点であった。

城郭は、主郭が標高一八五メートル、比高九〇メートルの山城である。西馬音内氏による本格的な築城は戦国時代である。大手口が東側で、そこから尾根筋を西にたどり、最奥に主郭がある。大手口から主郭までは大小のいくつもの郭が空堀や堀切で複合的に形成されている。また主郭から南に向かって堀切を超えると二か所の郭が造られている。

戦国時代の西馬音内は前郷村と堀廻村が城下集落であったと思われる。江戸前期以降は、西馬音内と言えば主に西馬音内前郷村を言ったとも考えられる。町の中央部を西馬音内川が南西から縦断し、東北に向かって流れ下る。

町割りは、東の橋場から西馬音内川を渡ると、町のメインストリートである本町の家並みが続く。本町の北側背後に裏町が通る。裏町の北は寺町である。本町の西端角から裏町へ入る所に御嶽神社が鎮座す

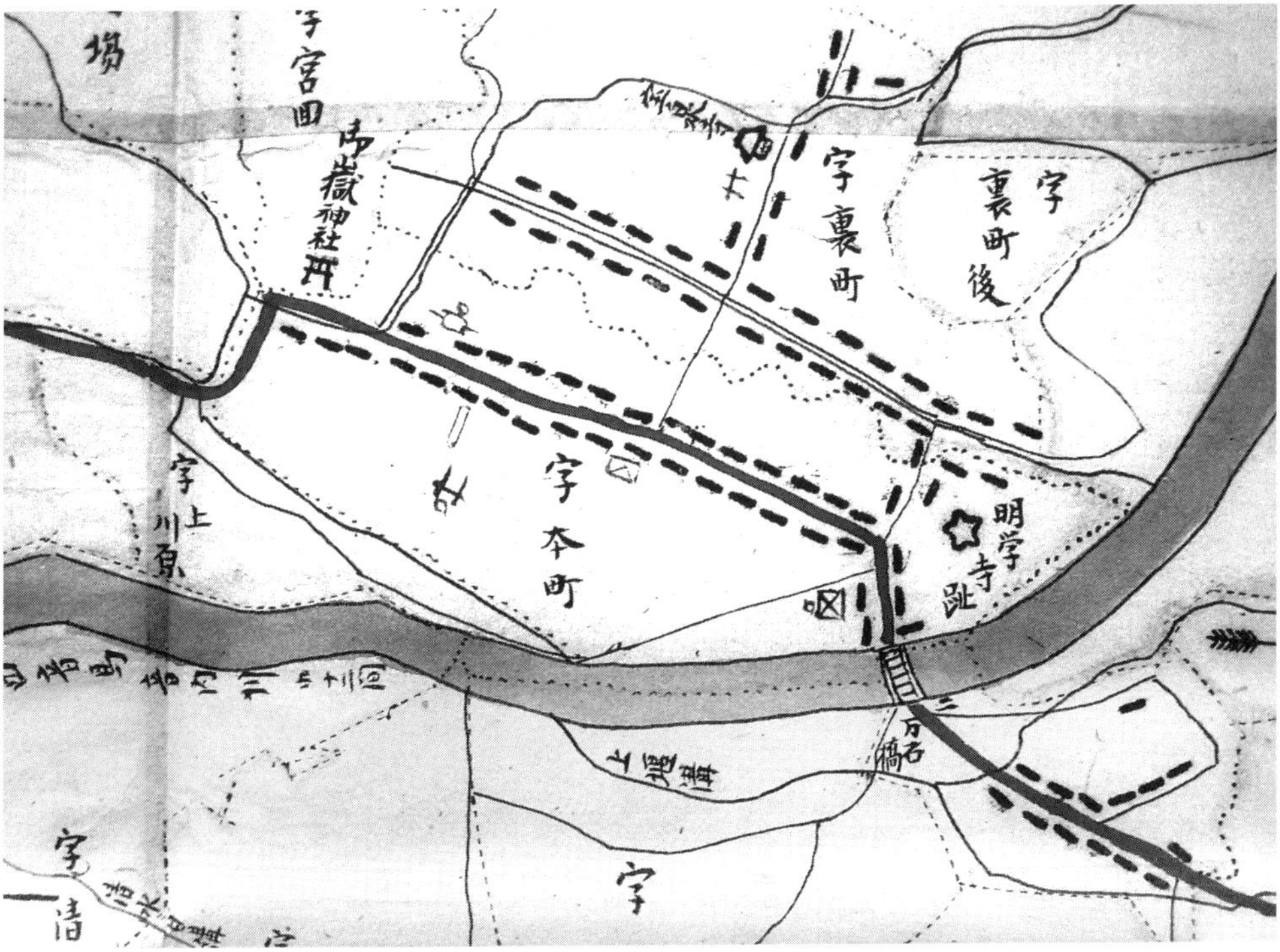

図73　明治18年「雄勝郡西馬内村絵図」（秋田県公文書館蔵）

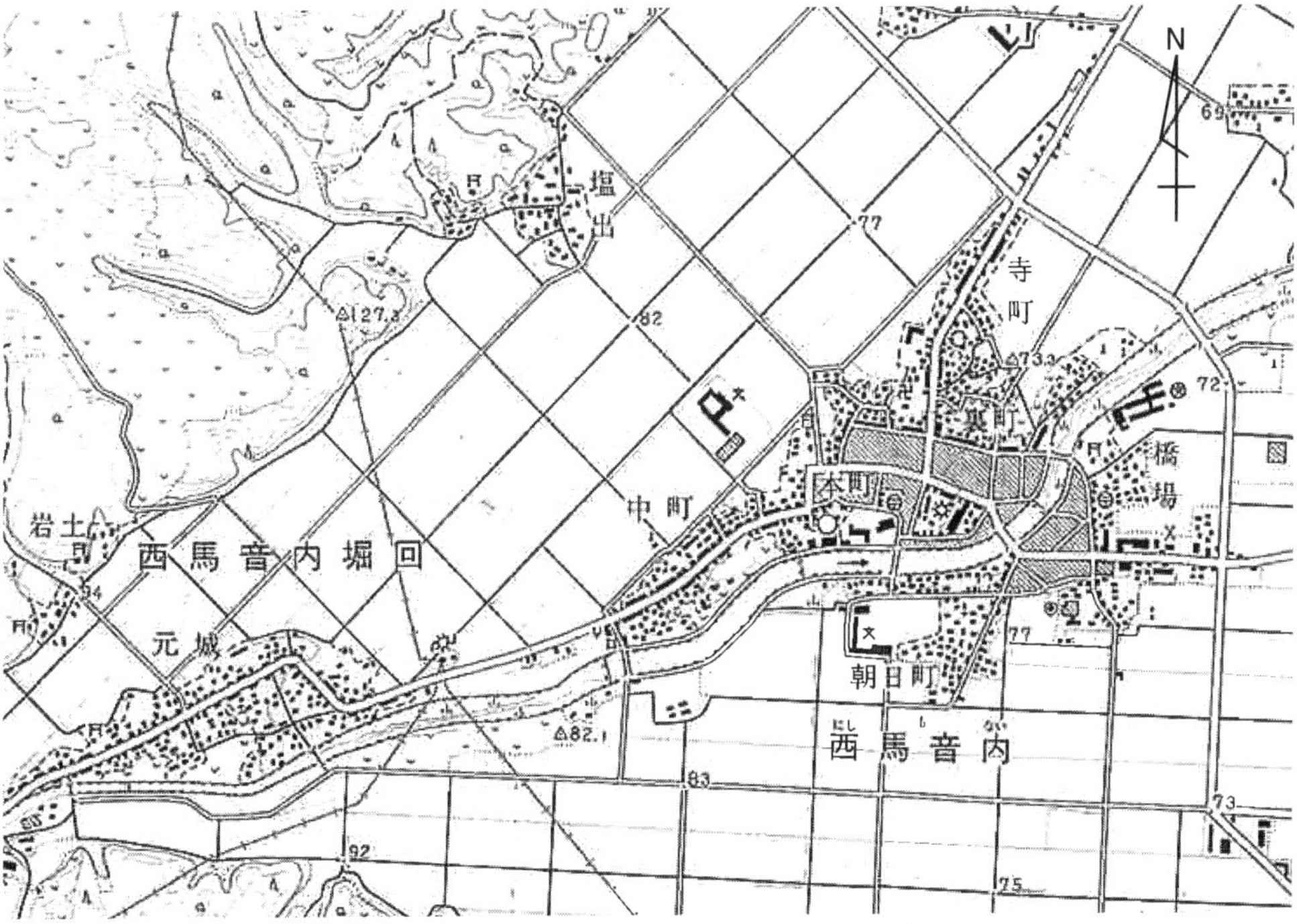

図74　西馬音内地形図（国土地理院地図）

る。本町の西は中町で、それをさらに西馬音内川に沿っていくと、西馬音内堀回の元城である。「羽後国雄勝郡西馬音内村絵図　明治十八年六月」（秋田県公文書館蔵）を見ると、本町と裏町の中核や中町などは今とほとんど変わりがないことが分かる。

西馬音内では市が毎月二五八の日の計九日間（九斎市）開催されていたが、昭和三七年（一九六二）までは三五の日の計六日間を本町通りで開き、八の日の計三日間は裏町で開催されていた。これが昭和三八年からは全部裏町で開催されるようになった。古くは中町でも開催されたという（『羽後町郷土史』）。

横堀（湯沢市）

秋田県の南端に位置する。東は奥羽山脈、西は出羽丘陵、南は神室山地によって、三方を山並みに囲まれた谷口の沖積扇状地である。すなわち、これらの山地から流れ下る沢水が寄せ集まって、役内川と雄物川になり、横堀の西で両河川が合流して、雄物川となって北流する。

中世には成立していたと思われる街村集落の横堀は、羽州街道と鬼首街道が出合う当地方の拠点であり、そのため横堀の周辺には中小規模の中世城館が分布している。横堀集落から役内川を少し遡った山麓に三ヶ所、出羽丘陵と奥羽山脈の先端台地に三ヶ所の城館遺跡が確認されている。その大半の城館は小野寺氏の一族や庶流、配下の武将で、小野寺氏に従属していたと思われる。

菅江真澄は、横堀の地名の由来に触れて、「院内の城主に三浦左衛門治郎義末という武士あり、小野

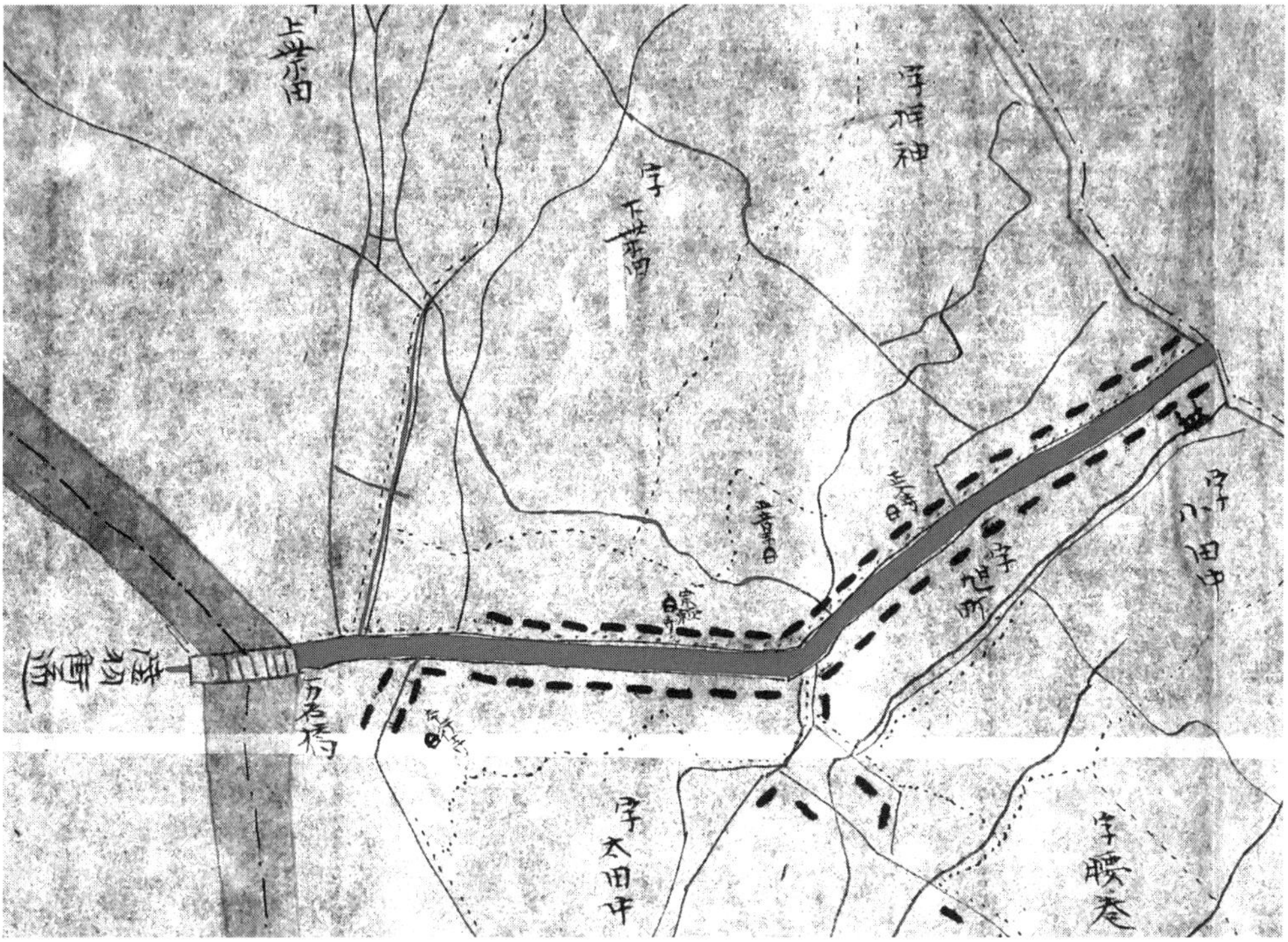

図75　明治18年「雄勝郡横堀村絵図」秋田県公文書館蔵

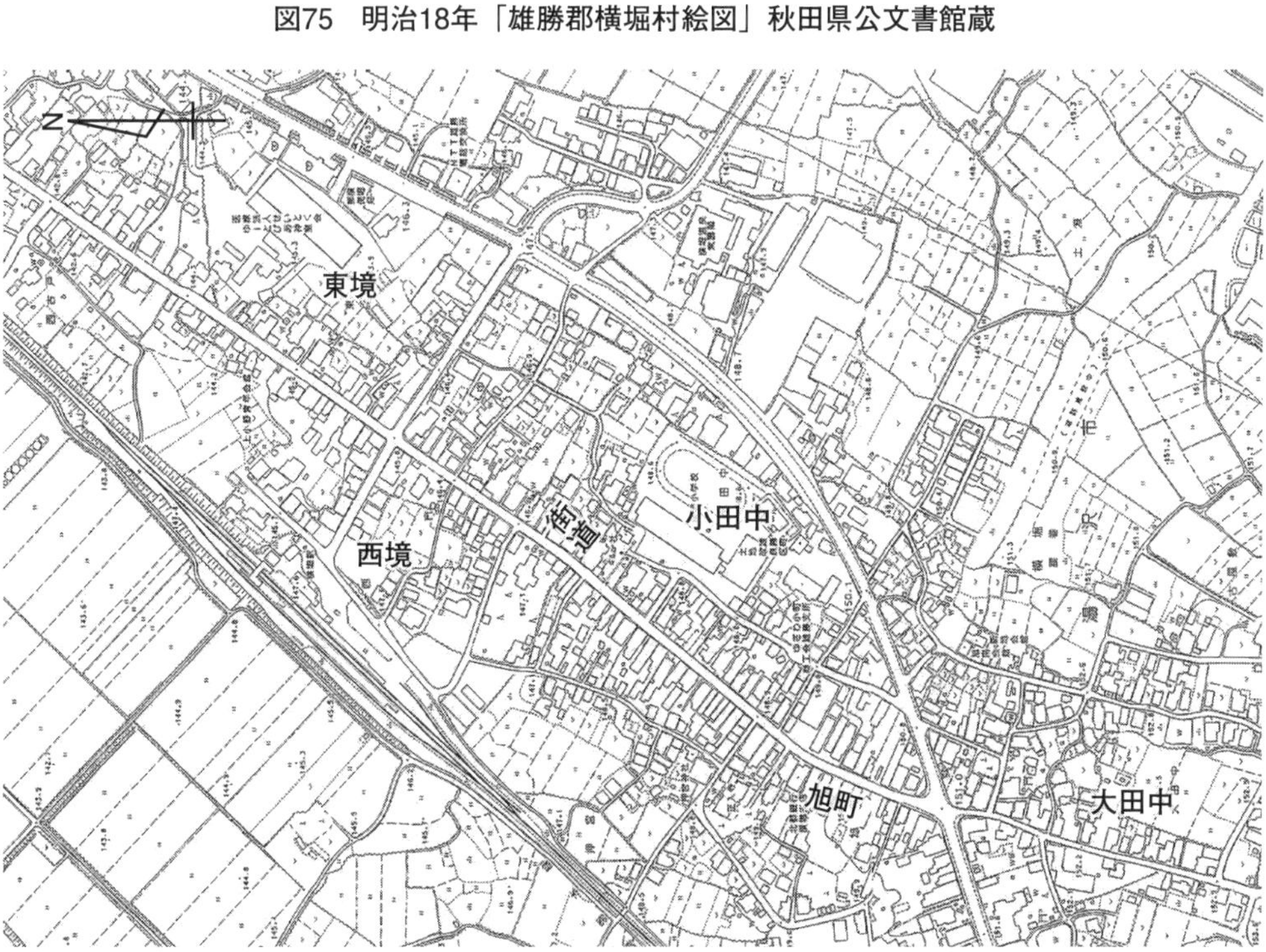

図76　横堀都市計画図（湯沢市）

路」）と記す。

寺を拒《こばみ》て東西三里が間坡《どて》を築て横たふ堀を深くなしたり、そのよしにてそこを横堀といえり。此の村に四八、今は五九の日市立ちて賑わえり」（「雪の出羽路」）と記す。

「梅津政景日記」の慶長17年4月6日条に「ミセのかたち御座候へ共、当年ハ売物を出し不申」とあり、すでに常設の店が設けられていることが分かる。横堀が一二〇戸くらいの街村集落を形成したのは元禄から享保ころと言う。寛政七年（一七九五）には郡奉行管轄の役屋が置かれている。

羽州街道の役内川に架かる万石橋を渡る所から北東に白銀町が続く。白銀町は院内銀山との商売で活況呈して、中でも酒屋、質屋、呉服屋等が繁盛したという。街道沿いの白銀町の家並みがびっしり建ち並んだために、旭町が続いて北に建ち並んだという。「郡邑記」が書かれた時代や菅江真澄が記録した時代は六斎市であったが、江戸末期から明治期にかけてであろうか、二五八の九斎市に改められたという。

横堀の町並みの字名は大田中、小田中、西堺、東堺などが地図に見えるが、白銀町、旭町の町名が付いたのは明治九年（一八七六）の地租改正以降と言う。その頃の町割・屋敷割を表した絵図に「雄勝郡横堀白銀町地引絵図面」と「雄勝郡横堀旭町地引絵図面」がある（『雄勝町史』口絵）。両絵図とも街道沿いに短冊状の屋敷割りが連なって、一筋の両側町を形成している。「羽後国雄勝郡横堀村絵図　明治十八年六月」（一八五五、秋田県公文書館蔵）は、横堀とその周辺の字地を簡略に表した絵図であるが、街村の集落状況と周辺環境が分かりやすい。

藩政期の横堀は度々大火があり、戊辰の役の時も町の大半が焼けている。明治二〇年（一八八七）～三〇年（九七）頃の銀山の最盛期には万石橋辺りに店屋が立ち並んだともいうが、橋場の川岸にあった一町内が明治四三年（一九一〇）の大洪水で流亡してしまったという。（『雄勝町史』）。

港町

●はじめに

港町としては土崎、能代、船川を取り上げる。「港」と表記するようになるのは、各開港場が幕末以降であり、秋田県は明治八年（一八七五）の絵図には「湊」と表記してある。藩政期に湊町として町立てされていたのは湊町（土崎）と能代町であり、正保二年（一六四五）の「出羽一国絵図」（秋田県公文書館蔵）には「土崎湊」・「野代湊」と表記されている。湊町としての成立は遅くとも戦国時代までさかのぼる。

土崎湊は雄物川河口に位置し、戦国時代から安土桃山時代には湊安東家、次いで秋田家の城下町であり、また、能代湊は米代川河口にあり、檜山城下町の外港であって、両湊とも舟運・海運の湊として栄えた。つまり、土崎湊は雄物川流域の、能代湊は米代川流域の、舟運と日本海海運を結ぶ流通圏を展開した。この両湊における河川の舟運と日本海海運の商業圏の形態は、江戸時代の大名転封によっても基本的には変化はなかった。とくに土崎湊は秋田藩領の久保田城下町の外港としても栄えた。

一方、船川は江戸時代末期までは小漁村で、風除け湊であった。そして、明治時代になって港湾が整備され、大型船の停泊が可能になり、町としても男鹿の中心都市に発展した。その契機となったのが大正期から昭和初期にかけての防波堤の築造であった。

由利諸藩では、子吉川河口に本荘藩の古雪湊、その対岸に亀田藩の石脇湊があり、両湊は子吉川舟運の起点であり、両藩の米蔵があったばかりでなく、

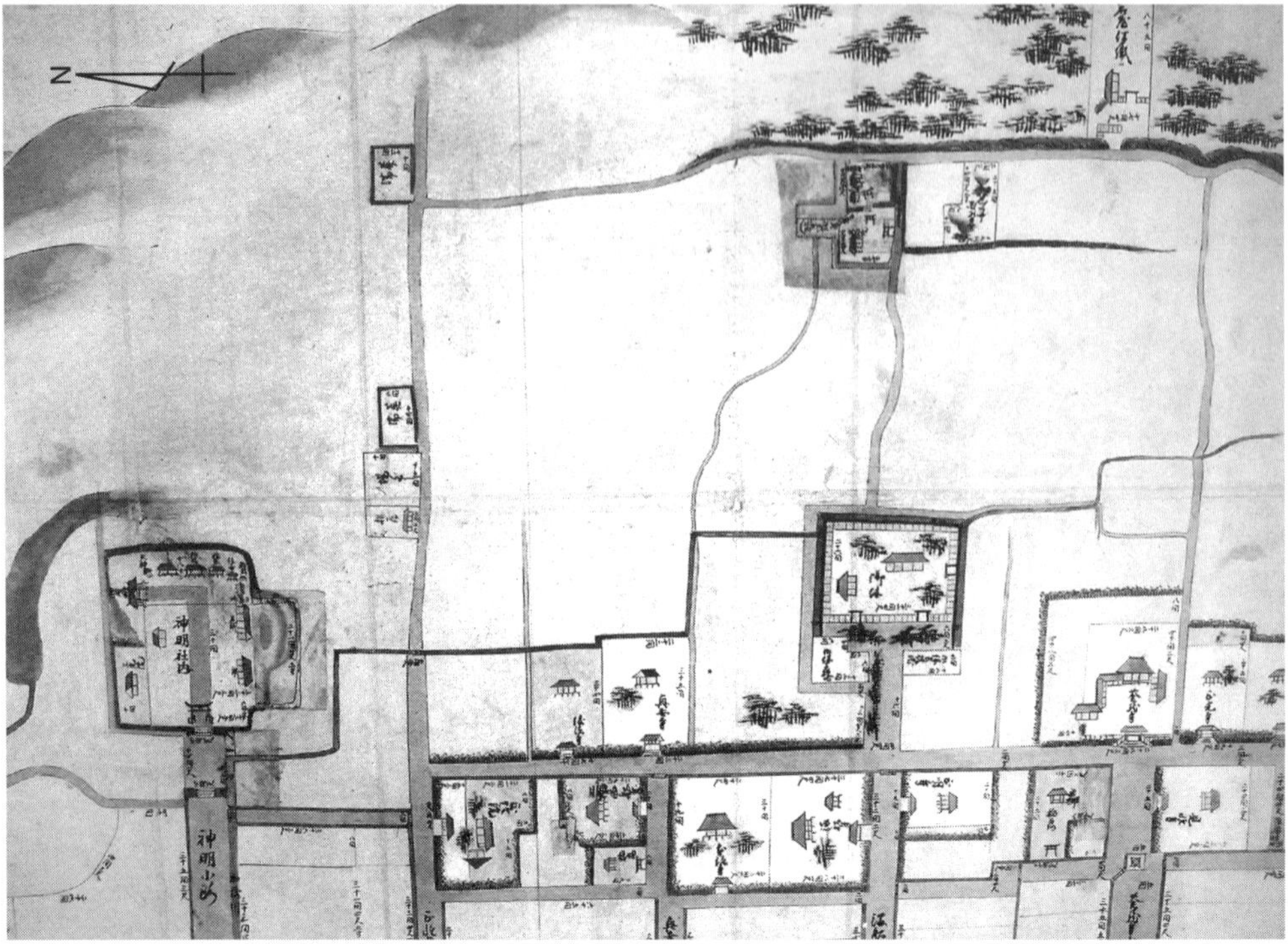

図77　文化年間頃「土崎湊絵図」（秋田県公文書館蔵）

矢島藩が年貢米の積出し湊として河口に米蔵数棟を建て置くなど、西廻り海運の寄港地としても由利諸藩の重要な交易湊であった。土崎湊と能代湊に次ぐ湊として本荘湊（古雪湊）が位置付けられる。しかし、城下町の中の湊という複合的機能の点において、土崎湊・能代湊とは性格が異なる。

由利地方では、漁港であるとともに海運でも、小港湾の寄港地として塩越湊、金浦湊、平沢湊が知られていたが、秋田藩領にも男鹿半島をはじめとして漁港が多数存在した。いまでも秋田県内の漁港をざっと数えても北の岩館漁港から南の小砂川漁港まで二四か所ほど確認できる。そのうち男鹿半島には十二か所あり全体の半数を占める。

幕末安政二年（一八五五）の「東講商人鑑」（秋田県公文書館蔵）には、北前船などの廻船業に携わる諸商人氏名が列記されている。廻船問屋だけ上げれば、土崎は間杉五郎八を筆頭に一〇人、能代は八人、本荘古雪は五人、本荘石脇は五人である。このほかに、廻船問屋などの商人がいる北前船の寄港地として塩越（象潟）が上げられる。また、平沢と金浦は小港ながら廻船問屋などの商人がいた。加えて両湊とも風待ち港としての意味合いがあった。これらの湊の高台には風向きを見定める方角石が据えられている例が、平沢や金浦などに見られる。

河川による舟運に言及する。雄物川・米代川・子吉川とその支流・分流を利用した交易のために、城下町や陣屋町には川湊が併設されたり、あるいは外港が設置された事例が多い。また、川沿いの村に川湊が築かれ、その結果、市が立ち、町並みが形成され、在方町として周辺の村々の商業圏の中心を成した。その窓口が河口湊の土崎湊・能代湊・本荘湊（あるいは古雪湊）である。川湊のある市町が成立した要件に、もともと「渡し場」であったことに由来していたことが考えられる。

川湊は、雄物川や米代川では、舟場《ふなば》とか舟着場と呼ばれた。利根川など関東の川湊である河岸《かし》と同じ意味である。藩政期の古絵図には「舟場」・「舟着場」の書き込みは少なく、対岸に渡る「渡し」とか「徒《かち》渡り」の記載が多く見られるが、「舟場」と「渡し」は意味がまったく異なる。本書で取り上げた在方城下町や在方町の多くが、三つの河川かその支川沿いにあり、舟場の存在によって町場が形成されたといっても過言ではなかろう。

土崎（秋田市）

室町時代に津軽十三湊を本拠にしていた安東盛季が下国家を興し、応永年間（一三九四〜一四二八）に弟の鹿季が盛季の命によって秋田湊を征して、湊安東氏を称した。一方、同族の安東政季が康正二年（一四五六）に檜山一帯を征して築城を開始し、子の忠季が明応四年（一四九五）に完成したという。これによって、檜山安東家と湊安東家が併存することになった（『秋田市史中世通史編』）。

湊・檜山両家合戦のいわゆる「湊合戦」で、檜山安東氏の実季が勝利する天正一七年（一五八九）まで、湊城がどこに所在していたかは、はっきりしていない。湊合戦などに関係する記録から判断すると、湊城跡とされる現土崎神明社地でなく、古代秋田城周辺から寺内にかけての地域に所在したらしい。

実季は修造という名目で慶長四年（一五九九）七月から同六年（一六〇一）暮にかけて新たな城を築くが、この時に現在の神明社地が城地として選ばれたという。

江戸時代に羽州街道になる本町通りと呼ばれた惣町十か町の町並みは、その基本は安東実季が町割りをして、慶長初年頃に形成されたと推測される。そして慶長三年（一五九八）には安東実季が秋田氏を名乗って湊城を拠点にした。つまり、雄物川河口に沿って、その東側に町人町を南北に通し、東奥に堀で囲まれた平城の湊城を築いた。湊城の南側の並びに寺町を形成した。その後の佐竹氏時代に江戸時代の絵図に見られるような町割りになったと思われる。この町割りがいつごろ完成したかは今一つ不明である。

元和二年（一六一六）に久保田城下から八橋・寺内を通って土崎湊に至る羽州街道が完成した。元和六年（一六二〇）には神明社が湊城旧城地に移転して土崎の総鎮守となった。鳥海山大物忌神社神官進藤重記が享保期から宝暦一二年（一七六二）まで書き継いだ『出羽国風土略記』に「土崎の湊という当地に城跡あり平城にして今水堀二重土手所々にあり大手は申酉（西南）にあり搦手は北に有是は秋田城之助殿古城也という六〇年以前に破れたれば城内に草木生え茂り葎茂りて道を塞堀土手斗見ゆる」と、江戸中期の湊城跡の状態を記している。

土崎湊の町割り絵図が秋田県公文書館に江戸時代と明治時代に書かれたものがそれぞれ数枚存在する。その中で、江戸後期と思われるきわめてよく似た町割り絵図が二枚ある。絵図名が同じ「土崎湊絵図」とある。記載事項は、町割り・町長・町名・道路幅・小路名・寺社名などである。道路を黄色に塗分けるのも同様である。文政五年（一八二二）に萱村町が肴町に改称するから、これらの絵図はそれ以前に書かれたという推測も考えられるが、萱村町の町名はその後も使われ続けたようなので、必ずしもそうは言いきれない。

「弘化三年　土崎湊絵図」（一八四六、川口家蔵）は江戸末期の町割り絵図であるが基本的沽券絵図の意味合いも兼ねている。絵図に「惣町地形入組　間方不記但し御収納地限シルシ」と添書きがあり、御用地・寺社方除地・御郡方湊町御年貢地・御勘定方地・御町方地・水元堰筋・道筋を、色分けと輪郭線で区分する。肴町は以前通りに萱村町と表示している。

以上の三枚の絵図から読み取れる特徴的なことは、町人町が羽州街道沿いに街村型の集住を形成して、街道が町並みの基軸になっている。街道の東側奥には裏町を挟んで寺町が並立する。町の南端に御米蔵がある。町の北寄りの東奥方に湊城跡の神明社があり、その東から北にかけて湊城時代の堀が取り巻いている。町の中ほどの寺町の並びに藩主の御休所がある。

江戸時代の絵図では、町人町である本町通りは両側町で、寺内坂を下った南端の穀保町から北に向かって町割りされている。つまり、穀保町に続いて御米蔵の御蔵町で、道路がクランク状の枡形になっている。続いて、新城町・上酒田町・下酒田町・永覚町・加賀町・小鴨町・萱村町・菻《がつぎ》町・新町で、町境は東西に通る小路によって区切られる。そして大半の小路には名前があった。その中で、菻町と萱村町は珍しい町名であるが、それぞれガツギの繁茂地と

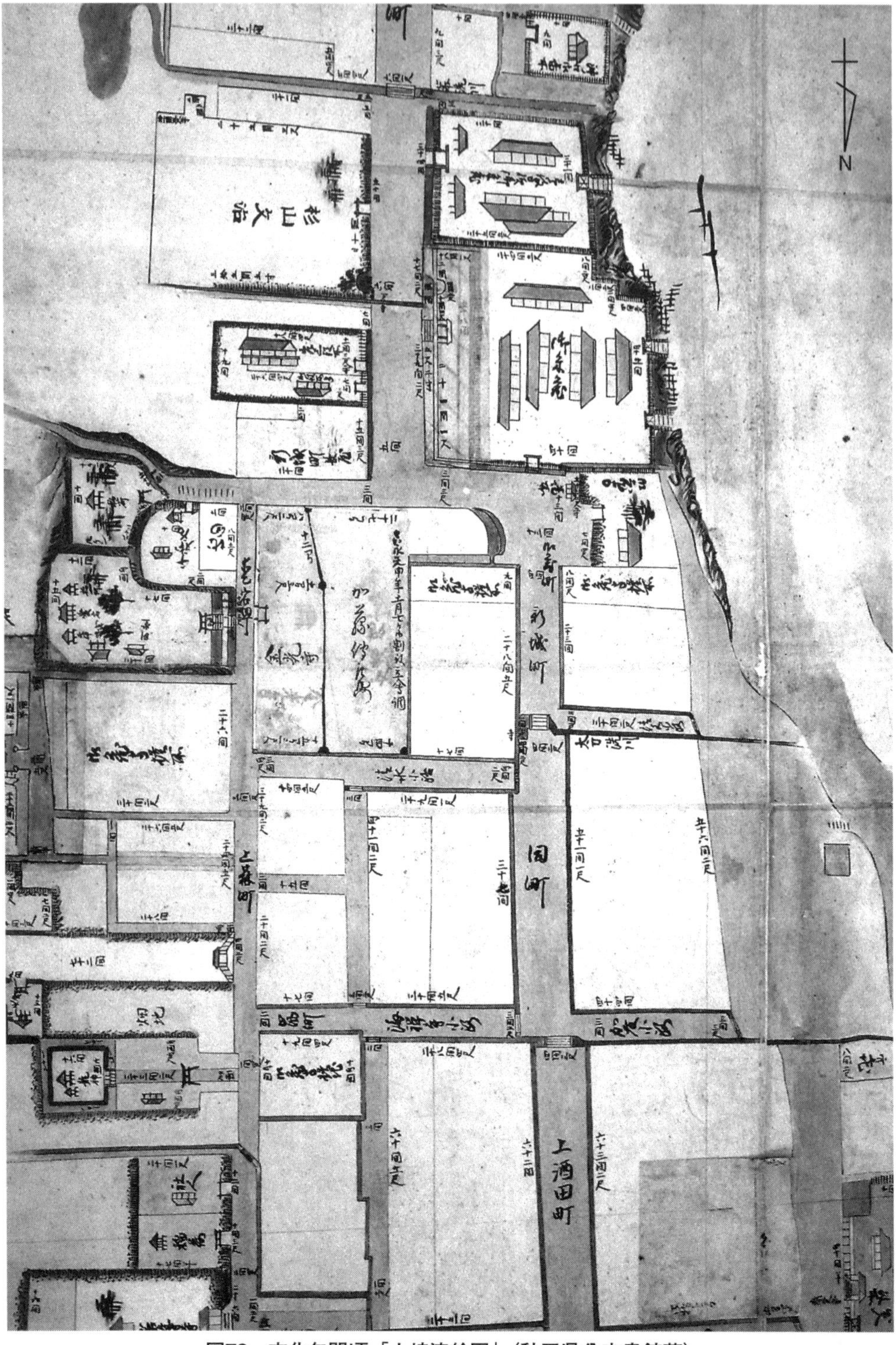

図78　文化年間頃「土崎湊絵図」（秋田県公文書館蔵）

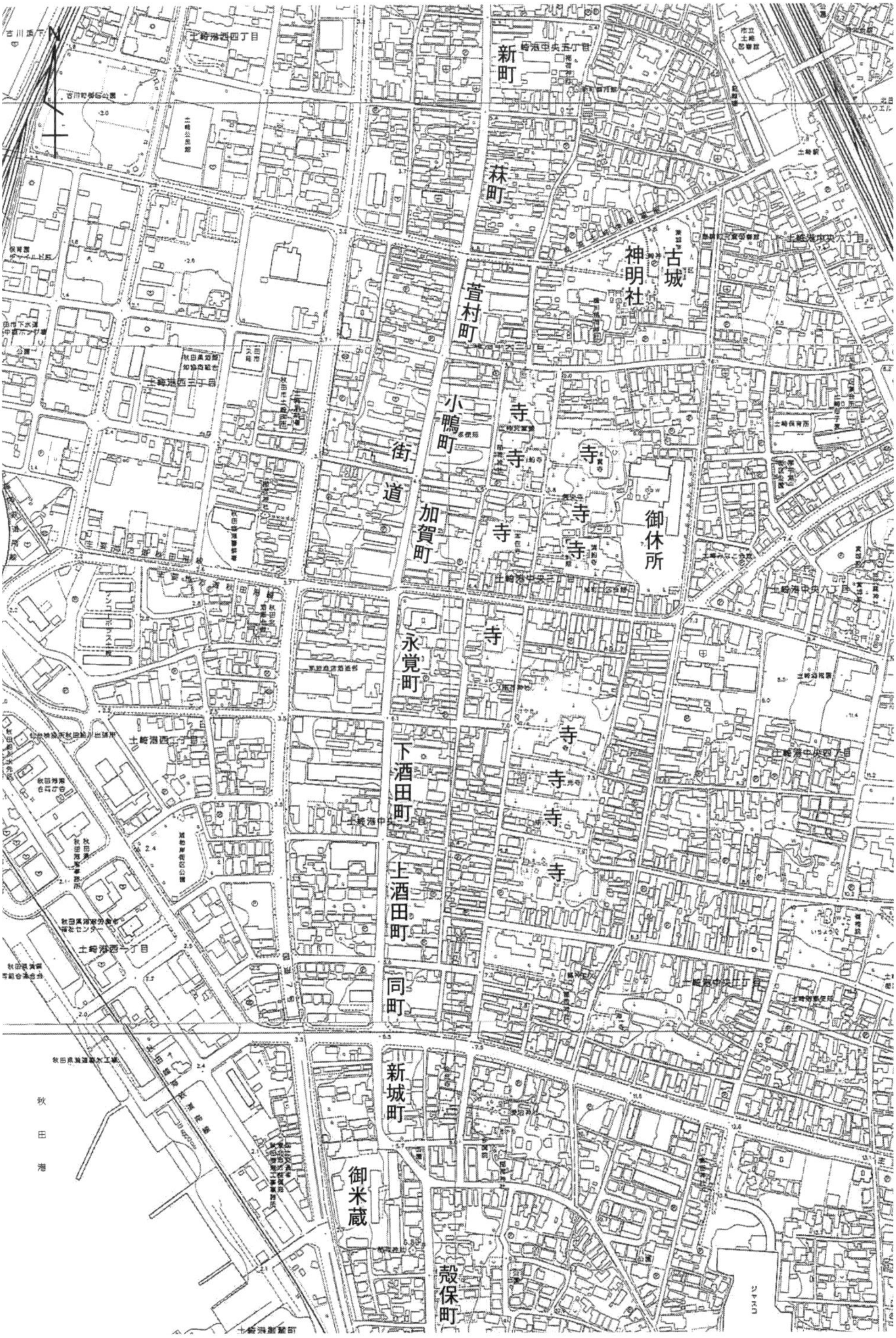

図79　土崎都市計画図（秋田市）

萱の自生地で、元々は湿地帯だったと思われる。萱村町は文政五年（一八二二）に肴町と町名を変える。

『東遊雑記』に「久保田より北一里に湊町というあり。このところは秋田六郡の産物この浦に出し交易の所にて、中国・九州及び大坂の廻船この湊にいるなり。このゆえに町もあしからず、千三百余軒、娼家もありて賑わしきまちなり。久保田の本町よりも湊町の方すぐれたり」とある。

明治時代の絵図は、「秋田県管轄第一大区七小区土崎湊略絵図面」が最も注目される。大区小区制時代の絵図であることから、明治六年（一八七三）頃に作成されたと思われる。町割りに加え、一軒一軒ごとの屋敷割りと地主名が明記されている。屋敷規模の寸法は記載されていないが沽券絵図の基本図である。町人屋敷はいずれも、ほぼ同様の間口と奥行の短冊形の屋敷が並ぶ。また、穀保町通りの東側の屋敷は、廻船問屋の氏名の下に「処持地土蔵」の書入れがある敷地が、町人地と同様の短冊状に並び、湊ならではの町割り・屋敷割りである。

「明治八年　秋田県管下第一大区七小区羽後国秋田郡土崎湊町六尺壹間壹分詰絵図」は道路網と道路幅が示されている。前記絵図の副産物的なものであろう。「沽券地絵図　秋田県管下第一大区七小区羽後国秋田郡土崎湊市街」は明治前期の簡略な町割り図である。「羽後国秋田県土崎湊略絵図」は明治前期の絵図で、御市街方印（黄色）、御高方印（黒色）に塗分けた絵図である。絵図はいずれも秋田県公文書館所蔵である。

能代（能代市）

能代が湊町として現在地に町が開かれたのは戦国時代の弘治二年（一五五六）という。その当時の檜山城主安東愛季が、米代川を利用して流域の杉などの木材や鉱石を始め諸物資の交易のために、檜山城下町の外港として米代川河口の南側に湊を築いた。能代は檜山城下町の外港だったとはいえ、江戸時代は、武家屋敷はわずかで、町人町の占める面積が圧倒的に広く、一九町が町並みを形成していた。

能代の町割りを検証する絵図は数枚存在する。まず享保一三年「能代絵図」（一七二八、能代市役所蔵）が上げられる。藩領内支城及び所預の「給人町絵図」と同様の意向で作製され、藩庁に提出した絵図の控えである。町人町は、町割りと町名のみが表示され、侍屋敷は氏名、屋敷の間口と奥行の間数、足軽は屋敷割り、寺や役所は名称と屋敷の間口と奥行を書き込む。全体を淡彩で仕上げるが、道路・武家屋敷・寺と役所に塗分ける。

弘化二年「能代町之絵図」（一八四五、秋田県公文書館蔵）は、奥書によると、敬正寺が公地を拝領する際に藩から派遣された役人が調査の参照図として使用したものである。絵図は道路をやや誇張して太めに引く。町割り・役所・寺を享保一三年「能代絵図」と同色の淡彩に塗り、武家の屋敷割りはないが、享保絵図を参考にしたことはほぼ間違いない。この絵図の特徴は町長・町幅・道路幅などの寸法が赤色で記される。

ほかに年代不詳ながら、よく似た二枚の「能代町絵図」（秋田県公文書館蔵）がある。しかも、書き込みを子細に見ると、下絵と完成図の関係であったと思われる。淡彩色で、道路以外はほとんど彩色が目立たない。絵図の年代については、本町と南仲町の町立てが天保年中であるから（『能代市史』）、作成年代は天保年間（一八三〇〜）以降ということになる。

「能代町絵図」は、完成図の作図技法が享保一三年「能代絵図」とよく似ている。記載内容も武家屋

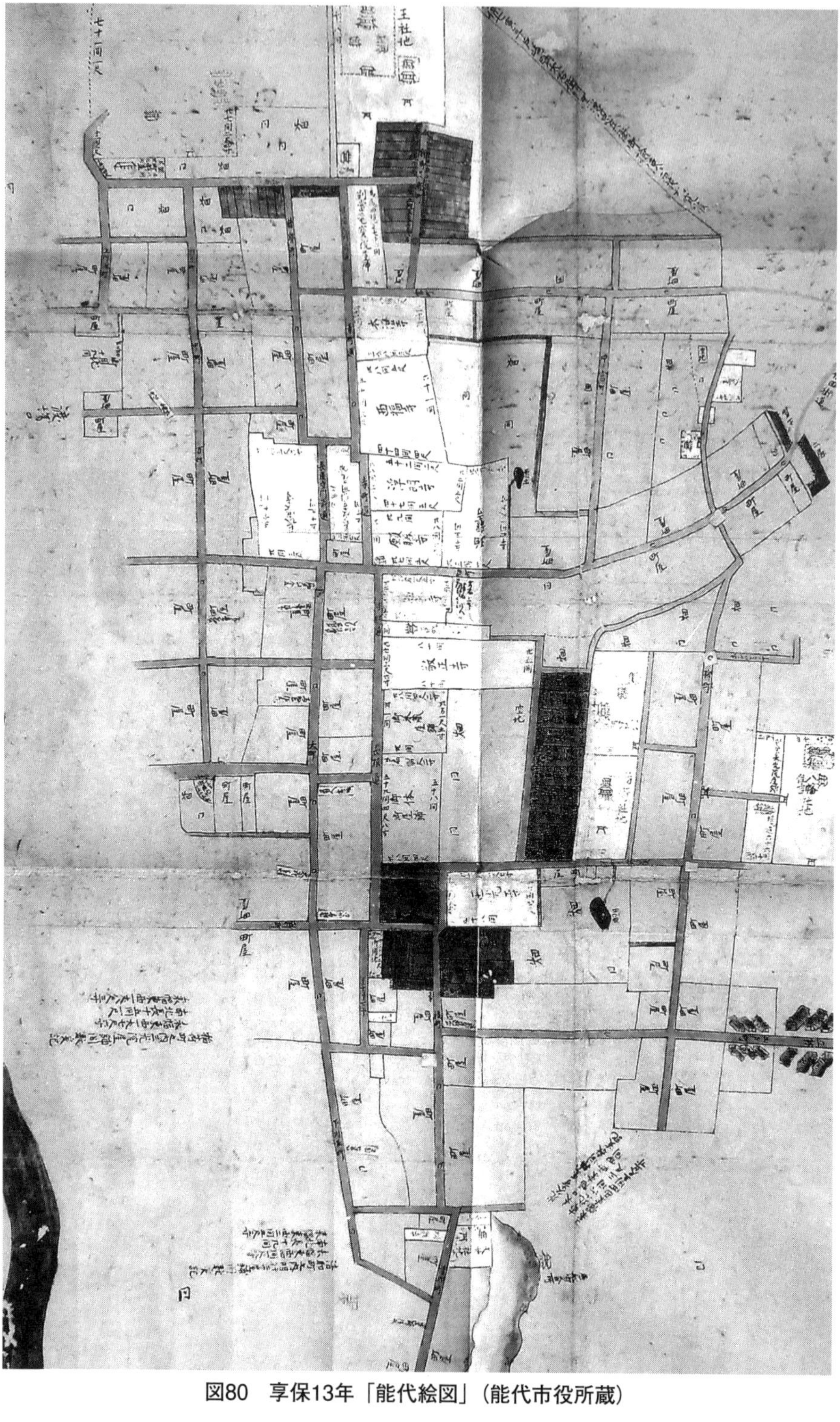

図80　享保13年「能代絵図」（能代市役所蔵）

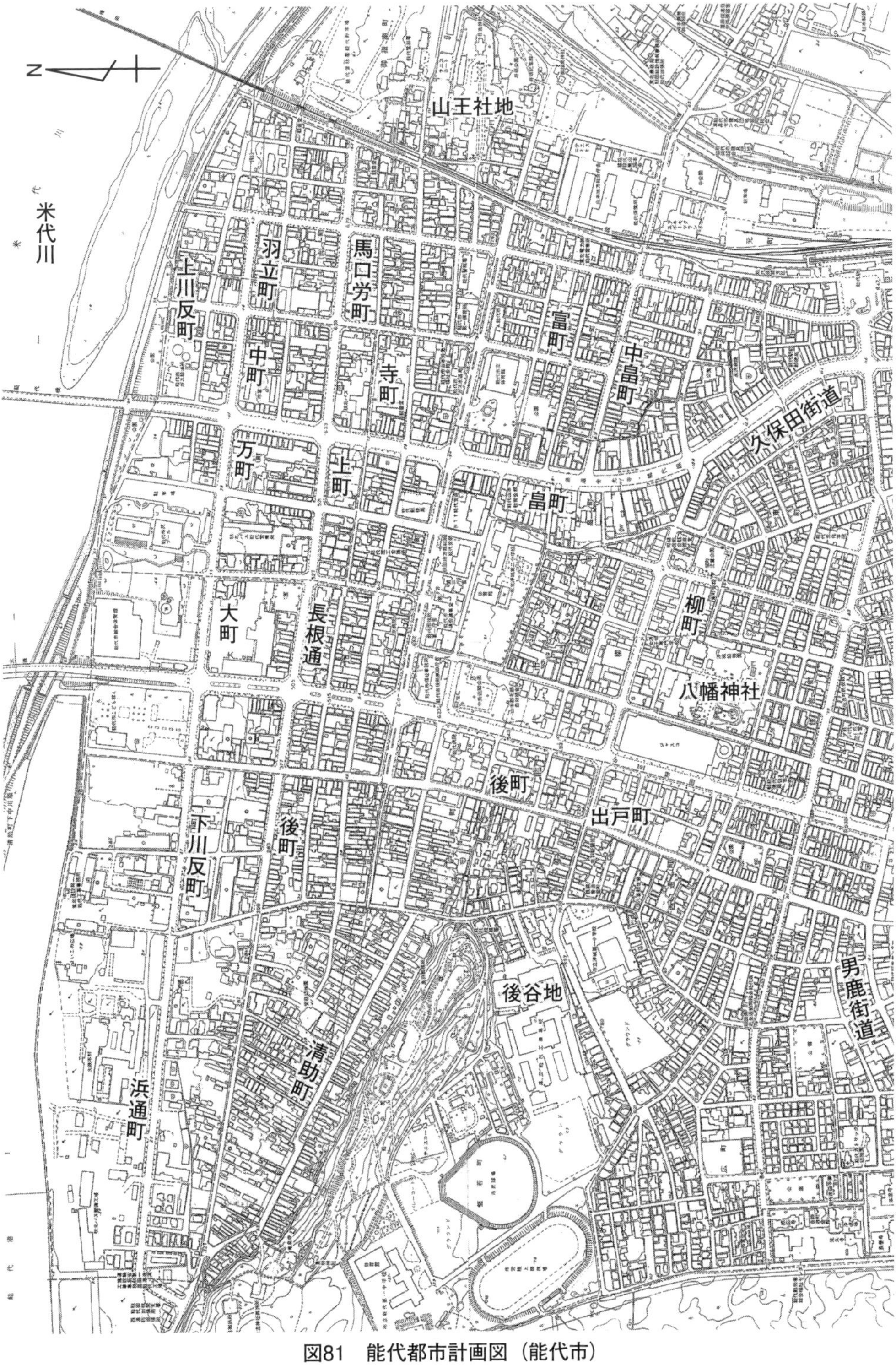

図81　能代都市計画図（能代市）

敷は居住者名・屋敷の間口と奥行の間数を表示し、寺院・神社や役所などは記名されている。町名・町長・町幅・道路巾の寸法が記入されている。一方、この絵図の下絵になったと思われる絵図には武家屋敷の氏名や町割りの寸法や社寺の名称が未記入の所があるなど、未完性と思われるが、完成図に比べると彩色が五色に色分けされるなど、きれいである。

「第三大区一小区羽後国山本郡能代町沽券地絵図面」(秋田県公文書館蔵)は、明治六年(一八七三)頃に作成されたと思われる。町割りを種別ごとに塗分け、町名を記した程度の絵図だが、町割りと町名の変容などが藩政期との違いを比較して確認できる点で意味のある絵図である。

『東遊雑記』には「能代といえる所は湊にて、千四百軒の地にて、大概のよき町なり。能代川ながれ、川上は奥州南部より流れ出で、十九里の間は川船往来して、この辺の産物皆みなこの湊に出て、北国・九州及び大坂の廻船も数多入津して、交易の業あるゆえに、商人多く、豪家も見え娼家も見えて、言語も外より見れば大いに勝れたり」とある。

「代邑聞見録町々覚　享保八年」に、「清助町永禄年中建、後町建年不知、疑らくは弘治年中ならん、下川端町同断、大町同断、上町同断」となって、佐竹氏が転封される以前にできた町である。それ以外の町は佐竹氏の入封以後にできた町である。能代は米代川に沿って、東の上流に当たる上町から大町・下川端町と西に向かって道路を通し、鉤型に折れ曲がって清助町の河口に至る。清助町を逆に東に向かうと部分的に食違いがあるが、後町・寺町の通りである。大町通りに平行して、米代川の川岸に東から羽立町・中町・万町の道路を通し、万町が南に折れて大町に突き当たる。この三本の道路が安東氏時代に遡る町割りの基軸である。

能代の町割りは、基本的には、東西道が本通りで、南北道が小路である。数多くの小路の中で、三九か所ほどに名称が付けられている。名称は七郎左衛門小路とか五右衛門小路など、小路に住む有力者の名前を付けた例が多いという。南北道の大半は小路であるが、大町のT字路から男鹿街道に至る道路、上町の交差点から久保田街道に至る道路、そして町南端の柳町通りの三本の道路は本通りであろう。

　能代町の形態は、絵図を通して眺めると、北側の万町通り、南側の柳町通り、東側の富町通り、西側の後町通りの四本の通りが町並み全体の外郭をなして、変形四角形の町割りに見える。江戸時代は米代川に沿って東西約一二〇〇メートル、南北約七五〇メートルの長方形の町割になっていたという。しかし能代は戦後二度の大火災によって一大区画整理事業を実施し、火災予防と車両中心の大道路となり、整然とした町並みに一変したという。昔ながらの懐かしい町並み、面影を残しているのは般若山（能代公園）下の、能代古町のにおいのする静かな清助町通りのみであるという（『郷土の窓能代湊桧山周辺史話』）。

船川（男鹿市）

　船川は、桃山時代の「文禄元年　秋田城之助殿分限帳」（一五二九、『秋田市史中世史料編』）に「参百壱石六斗八升七合　舟川仁兵衛、八拾三石五斗五升四合　舟川小太良」と、二人の舟川氏の名がみえる。二人の関係は不明だが、いずれにしても秋田実季の家臣舟川氏（船河氏とも）が在地領主として支配していたと思われる。

　舟川氏の城館は、船川の西側に続く丘陵が途切れる先端の台地に築かれた鳥屋場館跡が推定地と考えられている。鳥屋場館跡周辺は舌状台地を成し、室町時代に開創されたと伝えられる大龍寺が隣接する。菅江真澄が、古い館跡は秋田氏に仕えた舟川左近（仁兵衛の官名）の城跡と記して、鳥屋場館に言及している（「男鹿の秋風」）。舟川仁兵衛は慶長七年（一六〇二）に、秋田実季の穴戸転封に従い船川を離れたと伝えられている。

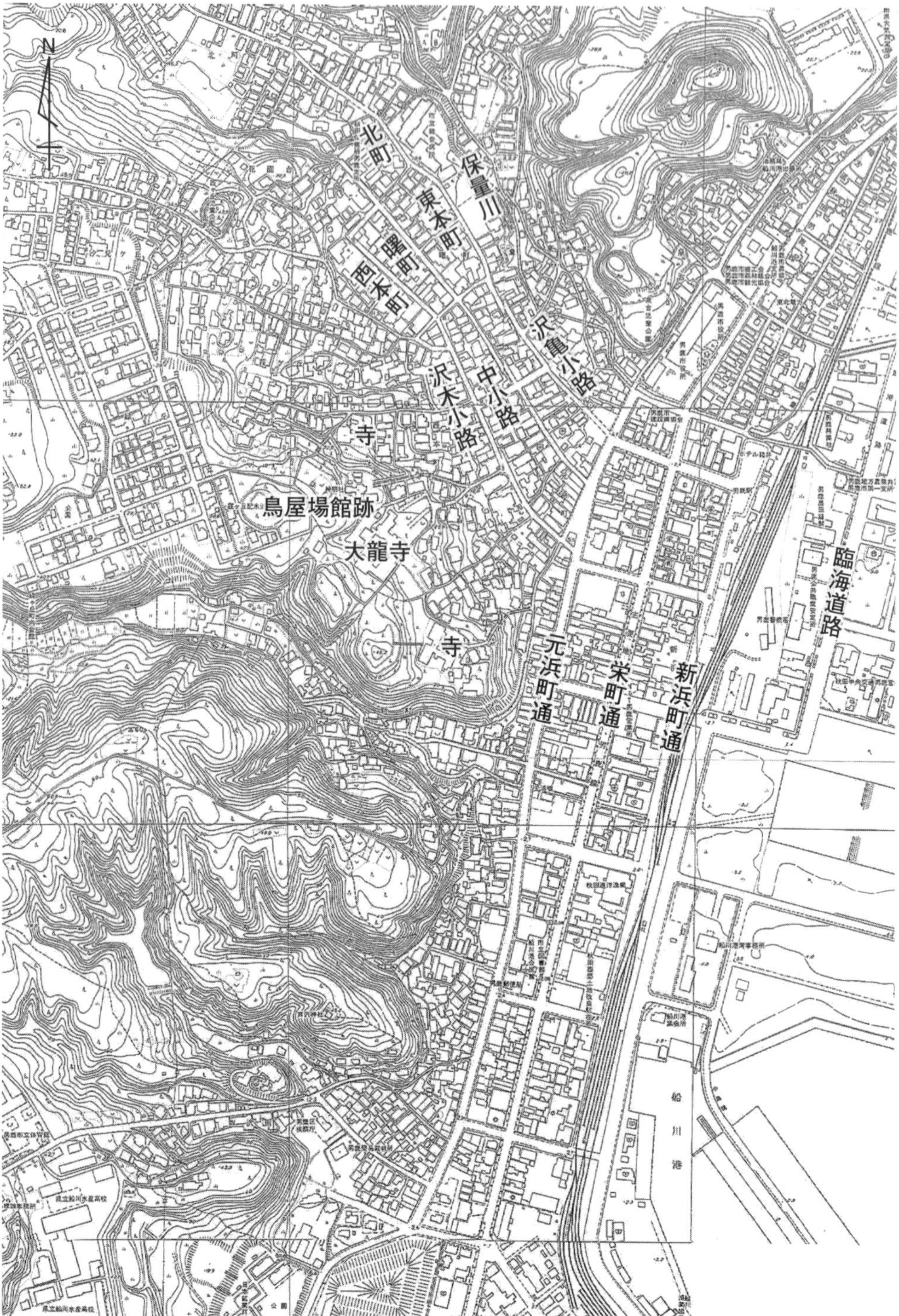

図82　船川都市計画図（男鹿市）

船川は男鹿半島の頸部の湾に近い南岸に位置する。西方は標高七一五メートルの本山、五六七メートルの真山から続く山地に抱かれ、風除けの良港である。「郡邑記」によれば、江戸時代の船川は家が五〇軒前後の小漁村といった印象を受ける。脇本・金川から門前・戸賀に至る街道沿いの集落で、駅場を勤める村であった。「船かかりの間あり」とあるから、土崎湊と能代湊に入港する貿易船の風待ちのための繋船の湊で、これを間と呼称したのであろう。

江戸時代は、度々火災に遭い、幕末嘉永六年（一八五三）には八五軒のうち五一軒が焼失した。そのため郡方役所へ町割りを願い出て町並みを造成した。町割りは道幅五間の往還と、保量川に平行し北西の沢に向かって延びる沢亀小路・中小路・沢木小路と呼んでいる三通りの小路がつくられた（『男鹿半島―その自然・歴史・民俗』）。

明治一三年（一八八〇）船川港築港の計画が起こり、同四四年（一九一一）土崎港とともに重要港湾に指定。海岸を約七万坪埋め立て、うち四万坪を市街地として造成し大正一〇年（一九二一）に第一期工事は終了した（『船川築港史』）。このように、明治四四年から本格的な築港が始まり、大正五年（一九一六）に船川線（男鹿線）が開通する。昭和六年（一九三一）に築港と現市街地の大部分が完成して貿易港としての第一歩を踏み出したという。

船川の町並みは、四本の道路を南北に通し、互いの道路は東西の小路でつながれる。東端の海岸通り（港寄り）は埋立地の臨海道路である。男鹿線の西側の新浜町通りは近代に開通した道路であろう。メインストリートである栄町通りは、幕末の造成による道路と推測される。文政一三年（一八三〇）に、船荷の検査などをする川方見廻役所が海岸通りにあったらしく、あるいは、この通りが後の栄町通りの可能性もある。

栄町通りより西寄りの高い位置に通る道路が元浜町通りで、集落当初の波打ち際の道路を連想させる名称からすると、中世から江戸時代にかけての町並みは元浜町通りと推測され、街村集落を形成していたのではないだろうか。

鉱山町

●はじめに　―院内銀山町を事例として―

鉱山町としては、阿仁・小坂・花岡・尾去沢の各鉱山町を取り上げる。藩政期初頭から藩領内の代表的鉱山として知られた院内銀山町は、今は跡形もなく、山林が続くばかりで、谷筋に細い原野道が通るだけの、まさに、つわものどもの夢の跡になっている。その中に金山神社だけが当時の有様を偲ばせる。鉱山町としては消滅したが、藩政期の代表的鉱山である院内銀山町についてはこの概説で述べることにした。なお、銀山町に関する内容の多くは、寛永一三年（一六三六）に書かれた「院内銀山記」（『日本庶民生活史料集成第10巻』収載）を参考にした。

院内銀山は正保二年（一六四五）の「出羽一国絵図」では「銀山町」として町立てされた唯一の鉱山町であり、最盛期には人口一万人以上の、当時としては久保田城下町に次ぐ大都市として活況を呈した。開坑当時の総人口は「恐らく、一万五千人程度以上の大きな町が、突如として出現した」（『秋田県史第二巻』）と推測されている。

院内銀山は慶長一一年（一六〇六）に発見され、翌一二年から藩の直山となり、翌一三年（一六〇八）までは院内の所預矢田野氏の支配下にあった。しかし、早くも同年には、広大な谷が屋敷で埋め尽くされたことから、慶長一四年（一六〇九）以降は梅津政景など三人が大頭（山奉行）として派遣された。

この開坑当時の状況を伝える「院内銀山記」には、「同十三年の春には八方の谷々に居あまりて、下院

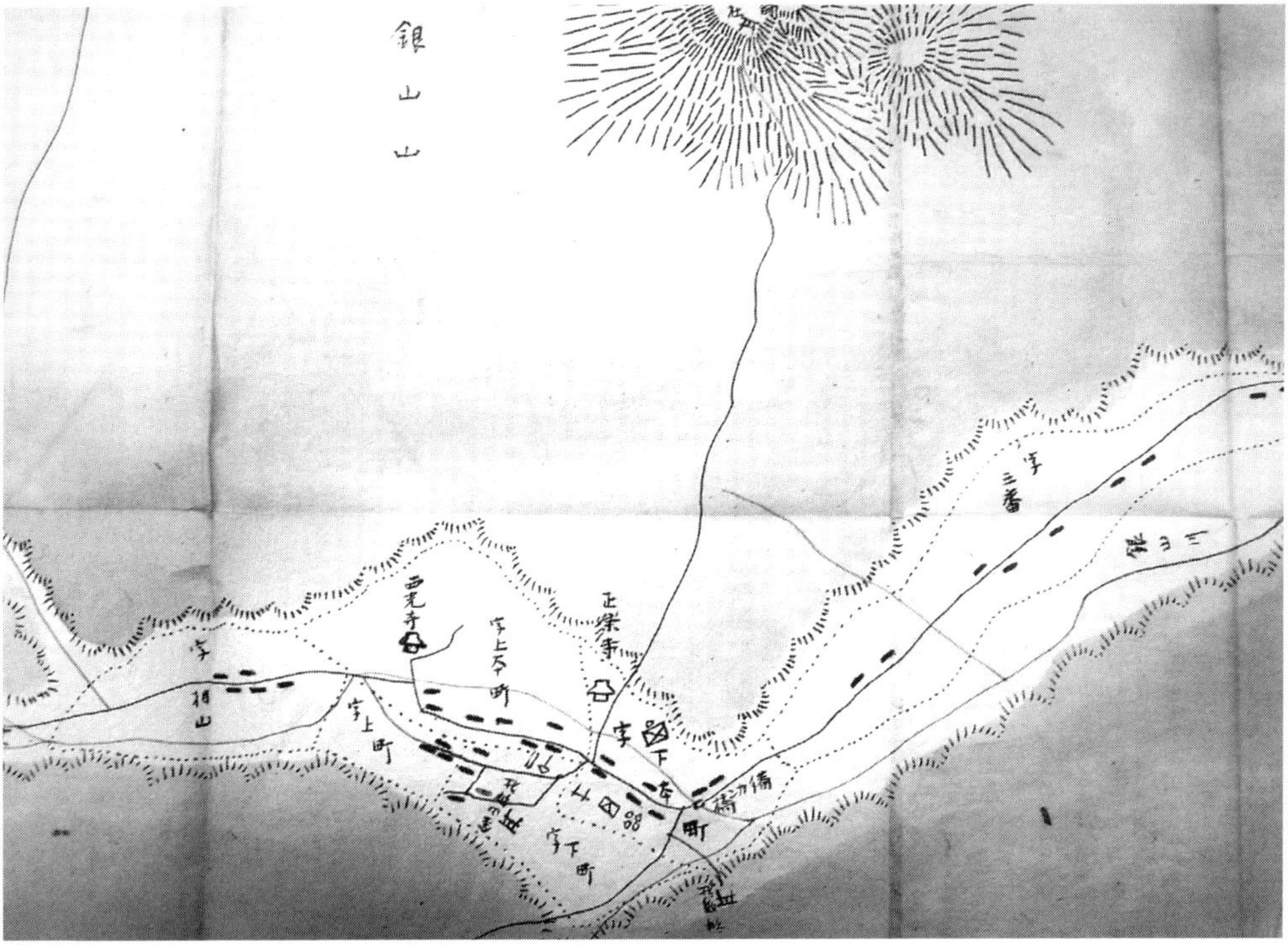

図83　明治18年「雄勝郡銀山村絵図」（秋田県公文書館蔵）

内諸百姓の家などに五人七人つゝ、借宅せさるはなし。去程に、さしも広大なる谷々も屋敷となれば、山々のはんふくも屋敷と成りてかけ作りにす。高根ゞも大木古木を切倒し、屋作用木薪のために引おとし、其跡を屋敷とす。今ははや数千軒家を作りならべしかは、尺寸の明き所もなし。その町々をかぞうるに、先入口に四郎兵衛沢町とて町の入口にあり、次に炭焼沢町、○面役町、○山神町、○荒町、南澤町、○上河原町、○下河原町、勘四郎澤町、○千枚口町、石垣町、都平町、○山先町、○上京町、○下京町、○味噌屋町、塩谷小路、荒川小路、塩分小路、四百枚平小路、熊谷小路、塩谷引分小路、炭灰谷小路、三拾枚小路、軽太小路、山小屋千軒、下町千軒」とあり、二五町を上げている（○印は下町―山口啓二「近世秋田藩における鉱山町―院内銀山を中心に―」より）。山小屋千軒、下町千軒とあるが、山小屋は採鉱業者が居住する町で、下町は商人・職人などの町であって、両者は同業者ごとに自然発生的に集住するようになったと思われる。

梅津政景が山奉行として院内銀山に赴任したのは

慶長一四年（一六〇九）だが、『梅津政景日記』には慶長一七年（一六一二）から同一九年（一六一四）にかけて院内銀山の記述があり、このときから政景が銀山町の町割りなどの整備を急いで進めたことが読み取れる。政景は、山小屋と下町を番所で明確に区切り、町全体を二分して、その中に同業者ごとの町割りを行った。つまり都市空間の秩序を維持するために地域制を導入したと思われる。これは秋田藩城下町の「内町外町」の構造とよく似ている。『梅津政景日記』には、「院内銀山記」になかった町名が見える。酒田澤・傾城町・上町・中町三町・下町三町・肴町・青物町・なべや町・五十集町（いさば町―魚の行商）などである。

『梅津政景日記』の慶長一七年（一六一二）には、院内銀山は最盛期を過ぎつつあったことが次の記述の断片から分かる。「町中家数覚のために、嘉兵衛我等者指越、しらへ候へは、百九拾間あき屋敷共ニ御座候」、「山さび候故か、方々あき屋敷御座候」、「山中の内千枚口ばかり盛り候て、かわら町ハさび候て、ほうぼう屋敷あき申候」、「山中間分中迄人しらべ候へハ、合参千弐百五拾四人御座候、但坊主・年より・せかれ・女ハ付不申候」など、採掘が減り、明き屋敷が増え、町が廃れて、人口は開坑時の最盛期に比べ減少傾向にあったと思われる。それでもこの当時の人口は七千人ほどと推定される。

江戸後期の寛政年間（一七八九～一八〇〇）になると、「久保田領郡邑記」に「家居三十戸、人三百余口、昔は家千戸、人五千余ありという。今、銀山衰えて止む。然れども道なおあり」とあり、ほとんど閉山に近い状態だったことが分かる。明治時代になると、院内銀山をはじめ、阿仁・小坂・尾去沢などの鉱山は当初は工部省の直営となり、お雇い外国人が派遣され西洋の技術が導入された。その後各鉱山は民間に払い下げられ、院内銀山も一時は産銀量も増えたが、結局は鉱山不況で大正九年（一九二〇）に採掘を停止した。

「羽後国雄勝郡銀山村絵図　明治十八年六月」（秋田県公文書館蔵）には、明治時代の銀山町の概略が描かれている。主に銀山町の街路と川の表示を主眼に置いた簡略な全体図である。それによれば、金山神社の参道下を軸にして、西側に上町その奥に相山、東側に下町がある。この上手に上本町と下本町があり、町名の記載はこれだけである。銀山川向かいには西光寺と正楽寺の記載がある。寺の北方には標高五七二メートルの薬師山頂にお堂があり、その一帯は字銀山山とある。

阿仁（北秋田市）

阿仁鉱山は佐竹氏の入部以前から金山として知られていたが、天正三年（一五七五）に北流する阿仁川左岸の向山で銀山が発見されたのが記録の上では最初という。その後、金山・銀山の採掘は阿仁川右岸に移る。梅津政景が町づくりに着手したのがこの頃である。銀山の枯渇に至った後に、寛永一四年（一六三七）小沢銅山を発見し、寛文年間（一六六〇年代）以降は銅山として活況を呈する。そして元禄一五年（一七〇二）阿仁銅山を藩の直山とする。銅山は標高五八二メートルの九両山の山麓と周辺の山麓に分布した（『阿仁町史』）。

　銀山町の町割りは梅津政景が慶長一九年（一六一四）に計画したことが『梅津政景日記』から読み取れる。金山惣奉行であった政景は藩主佐竹義宣の命を受けて、この当時は金山として注目していた阿仁鉱山の新たな見立てのために慶長一九年七月、現地

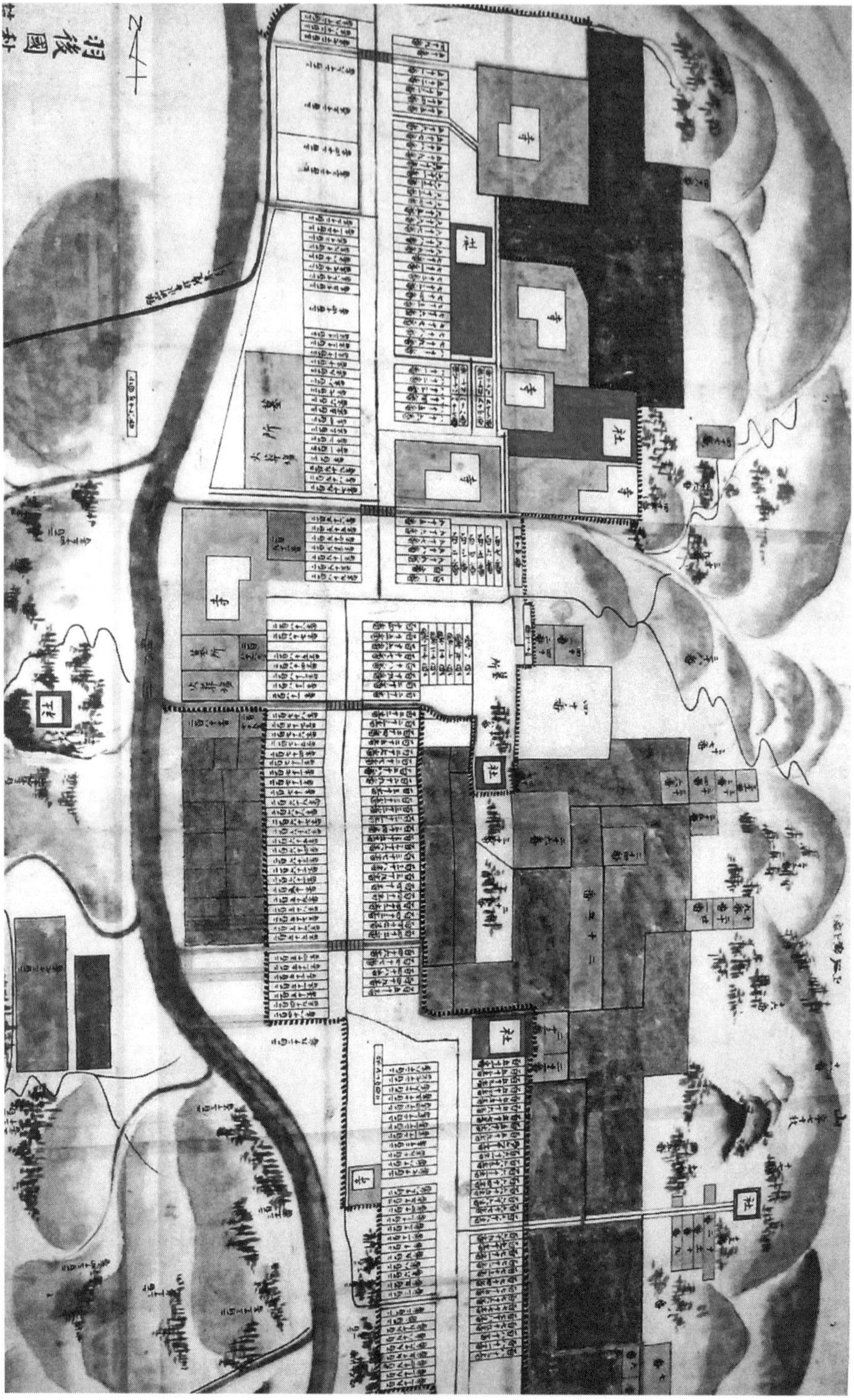

図84　明治６年頃「銀山町地券調図面」（秋田県公文書館蔵）

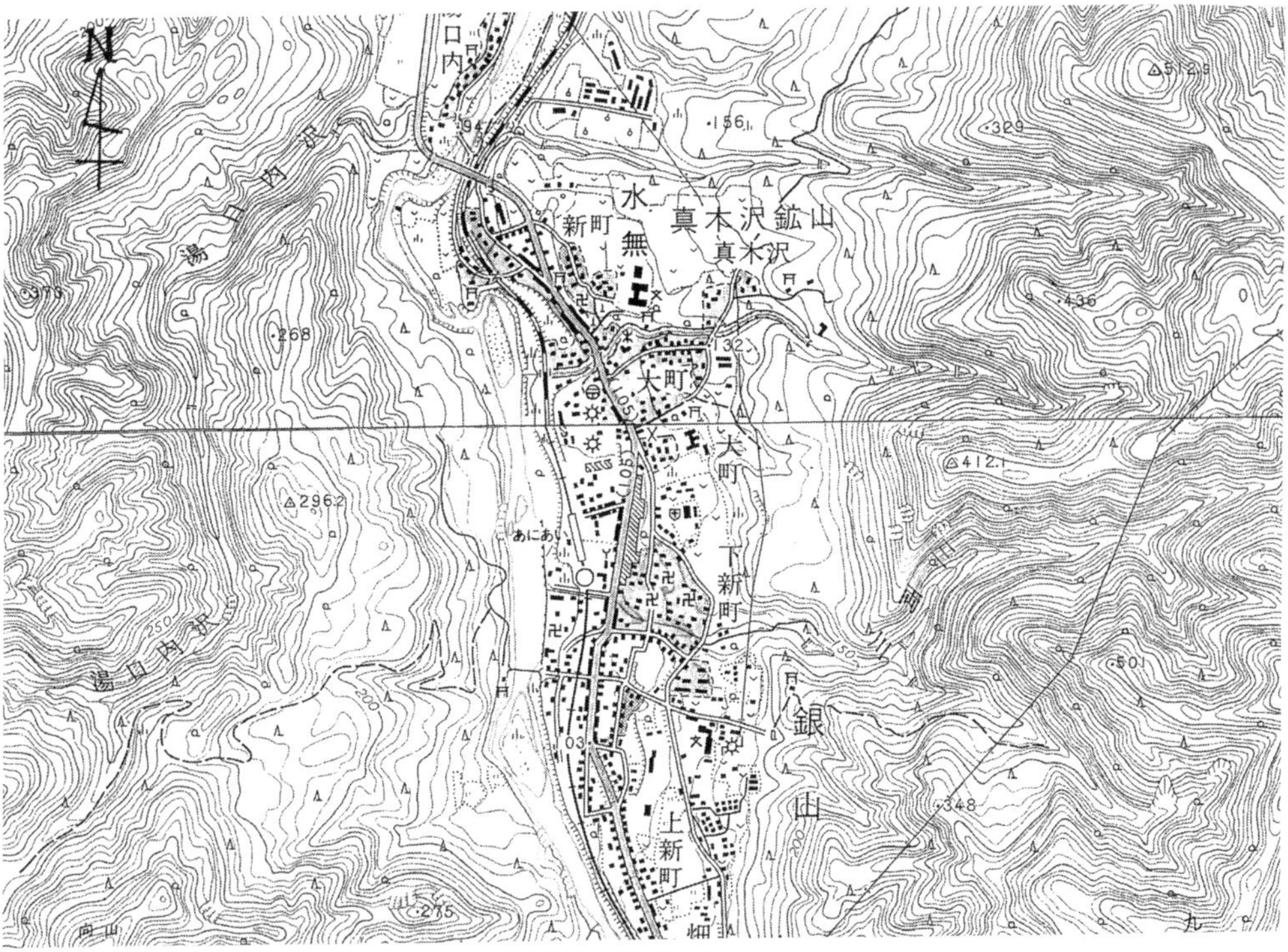

図85　阿仁地形図（国土地理院地図）

に赴いている。そして山奉行真崎兵庫と相談してさっそく町割りの絵図を作成している（7月13日条）。その数日後には「今日町割可被仰付由、山師五十余人に図取にて屋敷を割り渡す」（同15日条）、「新町の小屋五十二軒に見立ての札を出す」（同18日条）、「町中の家数百一軒あり」（同20日条）、「町人の有所、明日割候ハんと存候、乍去、作場五六石ほとそんじ申候」（同21日条）、「板木澤町を水無新町に引く」（8月8日条）など、町割りに関することが七月中旬から八月下旬にかけて記録されている。

「久保田領郡邑記」に「水無村（現阿仁町水無）舟渡あり、銀山町に引き続けり。家居二百戸、人千二百口。銀山町（現阿仁町銀山）昔シ銀山盛んなりしとき、町の名とす。今、銀山止む。然れども名とす。実は銅山町なり。畑町・上新町・下新町。家居四百戸、昔千戸ありしという。人二千口という。銀山慶長年中より始まるともいい、それ以前ともいい、その始まりしかと知る者なし。山は上新町の川向うにあり。金山、銀山町東にあり。今も出るという。いかなる故ありてか今、止山となれり。銅山八ケ山、寛文十年（一六七〇）より始まるという。銀山・銅山共に梅津氏支配すという。後、段々支配替われりという」とある。

つまり、「郡邑記」によれば、銀山町は水無村から分出した町で、水無村と荒瀬村の間に上新町・下新町・畑町に町割りした。寛政年間にはすでに銅山であったが、以前の銀山町という名だけが残ったという。

藩政末期の阿仁銀山町の町割りが分かる絵図に「安政六年未年八月改　阿仁銅山略絵図」（『阿仁町史』所収）がある。阿仁街道沿いに続く町並みと、その東に位置する標高五八二メートルの九両山麓に点在する銅山と山小屋を中心に、その周辺の山々を広く描く。絵図は彩色され、阿仁街道沿いの町並みと銅山に至る道筋は朱引きされ、阿仁川と鉱山に沿う沢筋は水色に塗分け、坑口とその周辺の開発された山々は茶色と緑色に塗り分ける。

絵図の町割りを北から見ていくと、阿仁で最も早く鉱山開発されたという湯口内村が阿仁川の川向に十軒たらず描かれている。川向の記載はこれだけである。道筋は阿仁川の右岸に渡り、長町があり、続いて三軒町と水無村が両側町に描かれる。町境から東に上がる道筋があり、真木沢鉱山に至る。水無から阿仁川沿いの街道を南に行くと下新町・上新町・畑町の銀山町が両側町を形成する。さらに南にたどると銀山町の南端が荒瀬村である。阿仁川もこの地点では荒瀬川と記載されている。荒瀬村の北側の街道から東に道筋をたどると小沢山などの銅山と山小屋が描かれている。幕末の阿仁銅山の開発位置や町割りを知ることのできる貴重な絵図である。

明治時代初頭の阿仁銀山町の町割りを伝える絵図に「銀山町地券調図面」（表題「羽後国秋田郡之内第二大区四小区銀山町地券調図面」（秋田県公文書館蔵）がある。明治六、七年頃に作成された地籍図である。

彩色図で、道筋幷境方限（朱引）・川筋沢仝・山幷無税田畑・御高入田畑・寺と墓所・社（赤枠）、家屋敷（黒枠）に塗分ける。阿仁川を絵図の中央部に配置して、川西は湯口内沢と山並みを描く。川東は街道沿いに短冊状の屋敷割を並べる。町屋敷は地番が四九番から三二九番まであり、そのほとんどは同形同大である。それ以外の地番は田畑である。絵図は町名と屋敷主名の記載がなく、地番と寺・社・墓所・火葬場の表示だけである。寺と神社は街道の東西の町裏に配置されている。町通りは中央部の二か所でかぎ型に折れ曲がる。

明治以降も銀山町は阿仁川沿いに北から南にかけて下新町・上新町・畑町の三町から構成され、今の水無には上新町西裏・同東裏・畑町西裏・同東裏・大町・新町等の小字名を残す。水無村（阿仁町水無）は北流する阿仁川の上流域、九両山（五六二メートル）の西北麓に位置し、阿仁鉱山の入口にあたる。山神社（阿仁町水無畑町）は旧阿仁鉱山の一部である畑町東裏にあり、阿仁鉱山の鎮守社であった。縁起によれば、天正年間、向銀山の山師らが創建とある。

彩色の幕末期「阿仁銅山絵図」（『近世鉱山社会史の研究』収載）は、真木沢銅山の山並みといくつもの谷筋に連なる家並みを中央に描き、画面の下部に銀山町・水無村・三軒町・長野町と続く街道筋の家並みと山神社などを描く。

明治時代以降の阿仁鉱山の変遷を簡単に述べると、明治四年（一八七一）秋田県庁の経営を経て、明治八年（一八七五）工部省の官営、明治一八年（一八八五）古河市兵衛に払い下げられ、古河阿仁鉱山の経営となる。昭和六年（一九三一）休山、昭和五三年閉山という。

小　坂（小坂町）

小坂の地形は、南流する小坂川を中軸にして、左岸は河岸段丘面が迫るが、右岸は西側に連なる山稜の麓との間は広い沖積原を成している。藩政期は鹿角郡毛馬内町から小坂村を経由して羽州街道と交わり、碇ヶ関から津軽藩に抜ける濁川街道沿いに、街村集落が形成されていた。

「小坂村絵図」（文化一三年頃、小坂郷土館蔵）は江戸後期の小坂村の集落を描いている。街道沿いの屋並みは簡略な屋根形と地主名が記載されただけであるが、小坂川と街道、そして集落の連なりを中央部に配置して、その両側に東西の山並みが描かれ、集落周辺の環境形態も分かりやすい。「鹿角由来記」には、「小坂村　小坂筑後領地、本名秋元、館有」とあり、中世末期には小坂氏が鹿角四頭の一人、秋元氏の一党として館を築いていたことが分かる（『南部叢書』）。

「鹿角郡小坂村略絵図」（表題「第七大区中第一小区陸中国鹿角郡小坂村略絵図」（秋田県公文書館蔵））は明治五年（一八七二）の地籍図である。絵図では毛馬内からの街道が小坂村の入口になる岩沢で、左岸から右岸に渡り、西側山麓に突き当たった所から山裾に沿って下小坂・中小坂・上小坂と街村集落が続き、小坂村細越まで描かれている。

絵図には、屋敷割・地番・地代・地主名・間口と奥行の寸法が記載されている。中小坂に一四三四坪の広い屋敷を構える工藤作兵衛の名がある。小坂村が秋田藩・津軽藩との境村であることから、工藤家は江戸中期頃から南部盛岡藩境を管理する御境古人の役職を務めたという。明治一八年（一八八五）に建てられた住宅が保存されている。絵図には小坂鉱山の記載はないが、ただ、鉱山の方から細道が中小坂に向かって書かれ、小坂銀山往来と付記されていて、この当時の様子を伝えている。

小坂鉱山は南流する小坂川上流左岸の標高二〇〇〜三〇〇メートルの山稜が連なる山麓に位置する。文久元年（一八六一）に地元の農民小林与作という人が杉原付近で鉱石を発見して銀を検出し、以後自家で精錬を始めたのが小坂鉱山の始まりという。慶応三年（一八六七）に盛岡藩の直営となり、明治初頭に工部省の官営、そして明治一七年（一八八四）に藤田組に払い下げられた。当初は銀山として開発を進めたが、明治三〇年（一八九七）頃からは銅山として大いに発展した。その当時の従業員数は千人超であったという。鉱山町が形成されるのは銅山として発展する明治三〇年代後半という（『秋田県の地名』）。

鉱山開発に伴って鉱山町は小坂川の両岸に形成された。小坂町は、鉱山の開発進展とともに町も大きくなり、大正期には人口二万人余の鉱山都市に成長した。明治末から大正期にかけて小坂川左岸の北側台地に建てられた鉱山事務所（後に移転）や製錬所、レンガ倉庫などの鉱山施設群を核にして、その南に商店や鉱山従業員社宅が集まった町並みが形成された。

小坂川の左岸一帯は鉱山も含めて尾樽部というが、町割りは、鉱山施設に続いて銀山町・尾樽部・御成町が商店街であった。銀山町から小坂川の右岸に向かう通りが永楽町、川沿いに曲がって鉱山の病院や劇場などの会社の厚生施設が建っていた花園町・新町と続く。花園町の通りは定期市開設地ともなっていた。

今は町割りが小坂川をはさんで、左岸に尾樽部通り、川を渡る東西道の永楽町通り、右岸は明治百年通りで、これが鉱山町としての基軸になる。とくに明治百年通りは旧小坂鉱山事務所と明治の芝居小屋康楽館の二棟の国指定重要文化財を並べて、観光道路に一新している。

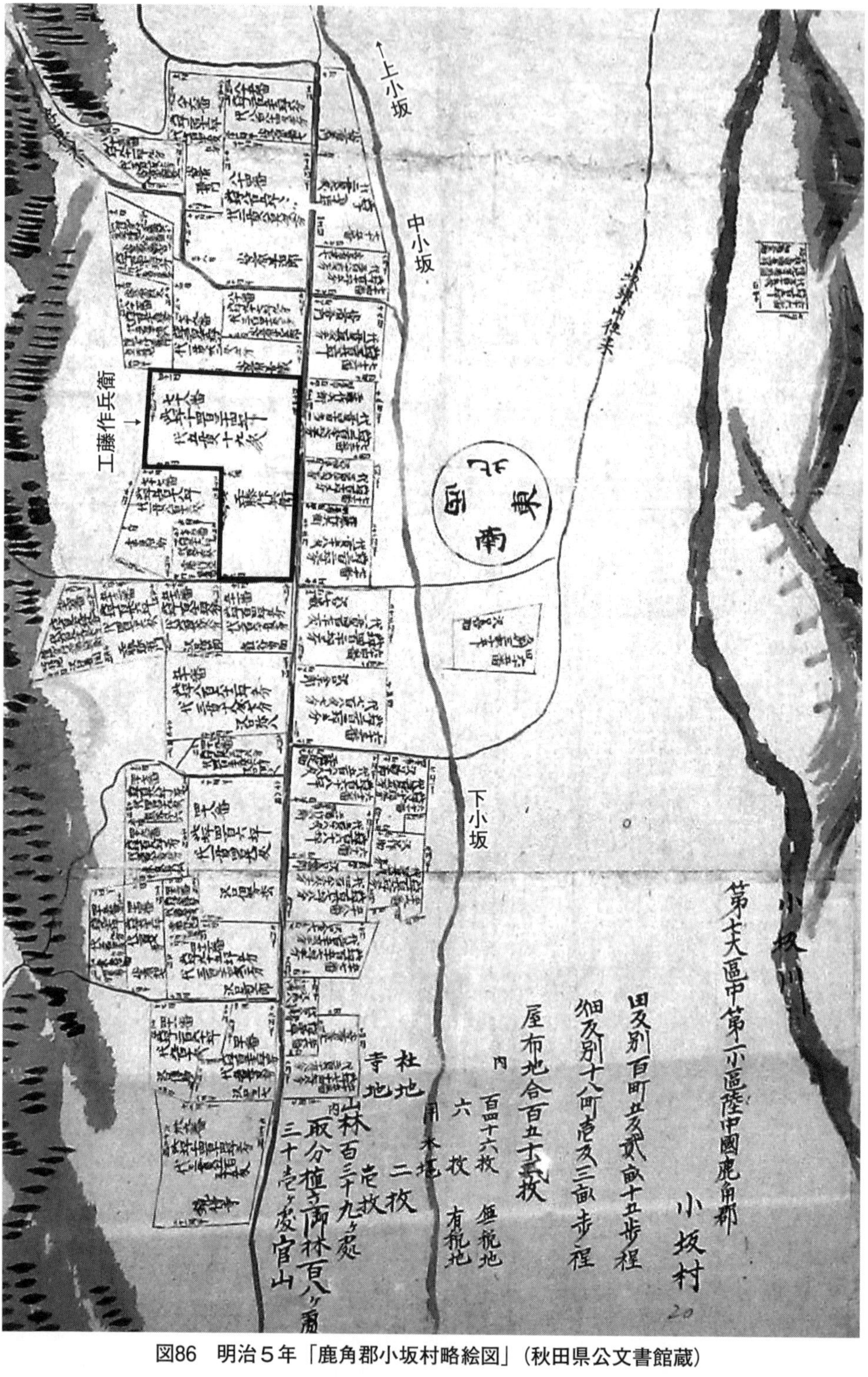

図86　明治５年「鹿角郡小坂村略絵図」（秋田県公文書館蔵）

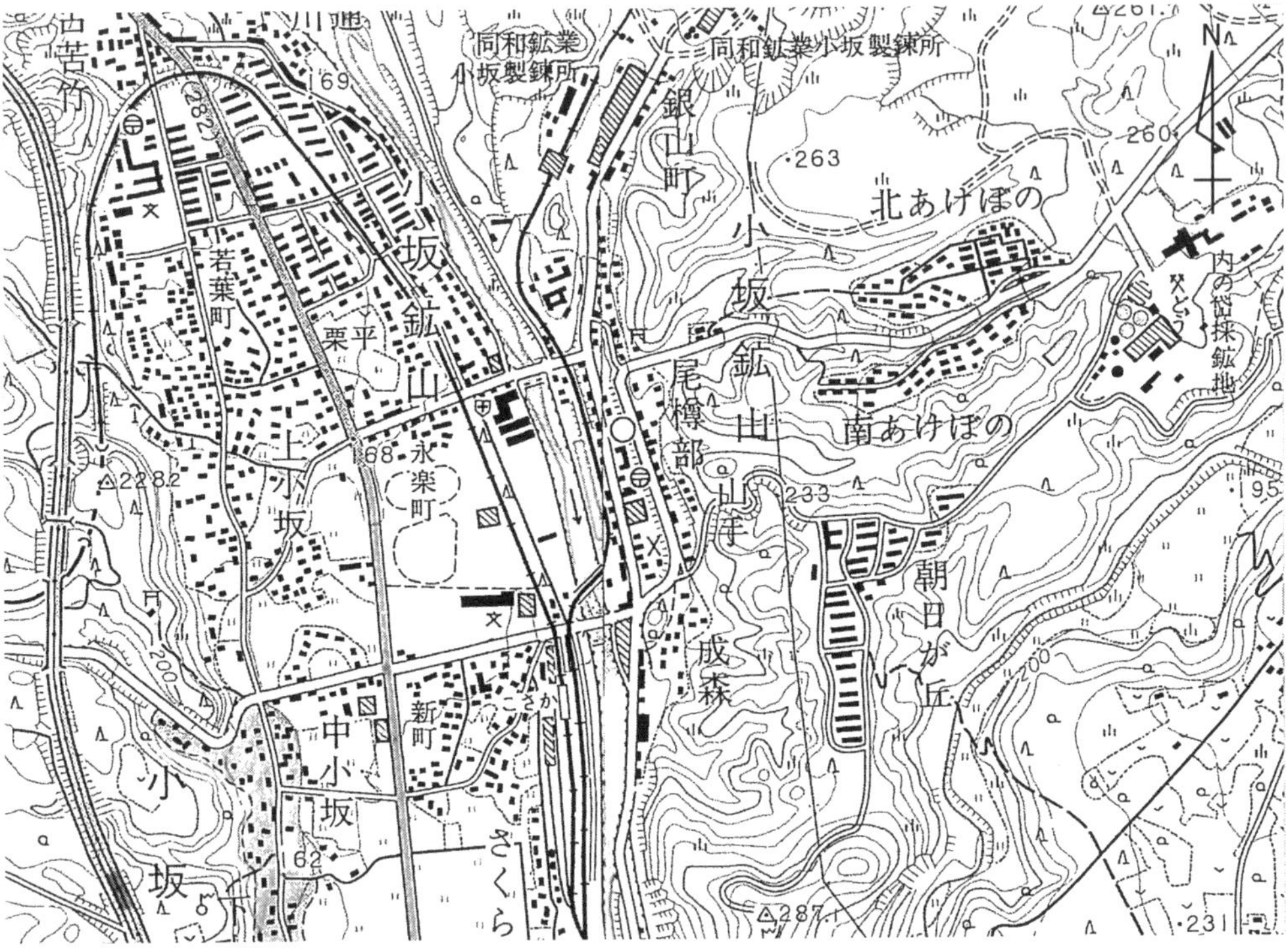

図87　小坂地形図（国土地理院地図）

花岡（大館市）

花岡鉱山の始まりは、明治初年頃、さらに続いて同一八年（一八八五）に、地元民が山中の沢筋で鉱脈を発見して、銀を発掘したことによる。その後、紆余曲折を経て、鉱山として軌道に乗るのが明治末年である。大正三年（一九一四）に大館と花岡間に鉱山鉄道が運転開始し、翌四年に小坂鉱山を経営していた藤田組が花岡鉱山を取得してから、花岡は鉱山町としての町並みが形成された（『大館市史』）。

花岡は鉱山町として知られる以前は、大館盆地の北西部、大森川流域に位置し、花岡村本郷を親郷とする郷村の集落であった。さらに遡れば、本郷は戦国期花岡城に従属する根小屋集落であった可能性もある。花岡本郷の鳥潟家が勢力を得ることになった契機は、安東氏と浅利氏の戦いがある。花岡に浅利氏の拠点の一つである花岡城があった。旧大館工業高校が建つアセ石（あるいは浅石）という台地が主

図88　花岡地形図（国土地理院地図）

郭部で、学校建設によって旧態を留めてはいないが、中世浅利氏の花岡城跡であるという。今もわずかに郭南側の空堀が旧状をとどめている。

花岡城は別称浅石城ともいい、浅利一族の浅利九兵衛定頼が永正十七年（一五二〇）から城代であったが、天正二年（一五七四）に安東氏と戦い、討死したという。以後、子息の治郎吉定友が花岡城を継ぐが、慶長三年（一五九八）、浅利氏が秋田氏に滅ぼされて以降は、鳥潟右京介ら秋田氏家臣数人が花岡の地を給され、赴任した（「長崎家旧記」）。

秋田藩に提出した「鳥潟家所蔵古記録」の「家伝書」（『花岡郷土史』）によれば、鳥潟一族は比内を支配していた浅利氏に代わって慶長四年（一五九九）頃に秋田氏から派遣された武士である。「知行之事　一五十三石二斗　比内庄釈迦内村之内　一十八石二斗　同浅石村　以上　右合七十石四斗之所宛行候條　慶長六年七月二十二日　実季（花押）　鳥潟右京之介とのへ」（「秋田藩家蔵文書」）とある。「慶長六年　秋田実季侍分限帳」（一六〇一、「秋田家文書」）にも同様の記載がある。しかし、秋田実季の国替えには同行せず帰農して、花岡本郷に屋敷を構え、藩政期は花岡村肝煎を勤めている。

菅江真澄は「二十三日ここに住む鳥潟与三郎高守と云うあるじのもとをこひてなにくれと語る。高守の遠つおやなん山本郡八森庄鳥潟の村に出て、そこにくぞうあるよしを云えり」(「贄能辞賀楽美」)と記している。このことから、鳥潟家の先祖は、米代川河口に近い今の能代市鳥形出身で、少なくとも戦国時代以降は安東氏の譜代家臣であったと思われる。

さて、花岡鉱山だが、小坂鉱山を経営していた藤田組が花岡鉱山の経営に乗り出してから、次第に鉱山町としての町づくりがはじめられた。明治末期までは花岡村本郷集落の周り一面は田園風景が広がっていたという。大正五年(一九一六)ごろから堂屋敷・神山・姥澤・七ツ館・観音堂・稲荷沢などの、花岡川が大森川に合流する周辺の、主に西側に点在する集落の近辺で次々に鉱床が発見された。

花岡の町は、大館から集落を縫うように走る秋田県道釈迦内花岡白沢線が町の中心軸である。大館方向から町に入ると、道路の東側に花岡城跡のある姥沢・神山・猫鼻の台地が住宅地を形成し、西側一帯は花岡鉱山跡を含む標高二〇〇メートル《メートル》前後の低い山地が続く。道路を少し北上すると桜町で、スーパーや飲食店などが集まる商店街である。定期市は月四回の開催市であった。県道をさらに北上して花岡川を渡ると本郷である。本郷で東西に走る秋田県道白沢田代線と交差する。花岡川は大森川と合流する河川改修が行われるまでは、県道に平行するように町の中央部を南流していたという。

花岡鉱山は町を囲うように周辺台地にあり、市街地に近いという特色がある鉱山であった。昭和四五年の年間産銅量の記録更新を最後に、花岡各所の鉱山は衰退、閉山に向かい、花岡の南にあった松峰・釈迦内などを最後に昭和から平成に入るときに閉山した。

尾去沢（鹿角市）

現在の尾去沢鉱山跡は行政区域でいうと鹿角市尾去沢字獅子沢である。獅子沢は尾去沢市街地の西側奥の標高三〇〇メートル前後の山中にある。幕末頃の盛岡藩内各種鉱山を網羅して書き上げたという「諸山開立年限付」には、「金銀銅鉛鉄山都合二百五十八ケ山、内公儀御書上之分四十一山有」とある。その中で尾去沢銅山の内として、十一か所の金山・銅山が上げられている。

これらの鉱山は、東に西道・五十枚、南に赤沢・槙山、西に元山・田郡、北に崎山などがあり、区域内の夏山銅山など、各鉱山は幕末まで別々の鉱山であった。発見年代は、慶長四年（一五九九）の五十枚金山、慶長七年（一六〇二）の西道金山、寛文三年（一六六三）の夏山銅山などが早い。元禄年間から正徳年間（一六八八～一七一五）には銅山の発見で繁栄した。これによって南部盛岡藩は明和二年（一七六五）に藩の直営にしている。

古川古松軒は天明八年（一七八八）に、「尾去沢と称せる繁盛の銅山あり。大山にして古より尽くることなく、今山に住居せる人三千余人、何れも山かせぎを以て業とせり。土人のいえり、南部侯御台所は、銅山・良材・駒・黄連、この四つを以て御世帯となることと物語りしなり。この辺は羽州の界にして山中入り交り、両国の界は山の峯山の峯を以て界とすることとなり」（『東遊雑記』）と記す。

明治二二年（一八八九）町村制の施行により、尾去村・尾去沢鉱山村・三ツ矢沢村の三村で尾去沢村が発足した。その後は、昭和一一年尾去沢町、昭和四七年合併で鹿角市になった。尾去村は、「鹿角由来記」に「尾佐利村　尾左利越中領知、本名安保也、館有」とあり、戦国時代には地頭尾去氏の館が台地に築かれ、鹿角四十二館の一つであった。尾去村は北流する米代川沿いの左岸で、市街地よりずっと南に位置する。館の北側には東在家と西在家の中世以来の地名が残る。

明治五年（一八七二）頃の尾去村の屋敷割りを伝

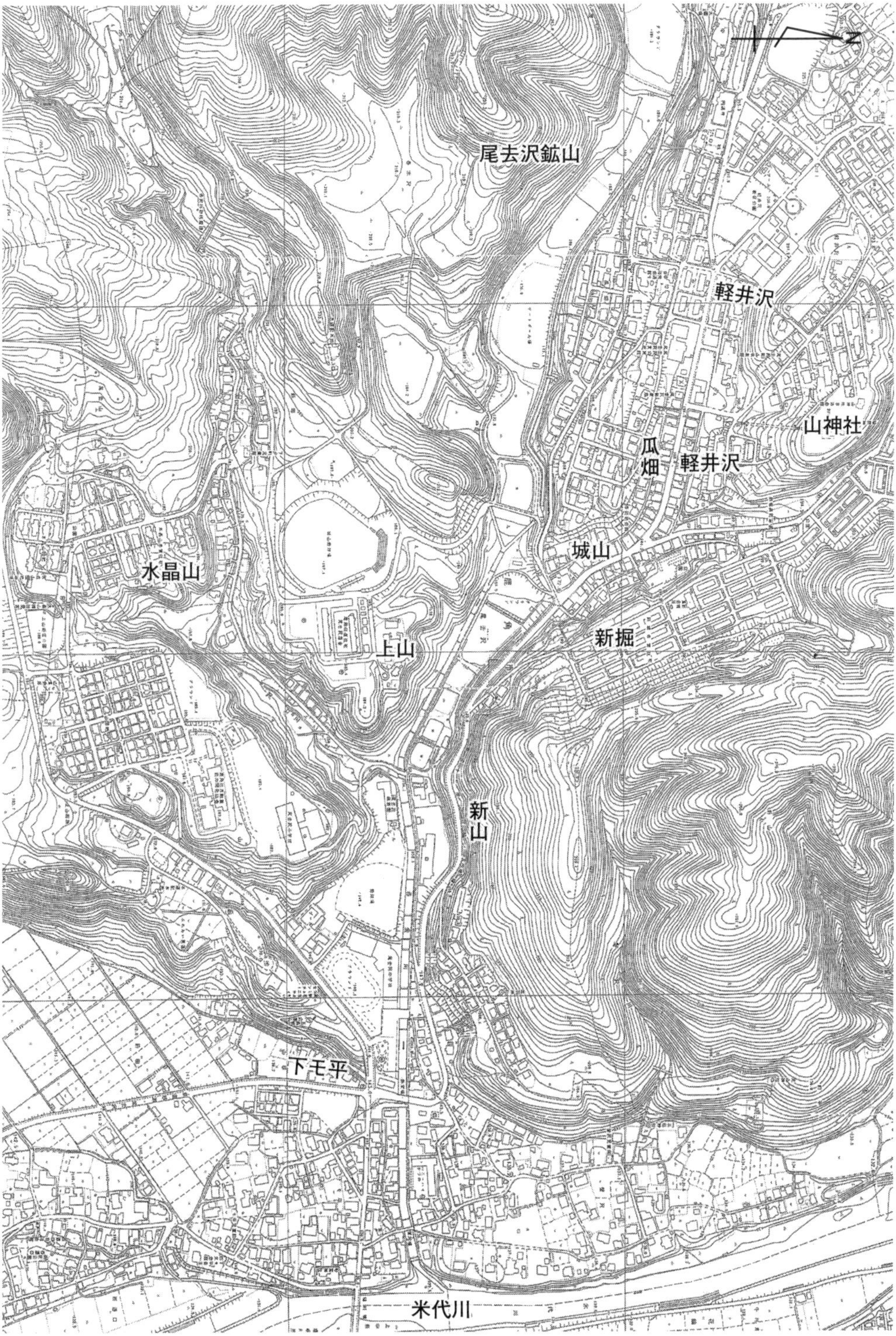

図89　尾去沢都市計画図（鹿角市）

える絵図がある。「鹿角郡尾去村略絵図」（表題「秋田県第七大区中第四小区陸中国鹿角郡尾去村略絵図」（秋田県公文書館蔵））で、屋敷割・地番・地積・間口と奥行寸法・地代・地主名を表示した地籍図である。この絵図には、境域が東は米代川境、西は水晶山境、南は松館村境、北は花軒田村境で、屋敷数一三七枚とある。尾去村に含まれる村数は一三か村で、尾去沢鉱山も含まれる。

やはり明治五年頃に描かれた「鹿角郡尾去沢銅山境内絵図」（表題「秋田県第七大区中第四小区陸中国鹿角郡尾去沢銅山境内絵図」（秋田県公文書館蔵））には、銅山を含む山中の境域を線で区切り、その中に炭鉱住宅や坑口が各山並みの谷間に沿って描かれている。北は松小沢村境、南は中新田山・黒沢山境、西は尾去沢山・西道口山境である。

現在の尾去沢市街地は、昭和一一年一一月二〇日に起きた中沢鉱滓ダムの決壊で、谷間沿いに形成された旧市街地の笹小屋・瓜畑・新堀そして米代川沿いの西道口・蟹沢の各地域まで一瞬にして飲み込まれ、三七四名の人命が失われたという（『鹿角市史第3巻下』）。この大災害を教訓にして、新市街地は軽井沢の高台を中心にして計画し、鉱山住宅・商店・公共施設などの全部が移転して、新たな町並みが形成された。

町並みは県道（十二所花輪大湯線）を花輪舟場から西に向かい、米代川を超えて、県道沿いに進むと軽井沢の市街地で、県道を軸にして脇道が南北の両側に枝分かれして、商店や住宅などが建ち並ぶ。尾去沢の商店街は六斎市が開催されたし、また、米代川向かいは花輪の町並みがごく近く、鉱山町生活者の購買や娯楽など、花輪は後背地としての役割を担った。尾去沢鉱山は昭和期は隆盛を続けたが、昭和四〇年代から衰退し始め、同五〇年ついに閉山した（『秋田県の地名』）。

門前町

●はじめに

門前町が形成されたのは、中世後期以降に有力寺社への参詣者が増え、それにともなって市が立ち、町場として定着したのである。現代まで続く門前町（あるいは鳥居前町）は全国に一七〇か所前後あるという。その中でも有名寺社の門前町を無作為に抽出して上げれば、清水寺門前、金刀比羅宮門前、浅草寺門前、柴又帝釈天門前、善光寺門前、厳島神社門前などがある。このように一口に門前町と言っても、それぞれの形成過程が異なり、その結果、景観も違う。例えば浅草寺の仲見世は境内地にあり、簡易店舗のような掛見世が並び、門前町家とは形式や趣きが異なる。

門前町とは言っても、地名が今も「門前」であるのは少ない。例えば秋田県では男鹿市や羽後町などにあるが、土地の行政区画は字である。在郷町などの寺社門前の短い家並みなども門前町に含めれば相当の数だったろうが、今では家並みの中に埋没したり、消滅してしまったりして、見分けがつかない。

本書では、由利本荘市宮内、羽後町杉宮、男鹿市門前の三か所を門前集落（あるいは鳥居前集落）として取り上げた。三か所とも神社の参詣者とはほとんど無縁で、その意味では門前町でも門前集落でもない。農業村落と漁業村落である。もちろん門前町的景観も見られない。実は小集落ではあるが、その地名の「宮」や「門前」が寺社そのものを表しており、村の成立が神社に由来することを示しているか

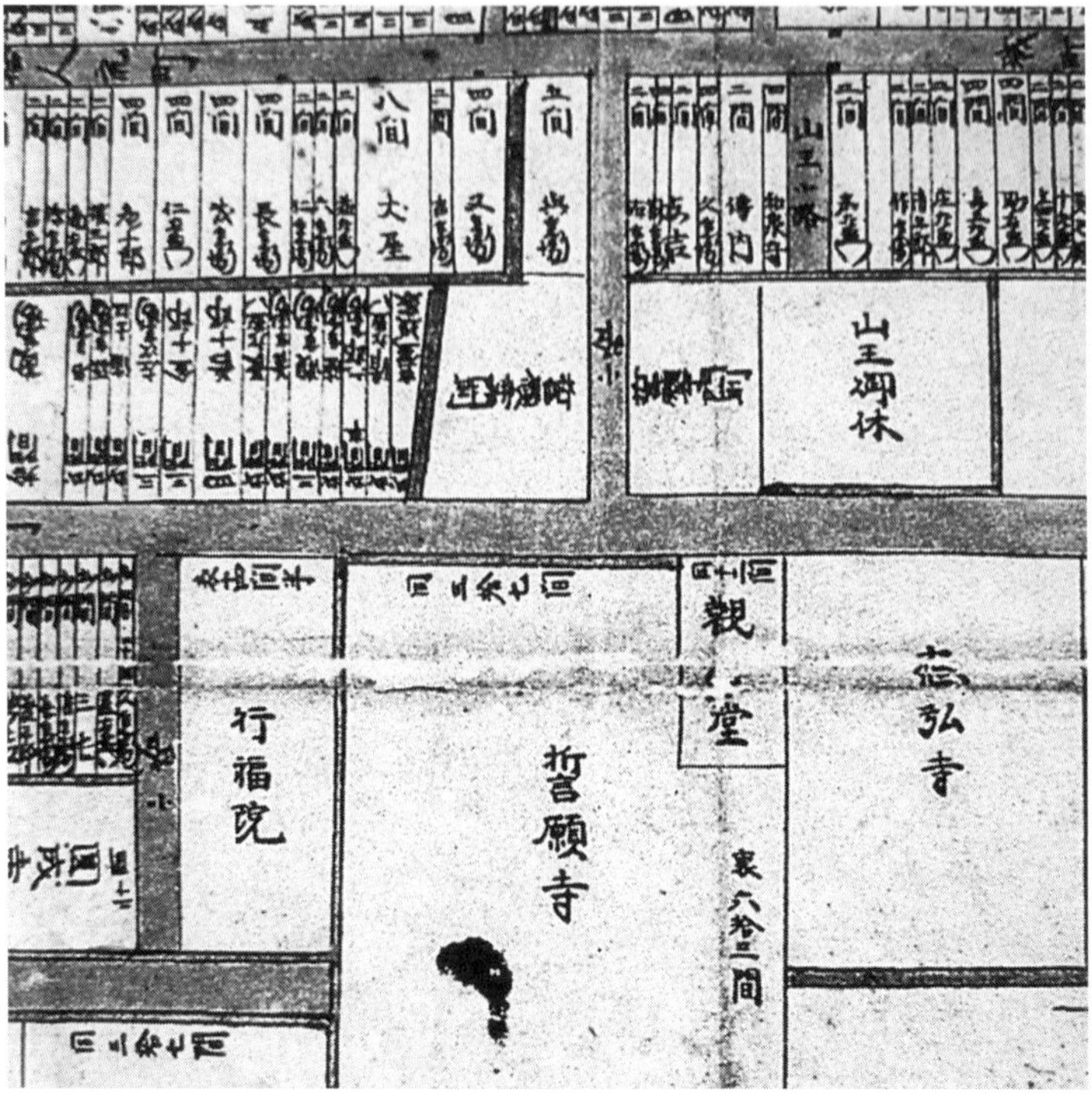

図90　久保田外町誓願寺門前（寛文３年「外町屋敷間数絵図」秋田県公文書館蔵）

らに他ならない。

城下町の一寺院の正面に門前町が形成された事例も少なくない。藩政期の久保田城下寺町にも門前町があった。町の規模と接道からいえば、その実態は門前小路である。寛文三年「外町屋敷間数絵図」（一六六三、秋田県公文書館蔵）に、誓願寺の向かい小路に「誓願寺門前」と記載された小規模のブロックが短い小路の両側に記載されている。絵図には屋敷割りはないが、誓願寺に従属する小規模の門前町を示していることが分かる。

誓願寺は浄土宗で、江戸時代初頭に土崎湊で庵を結んでいたが、佐竹氏の秋田転封に伴い、増上寺の推挙で義宣の庇護を得て、慶長一〇年（一六〇五）に久保田城下寺町に移っている。立地は城の裏鬼門に当たる坤《ひつじさる》（西南）である。藩から寺領五十石の寄進を受け、浄土宗触頭も勤めている。

「誓願寺文書」（『秋田市史近世資料編下』所収）には、享保七年（一七二二）五月九日の「覚」によれば、誓願寺門前一六軒で、その中の修験一人を除いた一五人はすべて誓願寺の支配下にある奉公人で

図91　文化年間「秋田街道絵巻」八橋図（秋田市立千秋美術館蔵）

あり、丁代・年寄はその中から立て、町奉行所等からの触れ事や願い事などすべては誓願寺が仲介してきた。いわば誓願寺の境内同然であり、おもに誓願寺の寺務手伝いを生業にした。

しかし同年六月五日の「覚」によれば、誓願寺門前を含め、城下湊諸寺院・修験・社人・門前の商家は町奉行支配に改められ、触れ事等諸事は町並扱いとした。「誓願寺文書」から推測すれば、門前の町家は片側八軒ずつの両側町のごく小規模な小路町であるが、誓願寺門前を町として惣町に含め、城町肝煎扱いとした。

在方城下町の寺町にも門前があったことが確認できる。例えば、享保十三年「横手絵図」（一七二八）には、横手城下町の西南の町外れに正平寺が建っているが、その門前道が正平寺町で、寺の向かいに五、六軒の町屋敷が建っている。享保十三年「仙北郡角館絵図」には、角館の町通りから寺に至る細小路の入口に「門前」の記載が六カ所ほどある。例えば、天寧寺門前、弥勒院門前など、数軒が両側町や片側町を成している。

藩政期、羽州街道が久保田城下西外れから土崎湊に至る道中を通称八橋街道といった。八橋街道が開通したのが元和二年（一六一六）といわれ、八橋村はその中間に形成した街道沿いの街村である。

嘉永三年「秋田昔物語」（一八五〇）によれば、八橋村は昔、人家がなく、久保田から寺内の間がさみしいあぜ道であった。家老が二代藩主佐竹義隆に、日吉山王社の脇に新田村を立てる伺いに、藩主義隆は、見晴らしもよく城下も近く、ゆくゆくの八橋は茶店になるであろうということであったが、まさに今（幕末）は残らず茶屋になった、とある。藩主義隆は八橋村が山王社の門前町としていずれ盛んになるであろうことを見通している。

津村淙庵は天明九年「雪のふる道」（一七八九）で、八橋を通行する人々の賑わいに戸惑いながらも、東照宮と別当寿量院、そして日吉山王社を「とりどりいみじうつくられたり。門前の家居高どのなどかまへてたちつづけるは、茶屋町とてつねにあそぶ人たちへぬ所なり」と、主として茶屋で形成された華やかな門前町の景観を表現している。山王社も寿量院・東照宮も正面は東向きで、八橋街道から脇道に入って境内の正面に至るが、一方、八橋街道沿いには裏門が開かれていた。つまり、街道軸と参道軸が並行して、それを脇道がつなぐという門前形式になる。

文化年間「秋田街道絵巻」（荻津勝孝筆、秋田市立千秋美術館蔵）の「八橋図」には、山王社を中核にして、近隣の街道沿いには一〇か所前後の寺社と、商家が建ち並んで、盛んな様子の門前町が描かれている。また、嘉永七年「足栗毛」（一八五四、秋田県立博物館蔵）の「矢橋之図」には、繁昌している様子の茶屋が描かれている。

門前に商家の集住を促した山王社は、藩政期は久保田城下外町の総鎮守として、町人から厚い崇敬を受け、八橋の山王さんとして親しまれた。そして、文禄三年（一五九四）に起源をもつという統人祭が明治時代に廃止されるまで盛大に行われた。日吉と八幡を冠したこの複合神社は、元来は山王信仰が強かったものであろう。

在方町の寺にも門前があった。「六郡郡邑記」に、大曲村は「三か寺の門前十五軒、一か寺門前六軒」とあり、六郷村は「十九軒寺、同四五軒門前」とある。

宮内（由利本荘市）

宮内は、子吉川中流域の平野部左岸に位置し、近世は本荘藩の鮎川郷に属した。正保四年「出羽一国絵図」（一六四七）に村高が二三三九石とある。「羽後国由利郡村誌」（明治九年調）に「明治初年の戸数四四戸、人数二三五人。子吉川の漁業が盛んで漁業兼業の家が一〇戸。宮内渡し（子吉川の舟渡）。村社八幡社は社地東西二〇間、南北二〇間、村の中央にあり」とある。

国道沿いから宮内村（現・由利本荘市宮内）を遠望する限りでは、子吉川流域の本荘平野に点在する村々との景観に際立った違いはない。しかし一歩村内に入ると、集落の平面形態は極めて独自な印象を受ける。村の中央に神社地とその周囲を取り巻く境内が広大な一画を占めて、いわゆる鎮守の森を形成している。現在の村の総戸数は六七戸であり、神社の北側に三二戸、南側に三〇戸で、神社を挟んで南

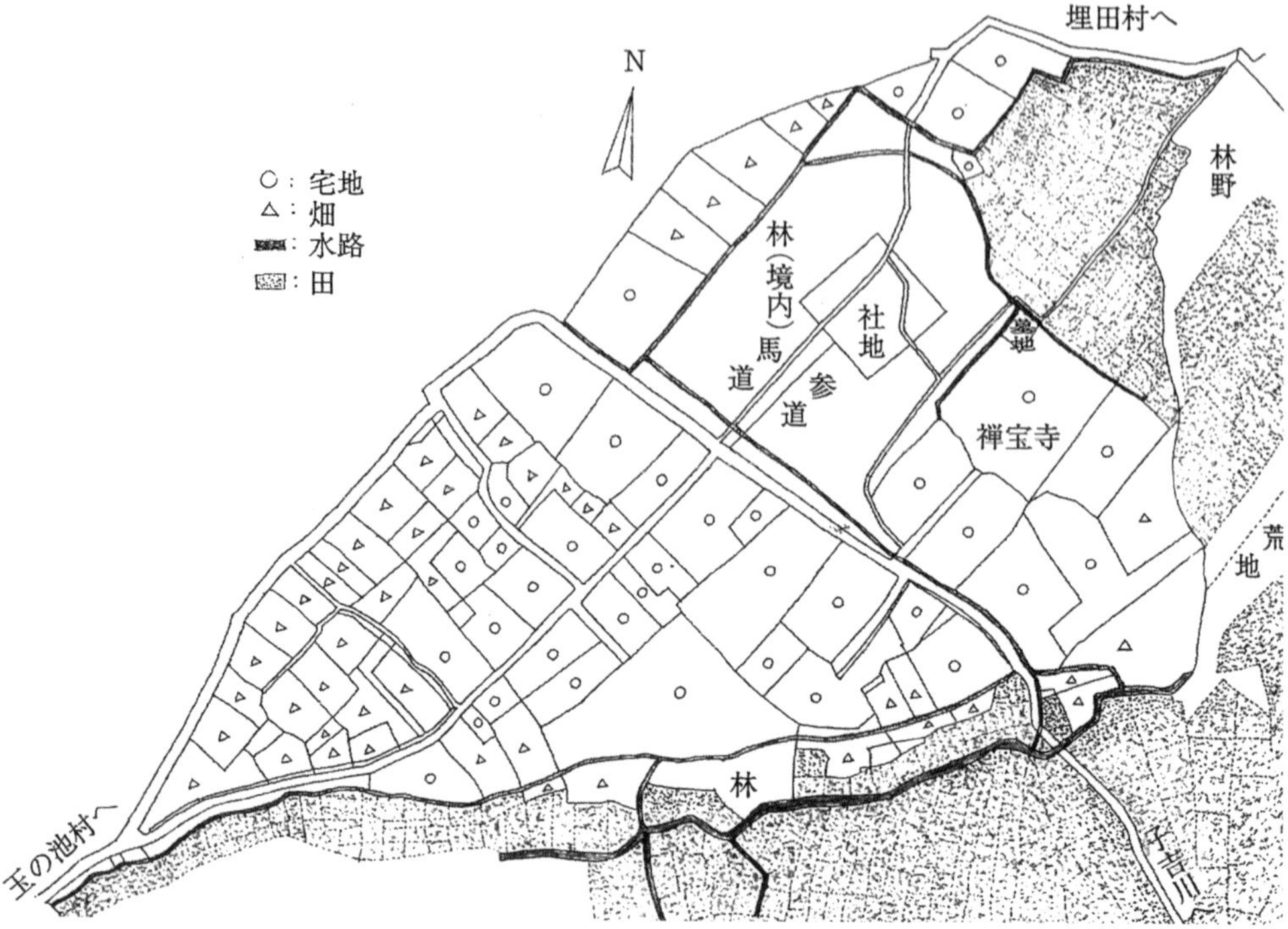

図92　「羽後国由利郡宮内村字上下野地引区画図」より作成（明治前期、秋田法務局本荘出張所蔵）

北の集落戸数は拮抗する。残り数軒は神社の東西に位置する。江戸後期初頭の天明四年（一七八四）は寺を含めた総戸数は四七戸である。寺は神社の別当善宝寺で、今も同じ場所に変わらず現存している。

明治九年（一八七六）の調査では、村の戸数は四八戸で、神社の南側に三九戸、北側に四戸、その他五戸であった。このように江戸後期初頭から明治初頭にかけては村の戸数に変化は見られない。「元禄十一年村高帳」に「宮ノ内村」とあることは八幡宮の門前村として形成されたことを物語っている。今でこそ神社は村のほぼ中央に位置しているが、明治前期の地引図によると、神社の正面に当たる境内南方に門前集落を形成していたことが分かる。「羽後国由利郡宮内村字上下野地引区画図」（明治前期作成、秋田法務局本荘出張所蔵）によれば、八幡宮門前は宅地と畑が混在しているが、実態は畑を含む屋敷が多かったと思われる。

旧矢島街道は村の中央部を貫通するが、神社境内正面に突き当たり、そのまま参道脇の細道を通って、神社地を南北に縦断する。この細道を馬道と呼んだ。

ちなみに、神社の正面である南側集落を本田、背後の北側を新田と呼んだ。宮内村の集落起源と考えられる八幡宮の由来については、境内の正面に建つ石碑に刻まれている。そのあらましは、天徳三年（九五九）に石清水八幡宮を勧請、源八幡太郎義家が寛治元年（一〇八七）に後三年の役の戦勝祈願をしたとある。時代が下って、元和二年（一六一六）に最上義光の家臣楯岡豊前守満茂が再建、そして江戸時代は本荘藩主六郷氏が崇敬して社殿を再建している。

この神社由緒のうち、六郷氏時代のことについては神社本殿に収蔵されている棟札によって確認できる。神社創立の頃については、古代・中世から地域の篤い崇敬を受けてきた地主神が、いつしか全国区の八幡神と結びついたという見方もできるのではなかろうか。そして、遅くとも近世初頭頃には、「羽後国由利郡村誌」（明治八年）に「社地東西二〇間・南北二〇間、村ノ中央ニアリ、社地中松楢ノ老樹蒼々タリ」と特記されたように、社地だけでなく、周囲の広大な境内を含めて鬱蒼とした鎮守の森を形成していたことは今もってよく残る古社の雰囲気からも十分に窺われる。

小村の鎮守にしては際立って広い境内と長い参道を進むと、唐松神社などの末社二社、井戸跡などが参道に面する。参道の突き当りに拝殿・幣殿・本殿が一体に連なって建つ。本殿は本荘藩四代藩主六郷政晴が願主となり、元禄七年（一六九四）に建立している（棟札）。拝殿は十一代藩主六郷政鑑を檀越にして元治元年（一八六四）に建立されている（棟札）。

杉宮（羽後町）

羽後町杉宮は三輪神社の門前集落である。天和元年「領中大小道程」（一六八一）によれば、湯沢から西馬音内前郷に至る脇街道（通称湯沢街道）の途中の村である。湯沢町から湯沢街道を西に向かうと柳田村で、ここで雄物川の舟渡であった。次の村が杉宮で、一里塚がある。杉宮の次が西馬音内前郷で、町の入口の飯沢川は徒渡であった。杉宮の東側に雄物川が北流する。西側の村近くに、西馬音内川に合流する羽後大戸川が北流する。このように杉宮は両河川に挟まれて形成された扇状地である。

湯沢街道は雄物川を渡ると西方に向かうが、三輪神社の参道入口である鳥居前で、道が桝形状に折れ曲がり、再び西方に続く。一方、鳥居前から真直ぐに南下する道の沿道の土地が杉宮字大門である。この道を大きく迂回すると湯沢街道に出会う。この道で囲まれた変形四角形状の土地が杉宮字鳥居である。そして、道路の外側の土地が杉宮字外鳥居である。「国土地理院地図」には鳥居の記号がある。推測に過ぎないが、昔はこの鳥居までが神社境内地であったのかもしれない。現在の境内入口から約一キロの距離である。

杉宮の門前集落は基本的には街道沿いに街村をなし、神社の鳥居前を過ぎるとすぐに、街道沿いに「宿」や「長町」という地名がある。参詣者の接待宿などがあった名残りであろうか。三輪神社は、別当寺であった吉祥院（明治初年の火災で廃寺）の縁起によると、養老年間（七一七〜二三）に大和の大神神社を勧請して創始したと伝えられている。菅江真澄も「杉宮はいといと古き地なり、いにしえの名は三輪箇崎といいて大河辺の野原なりしを、一夜のほどに千本の神杉生出て杉原となれり、かくて神座、その神の神号を杉宮明神とまをし奉る、そを村の名として呼びにこそ」（「雪の出羽路」）と杉宮の伝説的由来を書いている。

三輪神社の由緒沿革については、言い伝えによれば、境内に御神木の杉が生い茂って鎮守の森を成し

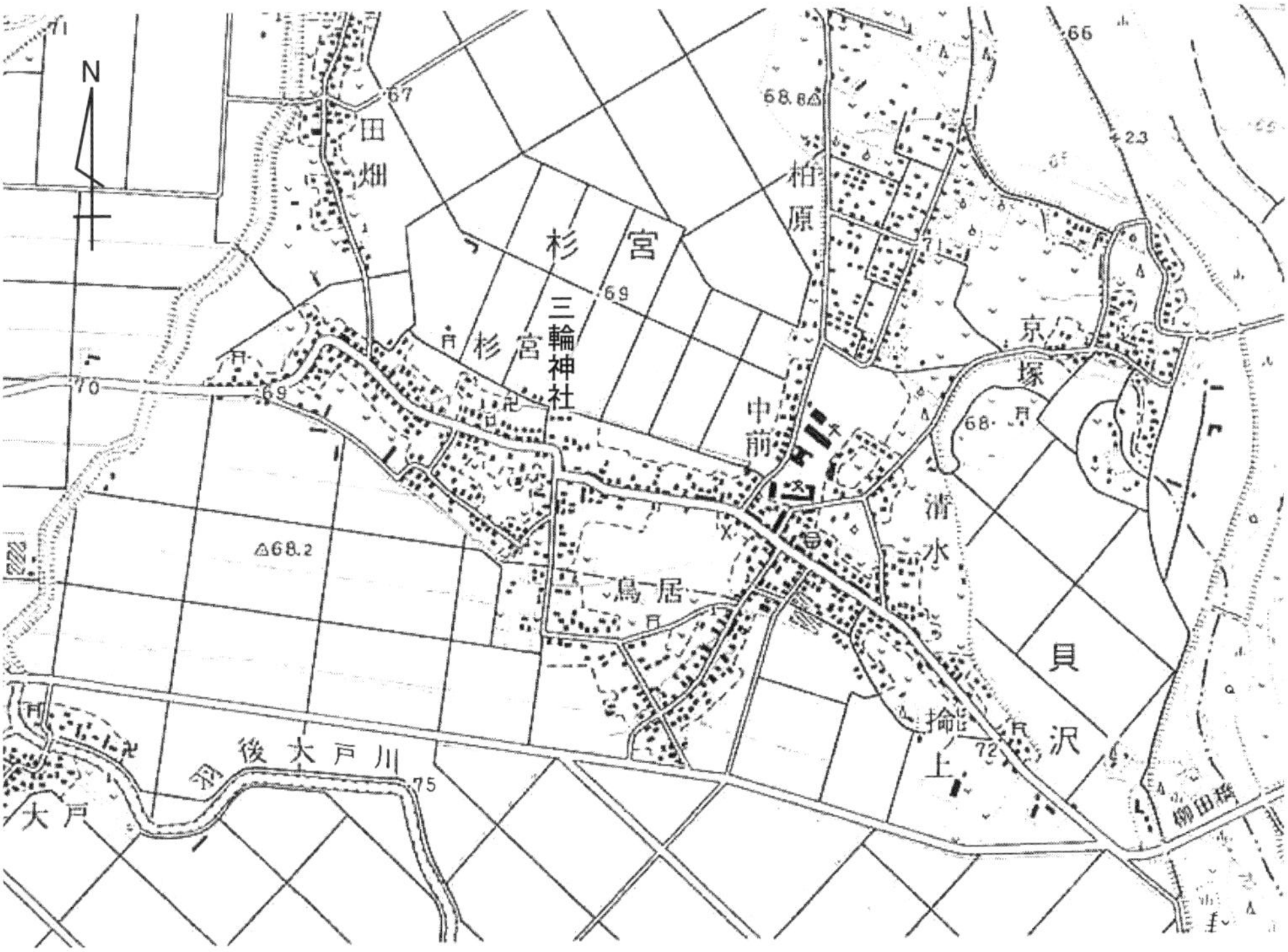

図93　杉宮地形図（国土地理院地図）

ていたらしいことから杉宮と呼ばれ、さらに菅江真澄は、「此の杉宮の杉は世々に植えつぎ世々栄え、年々に茂し。かしこくも佐竹義宣公元和の末に百観音菩薩堂を造営成したまひ、又人見又左衛門に仰て杉林三千本を鷲巣といへる処へ植えさせ給い、また義隆公の御代、三千本の神杉を後藤七右衛門に命じて植えさせ給いしをそこを母衣林と言う。（中略）一二月一七日はいつも年の市たちて、商人さはにうち群れて雪の上に仮館ひしひしと建て並べ、四方八方より人の群れ集まりて年に一度の市とて賑わえり」と、佐竹氏時代も杉林が維持されたことや、杉宮の門前市に触れている。

三輪神社境内の地名は、参道の西側が杉宮字宮林で、東側が杉宮字大門である。鳥居をくぐり、真直ぐ北に進むと、正面中央に三輪神社本殿（重文）が南面して建つ。その東側に境内社須賀神社本殿（重文）、西側に境内社八幡神社本殿（町文）がそれぞれ建つ。三輪神社は平安時代末期には平泉藤原氏の崇敬を受け、鎌倉時代から戦国時代にかけては小野寺氏の崇敬を得て、社殿の建立や修理を行っている。

門前（男鹿市）

寺院や神社の門前で参拝客などを相手に商売する門前町は全国に今でも数多くある。しかし男鹿門前は赤神神社や本山別当永禅院の縁で生計を立ててきたわけではない。漁業を生業にする小集落である。

その意味では、社寺によって成り立つ門前集落として取り上げることにいささか戸惑いを覚える。門前の住所は「男鹿市船川港本山門前」である。大正時代は「南秋田郡南磯村大字本山門前字男鹿山国有林小字赤神神社上地」で、赤神神社は村社である（「赤神神社所蔵文書」）。

男鹿半島の南岸、日本海に臨む潮瀬岬の西側入江の海岸段丘の斜面に漁家が点在する小村が、たまたま本山の門前にあるということだけで、特別な恩恵を受けてきたわけではなさそうである。しかし門前という地名が一般的な門前町や門前集落と異なった存在形態であることの事例として紹介する意味がある。

「絹篩」に「本山領。小浜村支郷、門前村高無高、人六五口、家一三戸、馬十頭、此村永禅院支配なり。西は海、東は山なり。皆漁業を産とす。海辺の勝地佳景、雅石奇岩圖畫の如し」（「旧記」）。「当所本山永禅院支配郷。往古祓川村と云う。無高、家一九軒、人八一人、本山　門前より二丁（二一八メートル）余にして御神坂下赤神山二の鳥居の前に橋あり、香炉橋という。または極楽橋、下馬橋ともいう。大峯より落ちる川へかかりたり、この川を祓川という。橋の袂に小社あり、金剛堂という。二の鳥居より五社堂まで十丁（一・〇九キロ）余の嶮岨の神坂なり、自然の大石を敷き並べたり。寺院　永禅院真言宗高野山金剛峯寺末、本堂庫裏住持普請、平岳にあり。仁王門御上普請なり、山門平岳にあり寺の普請」（「新集」）とある。

門前村には別当永禅院とその塔頭吉祥院、長楽寺があった。明徳二年（一三九一）に天台宗から真言宗に転じたといわれる。幕末に別当永禅院が火災により焼失。明治三年（一八七〇）、別当本山永禅院

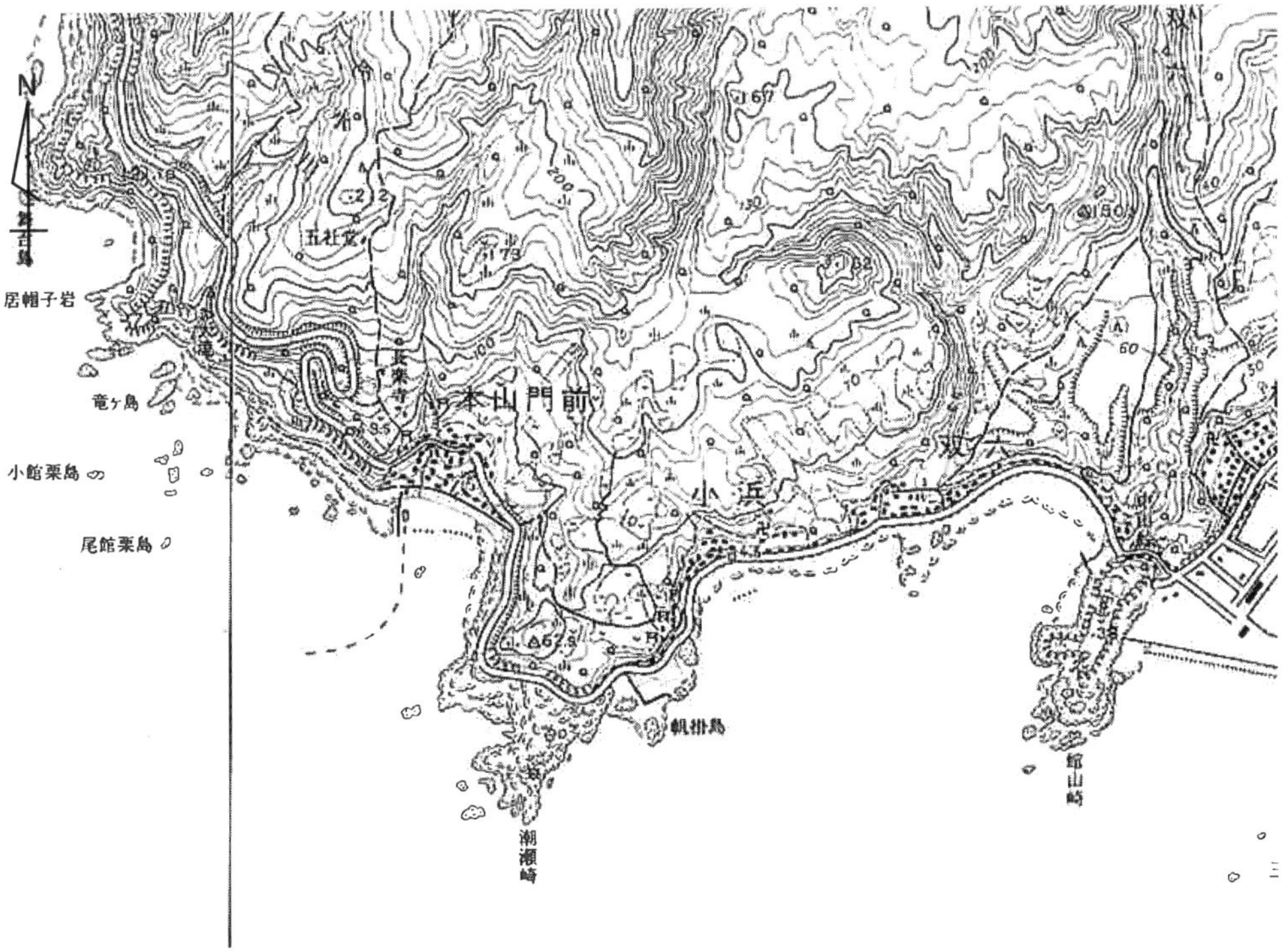

図94　門前地形図（国土地理院地図）

を廃寺して、第七六代恵山法印が復飾し赤神神社として現在に至る。赤神神社は門前地区から始まる参道をたどると、本山へと続く尾根筋状の土地に伽藍を形成している。五社堂境内地はやや平坦な緩斜面で、ブナをはじめとする雑木林の中にある。

「男鹿図屏風」（秋田県立博物館蔵）には伽藍の詳細が詳しく書かれており、江戸初期の最盛期の姿が窺われる。藩のお抱え絵師によるものと見られる。菅江真澄は、「あやうげに海に臨みたる岩面をふみて、山越えの道して往来の筋に出れば、門前という浦になりぬ。袖垣に衣打ちかけてほしたる。（中略）赤神山日積寺永禅院といい、近き世になりては真言にうつりきとなん。（中略）いまは吉祥院長楽寺のみぞ残りけり」（「男鹿の秋風」）と記した。

おわりに

私はずっと以前から歴史的都市空間に興味を持っていて、町割りや街路形成などはどのような計画原理のもとになされたのであろうかということなどに引かれた。つまり対象の町並みの調査の視点は形態と景観を解析することであった。

町並み調査のアプローチは、歴史学や地理学などを始めとして、多種多様な学問領域からあり、そして、調査の目的も実にさまざまである。私の興味はその中でも、どちらかといえば都市史の範疇であり、もっと具体的にいえば、都市空間史や建築史の領域である。

歴史的都市空間の残り方には都市ごとに濃淡はあるが、戦国時代から近世にかけての都市空間の骨格が現在の都市に引き継がれている。そうした都市ごとの基礎的な空間構造を解明することは今後の都市のあり方を考えるうえで必要なことである。

町歩きに当たって、始めはまず現地に立って、主なポイントやランドマーク、町並み景観、寺院や神社、伝統的な町家などを写真におさめた。そして、市役所や町役場に立ち寄って都市計画図を買い求め、街路構成など町割りの把握に努めた。

また、秋田県公文書館では対象の町並みの絵図や地籍図などを閲覧して、撮影した。閲覧したのは江戸時代と明治時代の絵図である。たとえば、久保田は江戸時代の城下町絵図だけでも十二種類ある。他の町でも絵図の種類や多寡はさまざまだが、過半の町の絵図が所蔵されている。

各図書館で資史料の閲覧をしたが、これは各種膨大な数がある。その中でも特に参考になったのは、各市町村で出版した市史・町史や郷土史資料などであり、参考資料の一覧は後掲している。中世から近世中期にかけては「六郡郡邑記」(享保一五年、岡見知愛編纂)と「久保田領郡邑記」(寛政一二年、近藤甫寛編纂)を参考にすることも少なくなかった。

本書で取り上げた町並みは、二度、三度と見学に赴き、写真も相当枚数撮ったが、挿図にはほとんど入れていない。それは、挿図の数に限りがあるということが第一だが、次に、大まかな印象で言えば、どの町もほとんど変わり映えせず、見応えがなかったということがある。つまり、極端な言い方をすれば、どの町も同じ表情しかしていなかった。

このように、県内、いや全国の町並みは、戦後、高度成長期の昭和二七年~四七年の二〇年間、駅前を画一的な再開発することから始まり、街中店舗のファサードもパラペットをトタンの看板で同じように張付け、画一的な表情を呈していったことが、現代の町並みに美しくない残像として現れている。一方で、江戸時代から明治時代の絵図では、それぞれの町並みの形成に独自性が認められ、その成立の経緯も多少は理解でき、あるいは近世の町並みの名残りがそれなりに感受し得た。

実は、本書の出版は私自身に課した四十年来の宿題であった。そもそものきっかけは昭和五五年(一九八〇)に秋田県企画調整課から『生きつづける秋田の建物』三部作(①洋風建築、②民家、③歴史的町並み)の執筆編集を委託されたことである。そして、第一弾の『生きつづける秋田の建物—①息づく洋風文化』が昭和五六年、第二弾の『秋田の民家 - 風雪を耐えぬく先人の遺産』が昭和五七年に相次いで発刊されたが、『歴史的町並み』は発刊されないまま立ち消えになってしまった。

それ以来ずいぶん時が経ったが、私にとっては念願の出版がようやく叶うことになった。それもこれも、私の願いに快く応じて、しかも適切な導きで本書をまとめて、刊行していただいた無明舎出版代表安倍甲氏のおかげであり、感謝の意を表したい。

令和三年（二〇二一）一月

五十嵐　典彦

参考文献（順不同）

『大日本古記録　梅津政景日記』（全9巻）、１９６６年、岩波書店
高橋康夫・吉田伸之・宮本雅明・伊藤毅編『図集　日本都市史』、１９９３年、東京大学出版会
『岩波講座　日本通史　第12巻　近世2』、１９９４年、朝尾直弘他編、岩波書店
千葉正樹「在方城下町をめぐる論点と展望―仙台藩領丸森町場の事例から」『年報都市史9』、２００１年
「六郡郡邑記」『秋田叢書　第二巻』、１９２９年、秋田叢書刊行会（享保15年岡見知愛編纂）
柴田次男編著『校訂・解題　久保田領郡邑記』、２００４年、無明舎出版（寛政12年近藤甫寛編著）
「秋田風土記」『新秋田叢書十五』、１９７２年、歴史図書社（文化12年淀川盛品著）
「杵山峯之嵐」『秋田叢書　第一巻』、１９２８年、秋田叢書刊行会
『羽後国由利郡村誌』、１９７６年、みしま書房編、発行
『出羽国風土略記』、１９７４年、歴史図書社、（宝暦12年進藤重記著）
『秋田県史　第二巻・第三巻・第四巻・資料近世編下』、１９７７年、秋田県編、加賀谷書店
『国典類抄　第10巻　軍部』、１９８０年、秋田県立図書館編
『日本歴史地名体系　第五巻　秋田県の地名』、１９８０年、平凡社
宮本雅明『都市空間の近世史研究』、２００５年、中央公論美術出版
足利健亮『中近世都市の歴史地理』、１９８４年、地人書房
矢守一彦『都市プランの研究―変容系列と空間構成』、１９７０年、大明堂
矢守一彦「近世城下町の空間構造―とくに町割りの基軸について―」『歴史公論6』、１９８２年、雄山閣
玉井哲雄「町割・屋敷割・町家」『年報都市史研究２城下町の類型』、１９９４年、山川出版社
矢守一彦『古地図と風景』、１９８４年、筑摩書房
豊田武・原田伴彦・矢守一彦編『講座　日本の封建都市第１巻〜第３巻』、１９８１年、文一総合出版
国立公文書館内閣文庫編『正保絵図』、１９７６年
脇田修『日本近世都市史の研究』、１９９４年、年東京大学出版会
松本四郎『日本近世都市論』、１９８３年、東京大学出版会
渡辺信夫編著『近世日本の都市と交通』、１９９２年、河出書房新社
菊池万雄編著『近世都市の社会史』、１９８７年、名著出版
中部よし子『城下町』、１９７８年、柳原書店
都市史研究会編『年報都市史研究』（全９冊）、１９９４年

〜２００１年、山川出版社
高橋康夫・吉田伸之編『日本都市史入門Ⅰ　空間』、１９８９年、東京大学出版会
佐藤滋＋城下町都市研究体遍『図説　城下町都市』、２００２年、鹿島出版会
阿部和彦「秋田藩領城下町・在郷給人町の官製図について―作図契機と形式系統を中心に―」『東北大学建築学報第20号』、１９７９年、
阿部和彦「近世城下町の計画基準尺度とその運用について」、『東北大学建築学報第26号』所収、１９８７年
内田武志・宮本常一編『菅江真澄全集』、１９７１年、未来社
古川古松軒『東遊雑記　奥羽・松前巡見私記』東洋文庫27、１９６４年、平凡社
半田市太郎「一八世紀後半の秋田藩における在方商業をめぐる報告について」『北方風土　第５号』、１９８２年、北方風土社
半田市太郎編「天和元年領中大小道程」『秋田経済法科大学経済学部紀要5号』、１９８６年
半田市太郎「享保期における秋田藩在方市の分布について」『歴史』第50輯、１９７７年
仙道良次『秋田県の定期市』、１９９９年、川井書店
小杉八朗『東北城下町の研究』、１９７８年、地人書房
三浦鉄郎「東北地方における中世城館の歴史地理学的研究―秋田地方の場合―」『歴史地理学会報　第１０６号』、１９７９年
山口啓二『幕藩成立史の研究』、１９７４年、校倉書房
渡部浩一『近世日本の都市と民衆―住民結合と序列意識―』、１９９９年、吉川弘文館
渡辺浩一「近世都市景観をめぐる住民と支配」『交流の日本史―地域からの歴史像―』、１９９０年、地方史研究協議会編、雄山閣
小和田哲男『城と城下町』、１９７９年、教育社
三浦鉄郎『秋田の地名』、１９８７年、三光堂書店
『秋田県の中世城館』、１９８１年、秋田県文化財保護協会
塩谷順耳編『中世の秋田』、１９８２年、秋田魁新報社
長岡幸作『郷土史の窓　能代湊・桧山周辺史話』、２００２年、北羽新報社
宇佐美ミサ子『宿場の日本史―街道に生きる』、２００５年、吉川弘文館
荻慎一郎『近世鉱山社会史の研究』、１９９６年、思文閣出版
西ヶ谷泰弘編『国別城郭・陣屋・要害台場事典』、２００２年、東京堂出版
人見藤寧「秋田奇麗」今村義孝監修『新秋田叢書　第四巻』、１９７１年、歴史図書社
「昔物語」『新秋田叢書　第三巻』、１９７１年、歴史図書社（嘉永3年那珂忠左衛門著）

橋本宗彦編纂、井上隆明校注『秋田沿革史大成　下巻』、1973年、加賀谷書店
『美郷町の歴史（通史）』、2015年、美郷町教育委員会
『秋田市史』第二巻・第三巻・第八巻・第九巻・第十巻・第十五巻、1997年他、秋田市
阿部和彦「城下町久保田の原初形態　秋田藩城下町久保田の形成過程（その1）」、1997年、『日本建築学会計画系論文集　第495号』所収
宮本雅明「近世城下町街路設定の一手法―鳥取と久保田―近世城下町の都市意匠に関する研究（2）」、『日本建築学会中国・九州支部研究報告第6号』所収、1984年
油浅耕三「『出羽国秋田郡久保田城畫図』の都市的考察―正保城絵図による都市研究の試み―」、1982年、第17回日本都市計画学会学術研究発表会論文集
井上隆明『秋田の今と昔』、1977年、歴史図書社
「絹篩」『秋田叢書　第ニ巻』、1929年、秋田叢書刊行会（船越の鈴木重孝が嘉永年代に編著した男鹿半島の地誌
渡辺景一『佐竹氏と久保田城』、1979年、無明舎出版
渡辺浩一「近世久保田の都市空間」、1997年、秋田姓氏家系研究会編『あきた史記・歴史論考集4』所収、秋田文化出版
五十嵐典彦『あきたの町並みと町家』、2013年、秋田文化出版
『歴史の道調査報告Ⅰ　北国街道・男鹿街道・大間越街道』、1984年、秋田県
『歴史の道調査報告書Ⅵ　北部羽州街道』、1985年、秋田県
『歴史の道調査報告書Ⅷ　南部羽州街道』、1986年、秋田県
『本荘市史　史料編Ⅰ上・通史編Ⅰ・Ⅱ・Ⅲ』、1984年～97年、本荘市
『由利本荘市文化財調査報告書第8集　本城城跡―本丸の発掘調査』、2008年、由利本荘市教育委員会編・発行
『矢島町史　上巻』、1979年、矢島町史編さん委員会編、矢島町
『岩城町史』、1996年、岩城町史編集委員会編、岩城町教育委員会
『由利十二頭記』、1951年、亀田郷土史会
『吾妻鏡　上・下』、1943年、国書刊行会編、大観堂
『亀田藩分限帳・御侍中順帳』、1983年、岩城町史編集委員会編
清野宏隆「大館城下の武士とその生活」『出羽路　151号』、2013年、秋田県文化財保護協会
「大館舊記」『大館叢書　巻二』、1935年、大館史談会
鷲谷豊「佐竹転封が運んだ大館城下の地名」『秋田地名研究年報』、2002年
鷲谷豊『大館地方の歴史散歩』、1990年、無明舎出版

『大館市史　第一巻・第二巻・第四巻・第五巻』、１９７８～90年、大館市史編さん委員会編、大館市
「郷村史略　秋田郡之内両比内」『大館市史編さん調査資料第４集』、１９７２年
『街道の日本史9　北秋田と羽州街道』、２０００年、吉川弘文館
『思い出のアルバム大館』、１９８１年、伊多波英夫監修、無明舎出版
三村雄吉『大館城太平記』、１９６８年、北鹿新聞社
『能代市文化財調査報告書第８集　檜山城と檜山城跡―史跡檜山安東氏城館跡基礎資料調査報告書―』、２００４年、史跡檜山安東氏城館跡整備計画策定準備委員会編、能代市教育委員会
『横手市史　中世・近世通史編・史料編』、２００８～10年、横手市
『図説　横手・湯沢の歴史』、２００６年、国安寛・土田彰彦監修、郷土出版社
『横手郷土史』、１９３３年、横手郷土史編さん会編、横手町役場
『湯沢城』、１９８６年、湯沢城史料編さん委員会編、湯沢市教育委員会
土田章彦『図説　湯沢の歴史』、１９８５年、無明舎出版
『湯沢郷土資料第一集』、湯沢市昔を語る会、１９６８年
『湯沢市史』、１９６５年、湯沢市
阿部和彦「給人町角館における町形態と居住域制の関連について（その１）給人出自と居住域制」『日本建築学会東北支部研究発表会』、１９８６年
『角館誌　第二巻・第三巻』、１９６５年、「角館誌」編纂委員会編、「角館誌」刊行会
『鹿角市史　第二巻上・第二巻下・第三巻下・第四巻』、１９８６年～96年、鹿角市
『大湯鹿倉城落城四百年記念誌』、１９９３年、大湯鹿倉城落城四百年記念誌編集委員会
『岩手県史　第三巻中世編下』、１９６１年、岩手県
栗山文一郎「花輪城＝臥牛本館（要害屋敷）の考証」『上津野２号』、１９７８年、鹿角市文化財保護協会
『花輪町史』、１９５７年、宮城佐次郎編、花輪町史刊行会
『鹿角志』、編輯兼発行内藤調一（十湾）、１９０７年、秋田県立図書館蔵
伊藤良三編「毛馬内郷土史稿」、１９５４年、毛馬内郷土史稿刊行会
『比内町史』、１９８７年、比内町史編さん委員会
『比内の歴史』、２００８年、比内の歴史を記録する会編、大館市
『比内町史資料編第十五集』、２００５年、比内町史資料編纂室編、比内町
『鷹巣町史　第一巻』、１９８８年、鷹巣町史編纂委員会編、鷹巣町

松橋栄信「鷹巣村の家並み調べ」、１９８７年、『鷹巣地方史研究第21号』収載
『郷土史　五城目町』、１９５５年、五城目町郷土史編纂委員会、五城目町
『五城目町史』、１９７５年、五城目町編集委員会編、五城目町
『八郎潟町史』、１９７７年、八郎潟町史編纂委員会編、八郎潟町
『秋田県文化財調査報告書第４３７集　脇本遺跡』、２００８年、秋田県埋蔵文化財センター編、秋田県教育委員会
磯村朝次郎『船越誌―その自然と歴史―』、１９７８年、船越経友会
上法香苗『天王町誌』、１９７４年、天王町役場
『天王町誌資料』、１９６８年、天王町役場
川口弥之助『続新屋語り草』、１８９４年、秋田文化出版
『由利町文化財調査報告書第２３集　滝沢城　滝沢城本丸跡埋蔵文化財内容確認調査報告書』、２００４年、由利町教育委員会編、発行
『仁賀保町史』、１９７２年、仁賀保町史編さん委員会編、仁賀保町
『にかほ探訪』、２００６年、にかほ市教育委員会
『象潟町史　通史編上』、２００２年、象潟町
『金浦町史』、１９９０年、金浦町史編さん委員会編、金浦町
『協和町史　上巻・下巻』、２００１・２年、協和町史編さん委員会編、協和町
『協和村郷土誌』、１９６８年、協和村郷土誌編さん委員会編、協和村教育委員会
『奥羽永慶軍記』、１９６６年、戸部正直、人物往来社
佐藤清一郎『図説　大曲・仙北の歴史　上巻』、１９８４年、無明舎出版
三森英逸『大曲のまちなみと住民の歴史』、１９８２年、自家版
『大曲市史　第二巻　通史編』、１９９９年、大曲市
『図説　大仙・仙北・美郷の歴史』、２００６年、富木耐一監修、郷土出版社
『古文書と碑に見る花舘の歴史』、１９９４年、花舘民俗資料保存会編、大曲市花舘財産区
『写真に見る花舘の歴史』、１９８４年、花舘の会編、大曲市花舘財産区
『街道の日本史10　雄物川と羽州街道』、２００１年、国安寛編、吉川弘文館
平野長一郎「特異性のある角間川の町づくり」『北方風土第3号』、１９８１年、北方風土社
『西仙北町史　先史～近世編』、１９９５年、西仙北町郷土史編さん委員会、西仙北町
加藤民夫「豊臣政権下の六郷領―中郡領知上り高覚の分析―」『秋大史学　21』、１９７４年、秋大史学学会

高橋源次郎「辻家伝蔵の中世に於ける三枚の地図依写筆辻素空」『六郷の歴史（一）』、１９７２年、六郷町町史編さん委員会
『六郷の近世史の内―六郷の歴史特輯号』、１９８４年、六郷町町史編さん委員会編、六郷町教育委員会
『六郷町の歴史（十一）・（十四）』、１９８２年～84年、六郷町町史編さん委員会
『六郷町史　上巻（通史編）・下巻（文化編）』、１９９１年、六郷町史編纂委員会、六郷町
栗林新一郎「六郷町、慶長の町づくりについて」『北方風土第2号』、１９８１年、北方風土社
渡辺紘一「秋田藩在町成立史の一断面―仙北郡六郷の動向を中心に―」『秋田地方史論集』、１９８１年、みしま書房
三浦鉄郎「六郷城下町（秋田県）の成立と寺院招致」『地理学評論』、１９５９年
『平鹿町史』、１９８４年、平鹿町史編纂委員会編、平鹿町
『中仙町史　通史編・文化編』、１９８３年～89年、中仙町郷土史編さん委員会、中仙町
『雄物川町郷土史』、１９８０年、雄物川町郷土史編さん会編、雄物川町
『増田町史』、１９９７年、増田町史編さん委員会編、増田町
『増田―横手市増田町伝統的建造物群保存対策調査報告書―』、２０１２年、横手市伝建推進室編、横手市
茂木久栄編『増田町郷土史資料』、増田町教育委員会、１９６０年
『大森町郷土史』、１９８１年、大森町郷土史編さん委員会編、大森町
『稲川町史』、１９８４年、稲川町教育委員会
大山順造編『秋田県岩崎町郷土史』、１９４０年
『羽後町郷土史』、１９６６年、羽後町郷土史編纂委員会編、羽後町教育委員会
『雄勝町史』、１９８４年、雄勝町郷土史編纂委員会、図書刊行会
『湊城跡』、２００９年、秋田市教育委員会
『土崎港町史』、１９７９年、秋田市役所土崎出張所
『秋田市　湊城跡―秋田都市計画道路事業に伴う発掘調査報告書』、２００８年、秋田市教育委員会
『能代のあゆみ―ふるさとの近代―』、１９７０年、北羽新報社編著、一長堂書店
『郷土史の窓　能代湊・桧山周辺史話』、１９９７年、長岡幸作編・発行
『能代市史稿　第一～第三輯』、１９５６年、能代市史編さん委員会編、能代市
『能代市史　資料編・特別編』、１９９９年、能代市史編さん委員会編、能代市
野添憲治『図説　能代の歴史　上巻』、１９８４年、無明舎

出版
野添憲治監修『思い出のアルバム　能代』、１９８０年、無明舎出版
『男鹿市史　上巻』、１９９５年、男鹿市編さん委員会編、男鹿市
『秋田県の近代化遺産―日本近代化遺産総合調査報告書―』、１９９２年、秋田県教育委員会
『男鹿半島―その自然・歴史・民俗』、２００１年、男鹿市教育委員会編・発行
山口啓二「近世初期秋田藩における鉱山町―院内銀山を中心に―」『幕藩成立史の研究』収載、１９７４年、校倉書房
『雄勝町史』、１９８４年、雄勝町郷土史編纂委員会、図書刊行会
「羽後国仙北雄勝郡院内銀山記」『日本庶民生活史料集成第10巻』、１９７２年、三一書房
渡部和男『院内銀山史』、２００９年、無明舎出版
渡部和男『写真集　院内銀山』、２００１年
荻慎一郎『近世鉱山をささえた人びと』、２０１２年、山川出版
『阿仁町史』、１９９２年、阿仁町史編纂委員会編、阿仁町
荻慎一郎『近世鉱山社会史の研究』、１９９６年、思文閣
杉山新吉『鉱山町のくらし』、１９８６年、マイランドブックス刊行会
斉藤實則『鉱山と鉱山集落』、１９８０年、大明堂
『小坂町史』、１９７５年、小坂町史編さん委員会編、小坂町
佐藤芳雄「花岡鉱山町」『花岡の歴史を探る（二）』、２０００年、花岡史談会
『同和鉱業創業百年史』、１９８５年、社史編さん委員会、同和鉱業
『花岡郷土史』、１９８６年、藤森直治編著
五十嵐典彦「本荘藩内の社寺造営史料（その２）―宮内八幡神社所蔵棟札―」、『出羽路第１３９号』
『重要文化財三輪神社本殿及び境内社須賀神社本殿修理工事報告書』、１９６４年
藤田秀司「門前町としての男鹿市」『北方風土　第２号』、１９８１年、北方風土社

著者略歴

五十嵐　典彦（いがらし　のりひこ）

1946年生れ、日本大学理工学部建築学科（建築史専攻）卒
高校教員、ほかに建築士事務所勤務・主宰。
著書
『生き続ける秋田の建物－息づく洋風文化－』
（昭和56年度日本建築学会東北建築賞奨励賞受賞）
『秋田の民家－風雪に耐えぬく先人の遺産－』
『秋田の町家－秋田市町家調査報告書－』（自家出版）
『あきたの町並みと町家－歴史空間の継承に－』
（平成26年度秋田市文化選奨受賞）
共著
『近代建築ガイドブック－北海道・東北編』（秋田県担当）
『秋田県の文化財』（建造物担当）
『秋田県の近世社寺建築－近世社寺建築緊急調査報告書－』
『ふるさと秋田の学び』（建造物担当）
『本荘市史　文化・民俗編』（建築編担当）
『秋田市史　美術・工芸編』（建造物編担当）
『秋田県の近代化遺産－日本近代化遺産総合調査報告書－』
『秋田県の近代和風建築－秋田県近代和風建築総合調査報告書－』
『秋田市史叢書３　美術工芸』（建造物担当）
『図説　秋田市の歴史』（建造物担当）など

古地図で行く秋田
定価一九八〇円〔本体一八〇〇円＋税〕
二〇二一年一月三十日　初版発行
著　者　五十嵐　典彦
発行者　安　倍　甲
発行所　㈲無明舎出版
秋田市広面字川崎一一二－一
電　話／（〇一八）八三二－五六八〇
ＦＡＸ／（〇一八）八三二－五一三七
製　版　㈲三浦印刷
印刷・製本　㈱シナノ

ISBN 978-4-89544-664-8

渡部景一編著

秋田市歴史地図

Ａ４判・二〇三頁
定価三六〇〇円＋税

江戸初期から現在まで、秋田市の変遷と街角の息吹を再現する57点の古絵図や地図に、詳細な解説を付した保存版の一冊。秋田市市制１２０年記念出版。

渡部景一編著

図説 久保田城下町の歴史

Ａ５判・一五二頁
定価一八〇〇円＋税

佐竹氏転封による久保田城下町の成り立ちから各町内の歴史的変遷まで、１４０点余の古地図・写真・図版でわかりやすく解説。歴史散歩に最適な一冊。

林正崇著

角館城下町の歴史

Ａ５判・二一七頁
定価二〇〇〇円＋税

中世・芦名氏の出自から戊辰戦争まで、角館城下町や、その武家屋敷の成り立ちを１３５点の図版と平易な文章で解説する歴史読本。

細川純子訳（津村淙庵著）

阿古屋の松

Ａ５判・一五五頁
定価一七〇〇円＋税

天明元年（１７８１）、江戸の商人（歌人）津村淙庵は、奥州街道、羽州街道を通って出羽の国を往復、初めて東北の風景、風俗に接した。江戸中期の東北地方が、現代語で。

藤原優太郎著

羽州街道をゆく

Ａ５判・一三六頁
定価一六〇〇円＋税

大名が参勤交代で通り、庶民が商いやお参りに利用した羽州街道。時代とともに発展をとげた街道の58宿の歴史、民俗、自然を訪ねるガイド。